書

管理经典

管理者

GOVERNOR

如何提升影响力与领导力

绍 鸥◎编著

时事出版社

图书在版编目（CIP）数据

管理者如何提升影响力与领导力 / 绍鸥编著. -- 北京：时事出版社，2016.7
ISBN 978-7-80232-975-1

Ⅰ. ①管… Ⅱ. ①绍… Ⅲ. ①企业领导学 Ⅳ. ①F272.92

中国版本图书馆 CIP 数据核字(2016)第 094147 号

出 版 发 行：时事出版社
地　　　址：北京市海淀区万寿寺甲 2 号
邮　　　编：100081
发 行 热 线：(010)88547590　88547591
读者服务部：(010)88547595
传　　　真：(010)88547592
电 子 邮 箱：shishichubanshe@sina.com
网　　　址：www.shishishe.com
印　　　刷：北京建泰印刷有限公司

开本:787×1092　1/16　印张:21.5　字数:336 千字
2016 年 7 月第 1 版　2016 年 7 月第 1 次印刷
定价:35.00 元

前言 Prefaces

著名成功学家拿破仑·希尔曾经说过:“在别人的影响下生活着，就等于不属于自己，就等于被别人的意志给俘虏了，这样的人即使再优秀，也不会登上一把手的位置。”可见，一个人的影响力是不容忽视的，而在企业管理活动中，更是如此。作为一位优秀的管理者，一定要有强大的影响力，否则他在企业管理的活动中就会被无形的力量掣肘，就会遭遇各种各样的困难和挑战，就难以有效地开展领导管理工作。

实际上，人与人的交往，常常是影响力之间的较量，只有具有卓越影响力的人才能成为真正的强者，才有可能成为一个企业或团队的管理者。因此，如何塑造管理者的影响力、如何通过个人影响力来实施有效的管理，提升企业或团队的竞争力，是现今管理者们必须修炼的课程之一。

也正是因为如此，作为一名优秀的企业管理者一定要专注于打造自己的影响力，凭借自身的威望、才智，把其他成员吸引到自己的周围，取得别人的信任，引导和影响别人来完成组织目标，从而实现企业和团队的高速发展。

因此，影响力也是无形的领导力。在企业和团队发展的过程中，培养管理者的影响力是提升其管理能力的必修课。在如今竞争日益激烈的社会生活中，成功的管理者，其关键在于99%的管理者个人展现的影响力，以及1%的权力行使。

本书以朴实且具有现实意义的实例展开描述，针对管理者所需要的影响力和领导力，对企业管理智慧进行深入的剖析，且切实点中企业管理的精要。同时，本书有力地揭示了影响力和领导力的内涵，以及影响力和领导力对领导者管理工作的重要意义和作用，从出众的形象和魅力、打造人脉、关爱下属、作出表率、合理授权、用人有方等几个方面入手，详尽细致地阐述了一名优秀管理者应有的影响力和领导力。

总之，一个人只有做最好的自己，才能彰显无穷的影响力。一位优秀的管理者只有专注地打造自身强大的影响力，才能一步步地走向成功。

目 录
Contents

第一章 影响力其实就是领导力

领导影响力的构成要素 …… 002
领导力的本质是影响力 …… 005
权力的关键要看是否具有影响力 …… 007
非权力影响力能突破权力的障碍 …… 009
要具备人格魅力 …… 012
好的影响力让人乐于接受 …… 014
影响力是一种独特的魅力 …… 017
影响力的巨大威力 …… 020
年轻领导缺乏威信的原因 …… 021
影响力是制胜的关键 …… 025
用人性去诱导 …… 026
影响力是需要培养的 …… 028

第二章 培养影响力就是提升领导力

以领导风范表现影响力 …… 032

以可信度成就影响力 …… 034
以执著的精神提升影响力 …… 036
以激励增强影响力 …… 038
以帮助他人强化影响力 …… 040
友爱能放大影响力的效应 …… 041
榜样是无声的影响 …… 044
学会与他人合作 …… 046

第三章　影响力是管理者的必修课

影响力需要正直诚实 …… 052
影响力是管理者的必备力 …… 054
追随力同样不可或缺 …… 055
以学识和才能让下属产生信赖 …… 058
用风度的力量展示影响 …… 061
感召组织成员的基本原理 …… 063
领导最佳的方法就是做好表率 …… 065
管理者要有主见 …… 067
满足下属需要尊重的心理 …… 069
用从众心理为自己造势 …… 072
将从众心理转化为说服力 …… 075
避免错误的影响力 …… 078
提高管理者的领导魅力 …… 080
魅力是产生影响力的关键 …… 082

第四章　优秀的团队离不开卓越的领导者

着重培养团队的精神 …… 086
营造下属的集体荣誉感 …… 089
培养团队配合的默契 …… 091
提升团队凝聚力 …… 093
提高领导者的凝聚力和向心力 …… 096
加强合作增强员工责任感 …… 098
“搞定”不服气的下属 …… 100
营造良好的工作氛围 …… 103
领导的公正性 …… 105
正确处理员工的辞职申请 …… 107
重视培养“接班人” …… 110
正确地解决团队冲突 …… 113

第五章　以出众的形象和魅力影响他人

形象是无形的领导力 …… 118
要有必要的亲和力 …… 121
第一印象是最好的社交名片 …… 124
礼仪促成融洽的人际关系 …… 127
得体的称呼开启良好的沟通 …… 130
得体地使用礼貌用语 …… 134
记住每个人的名字 …… 136
注意细节是礼貌的表现 …… 138

微笑具有无穷的魅力 …… 141
掌握让他人感到开心的秘诀 …… 143
注重培养幽默的能力 …… 147
耐心倾听拉近彼此的情感距离 …… 149
学会引导别人 …… 152
要有优雅适宜的举止 …… 154

第六章 做好表率以魅力感召下属

管理者的心态很重要 …… 158
管理者要学会谨言慎行 …… 160
学会让下属快乐地工作 …… 162
遵守时间要做好表率 …… 164
管理者就要以身作则 …… 166
灵活执行管理制度 …… 167
要勇于担负社会责任 …… 169
勇于认错是领导者的风范 …… 172
懂得尊重员工不同的意见 …… 174
认真履行自己的职责 …… 175
领导就是要负得起责任 …… 178
领导的责任重于泰山 …… 180
业绩是检验责任能力的标准 …… 182
帮助下属高效地完成任务 …… 184
主动为下属承担问题 …… 186
带头去做下属干不了的工作 …… 187

第七章　聪明的管理者要懂得合理授权

有效管理需要给下属授权 …… 190
不善授权导致事务缠身 …… 194
授权是领导者走向成功的分身术 …… 196
管理者凡事不必亲力亲为 …… 198
领导要学会放手 …… 201
放下一些权力给下属 …… 203
必须善于分派工作 …… 205
按工作需要合理授权 …… 208
学会授权的方式和技巧 …… 211
懂得把重要的事情交给下属 …… 214
授权要进行有效监控 …… 217
管理者要学会合理授权 …… 219
信任但绝不能放任 …… 220
注意防止“反授权” …… 222
让下属了解工作的重要性 …… 224
善于调动下属的积极性 …… 226

第八章　以情感关怀提升管理者的领导力

懂得把功劳让给下属 …… 230
用情感消除距离 …… 232
在走动管理中与下属共创业绩 …… 234
处事不公难以服人 …… 237

心灵管理是最高境界 …… 239
恰到好处地运用激励艺术 …… 241
让下属感受到亲情的温暖 …… 244
管理者要懂一点幽默 …… 248
对下属要懂得人情投资 …… 252
真心体贴地对待下属 …… 255
管理中的“霍桑效应” …… 258
情感管理拉近彼此间的距离 …… 261

第九章　管理者要有用人御人智慧

让组织充满活力 …… 266
用人关键是要选对人 …… 268
从辩论中考察下属的才能 …… 269
用人不能纠结细枝末节 …… 271
用人首先是要懂得信任 …… 272
要充分相信下属的能力 …… 275
一定要选用能力适合的人 …… 277
敢于使用比自己强的人 …… 279
熟悉每位下属的特点 …… 280
选用人才要不拘一格 …… 282
必须要学会“借”术 …… 285
消除恃才傲物者的傲气 …… 287
给有能力的下属提供上升空间 …… 289
让下属做一个挑战者 …… 290

第十章 构建影响力需要人脉的支撑

人脉资源是成功的砝码 …… 294
不断扩展自己的人脉 …… 296
交际是事业成功的关键 …… 299
学会借助别人的力量 …… 301
和比自己优秀的人在一起 …… 303
人际关系要尽早建立 …… 305
维持稳定的人际关系网 …… 307
贵人相助事半功倍 …… 309
人脉资源是潜在的财富 …… 312
不断提升自己的价值 …… 315
设法多与成功者交往 …… 317
助人者多助 …… 320
充分盘活你的人脉资源 …… 322
积极地结识成功人士 …… 324
和有能量的人在一起 …… 326

第一章 影响力其实就是领导力

影响力是领导者的言语指令（命令、建议、劝告）和非言语指令（榜样示范）引起被领导者作出预期反应的感召力量，它的本质是领导者权力作用的人格表现，也是指挥和协调别人的活动中表现出的一种力量。这种人格力量对下属起到约束作用，是领导者将个人意志以各种方式施加给他人的能力，使其能够按照领导者预期的方向去行动。

领导影响力的构成要素

领导者影响力是一个由多因素构成的综合结构，是一个很复杂的系统。其构成因素大致可划分为权力因素和非权力因素两大因素群。根据两大因素群在领导者影响力系统中的作用，可将其划分为权力性影响力和非权力性影响力两大类。

领导者处在一定职位上，因而带有一种权力性影响力，而领导者的非权力性影响力主要来自信念、品德、知识、才能、感情等要素，它直接关系到领导的成效与质量。因此，领导者必须重视提高非权力性影响力，以实现最大的领导效能。

1. 权力性影响力，又称强制性影响力

权力既是一种控制力，又是一种影响力。权力是构成一切正式组织的必要条件。一个组织的领导如不拥有某些合法权力，就不能称之为领导，也不能维持正式组织并发挥其作用。所谓权力性影响力，就是合法权力所产生的效果。合法权力是一切权力的基础，而由影响力所产生的种种权力，只是合法权力的派生物。

2. 非权力性影响力

非权力性影响力也称非强制性影响力、自然影响力。与权力性影响力不同，它既没有正式的规定，也没有组织授予的形式，它主要来源于个人的人格魅力，人与人之间的相互感召和相互信赖。

我们通常所说的影响力主要是指非权力性影响力。在非权力性影响力的作用下，被影响者的心理和行为更多的是转变为对领导者的顺从和依赖关系。它的特点在于它的自然性，比权力性影响力具有更大的力量。现实生活中的大量事实向人们昭示，影响力中起重大作用的是非权力性影响力，其影响力、感召力、吸引力是非常巨大的。“其身正，不令而行，其身不正，虽令不从”，就深刻地说明了非权力性影响力对一个人的思想、言语和行为的有效性和权威性的决定作用。

非权力性影响力是由个人的品德修养、知识水平、生活态度、情感魅力以及自己的工作实绩和表率作用等素质和行为所形成的。构成非权力性影响力的因素主要有以下几种：

1. 品格因素

品格因素是指个人的道德品质、人格、作风等，它集中反映在自己的言行之中，是构威非权力性影响力的前提因素。如果一个人具有优良的品格，如公道正派、严于律己、无私奉献、以身作则等，会使人产生一种发自内心的敬佩感，更具有号召力，吸引人去效仿。在实际工作中，只要你留心观察，就不难发现，一个具有优良品格的领导者，可以通过自身的示范作用来影响改变周围的环境，形成良好的风气，从而深受下属的拥戴。而一个领导如果在品格上有问题，就很难得到下属的敬仰和发自内心的支持。

2. 知识能力因素

知识是一个人最宝贵的财富，是一切聪明才智的源泉，包括文化知识、专业知识、法律知识、思想政治水准等。能力是一个人综合素质的体现，它表现为决策能力、协调组织能力、语言表达能力等。而要提高综合能力，必须靠知识的铺垫升华。

3. 情感因素

情感因素是指平易近人、和蔼可亲、感情融洽，能体贴关心人，能使人产生亲切感的影响因素。情感是顺利开展工作的润滑剂，它是形成非权力性性影响力的重要因素。

在实践中，一个人如果有优良的品格、较强的能力，并且有一定的情感表现力，就会使人产生一种超越权力的诚服和忠诚。如：领导者平时谦和待人，尊重下属的人格，主动为其排忧解难，让其感受到大家庭的温暖，下属自然就会对你产生信赖感、归属感、顺从感，这样也会形成强大的吸引力和影响力。即使你在工作中出现了失误或遇到了困难，下属也会真诚体谅，并热心帮助，与你同舟共济，共渡难关。相反，如果领导者待下属冷漠、傲慢、不可一世，沟通极少，那么只能人为地拉开彼此的心理距离，而这种心理距离一旦超过一定限度，慢慢地就会产生负面影响力，甚至是排斥力、对抗力，这些都会影响工作目标的顺利实现。

总之，非权力性影响力能激发他人产生发自内心的尊敬、信赖与敬佩，它是无言的号召、无声的命令，较之权力性影响力更具感染力、吸引力、凝聚力和影响力，它是领导的核心影响力。

列宁指出:“保持领导不是靠权力，而是靠威信、毅力、丰富的经验、多方面的工作和卓越的才能。”可见，要做一名令人信服和爱戴的领导干部，就应当注重提升非权力性影响力。尤其在现代社会，领导者确立威信、影响下级，不仅要凭借职务上的“硬”权力，还越来越多地倚靠“软”权力，也就是非权力影响力。因为职权的强制力只能“制人以体”，非权力性影响力却能“降人以心”。

管理一点通

作为领导者，首先在工作中树立自己的领导威信。“有威则可畏，有信则乐从，凡欲服人者，必兼具威信”。威信由权力性影响力和非权力性影响力构成。

关于权力性影响力，主要是由取务和职权构成的。作为管理者，不能轻视职务和职权的影响力，要将之视为神器，用心爱护和好好珍惜。关于非权力性影响力，是由管理者内在素质决定的，是其凭借个人能力素质和修养等综合因素形成的对下属的感召力、吸引力，不带强制性与胁迫性的影响力。这种影响力不与权力的大小成正比，也不与权力的进退相同步。权力性影响力的强制性可能使得管理者与被管理者存在较大的心理距离，被管理者的被动服从可能使之缺乏自觉性、主动性与积极性。而非权力性影响力能够超越时空界限，拉近管理者与被管理者的心理距离，从而产生强大的感召力和吸引力。

作为管理者，如果不能在非权力性影响力方面有突出的表现，仅仅依靠权力性的影响来构筑威信，那么这种威信很难真正服人心，更不用说起到“言传身教、身先示范”的作用了。

领导力的本质是影响力

权力、领导力、影响力是一回事吗？让我们来看看权力都包括哪些方面。

1. 职位的权力

重要的头衔赋予人们职位的权力，他们的权力来自于自己的职位。

2. 个性的权力

将个性融于工作的人拥有个性的权力。

3. 信息的权力

掌控信息可以带来权力。这便是新闻单位想千方百计地成为第一个报道选举结果或导弹发射情况者的原因。消息发得越快，读者就越多。在公司里，掌握信息的人可以把消息告诉你，也可以不告诉你，你的工作好不好做将取决于此。

4. 资源性权力

在资源竞争激烈的地方，能够找到第一资源和最优资源的人，工作往往做得又快又好。人也是资源，因此知道给谁打电话、怎样找到这些人也是一种权力。

5. 计划的权力

从某种程度上说，制订计划的人控制着组织里所有人的生活。员工上班的时间，每天工作几个小时，被分配做何种工作，都听命于计划制订者的权力。

6. 出谋划策的权力

创造性是权力的源泉。能够提供富于创意的解决方案，或者开发出新产品的人都有权力。接近权力者，能够听到领导说话并且得到领导的信任，也能使人拥有权力。主管的助手、与市长或总统最接近的人、老板的秘书都是有权力之人，因为他们能够接近作出决策的人。

那么，领导力和影响力又是什么关系呢？

现代领导者的影响力的本质就是领导者的领导才能，或者说“现代领导者的才能就是其影响力，真正的领导者是能够影响别人，使别人追随自己的人”。通俗地讲，影响力是一种不运用权力就能使他人或下属做事的能力。在企业管理中，领导力的本质即是影响力。这也就是说，影响力是一种非权力性的领导力。

这种非权力性影响力有明显的特点：

1. 影响力是一种追随

某位经理人具有影响力，下属就愿意追随他。一呼百应是古代将领影响力的表现形式，在当今社会，一个上司跳槽，有时会有原公司的很多追随者跟着上司转投新公司。也许这种追随是盲目的，仅仅因为“跟着老上司干，没错！”但是，这种追随者的典型心态恰恰体现出被追随者的个人影响力。

2. 影响力带来自觉

下属们的追随行为完全是自觉的，没有强迫的因素在里面，具有影响力的上司是不用下命令的，他只要行动或者号召就可以了，下属们就会自觉地、发自内心地追随。

3. 影响力是一种认同

有影响力的上司，其行为、想法、给下属设定的目标等，很容易得到下属的认同。

4. 影响力是非制度化的

公司没有也不可能规定，什么职务的影响力应当有多大；也不可能规定什么人的影响力是什么样的；更不可能规定谁可以有影响力，谁不可以有影响力。正因为如此，在企业里存在的一种情况就可能是，非正式组织的自然首领却具有非同寻常的影响力。

★★★★★★★★★★★★★★★★★★★★★★★★★★★★

管理一点通

领导力的实质是影响。管理学家哈罗德·孔茨对此的解释是："领导是一种影响力，或叫作对人们施加影响的艺术过程，从而使人们心甘情愿地为实现群体或组织的目标而努力。"领导力大师约翰·麦克斯威尔博士在《领导力的 21 项法则》一书中指出："职务对领导力的提升不会给予附加值。真正的领导力不可能通过奖赏、指定和指派而获取。领导力只能来源于影响力，不可能由外人授予。"领导力的核心是你能够影响多少人，而不是你的权力有多大。

权力的关键要看是否具有影响力

现在已经不是"有权不用过期作废"的时代了，特别是在组织结构扁平化的企业，权力就像一只干瘪的皮球，如果不充气的话，就无法指望皮球会弹跳起来。而影响力却是很好的气筒，它能够令干瘪的皮球重新膨胀起来，并且焕发力量。

激发权力的关键过程是施加影响，包括沟通、理解、适应和自我表现等。

权力伴随着每个组织而产生，不管是大公司还是小企业，即使是企业基层员工都可以找到自己的权力。文员有处理文件和发送传真的权力，保安员守卫大门时有询问的权力……只要有职位就会有相应的权力。在围绕企业目标的执行过程中，权力也可以说是——个人在某个位置上的义务。

一个领导者光有权力是不够的，关键要看他是否具备影响力。

企业家有远大的战略眼光，却很难提拔一批企业所需的管理人才，这一常见矛盾既说明了“放权”的必要性，也强调了“影响力”的补缺作用。

万科公司的精神领袖王石，就是一位非常注重影响力的领导者。

随着公司的快速发展，他毫不担心地将手中总经理的大权下放给自己培养起来的职业经理，让他们更自由地去运营公司。与此同时的王石，无论是给摩托罗拉公司拍广告，还是登上珠穆朗玛峰，他的做法都使自己得到了更大的“权力”——影响力。

当一个人假借权力而获得权威，人们通常会鄙视他，或称他狐假虎威。虽然权力本身的各种形式能促使别人做事或者改变他们的行为，但是不管是职位的优势还是技术专长的力量，在一定程度上都是具有强制性的。其结果改变的只是别人的表面行为，而不是他们内心的感觉和信念的真正认同。

与此相反，影响力却是以一种潜意识的方式来改变他人的行为、态度和信念，这种力量不仅使他人感受到你的吸引力，而且还激励他人做你想要他们做的事。所以说，影响他人的能力同样是成功管理的重要组成部分。

原通用电气的首席执行官杰克·韦尔奇以及美国 IBM 公司的董事长路易斯·郭士纳都是在国际商业界极具影响力的人物。前者运用温和的影响战略来对他的组织进行改革并最终获得成功，从而革除掉了 GE 典型的“大棒加铁链”式的权力模式；后者则用影响的杠杆撬动了 IBM 这个庞然大物，使得“大象能够跳舞，蚂蚁就必须离开舞台”成为至理名言。

许多事实证明，高度官僚化的、森严的命令和控制结构已经不适应今天的企业，而影响力因素必将盖过权力因素，成为管理精英的明智选择。

影响别人的能力无疑是最具内涵的管理技巧，而非滥用权力或者权威的蔓延。不断变化的社会环境，技术进步，以及组织结构的精简都使正式权威的效力大为降低而影响力却正在发挥隐藏的巨大作用。

越来越多的事实要求我们，为了取得高效率，领导者必须摒弃所谓的权威，并依靠自己的影响力去重新审视别人，把事情做好，才能成为别人心目中的权威人士。

★★★★★★★★★★★★★★★★★★★★★★★★★★★★

管理一点通

在管理活动中，仅具有法定的权力，是难以做好管理工作的，管理者在工作中应重视“个人影响力”，这样才能成为具有一定权威的管理者。

所谓“权威”，是指管理者在组织中的威信、威望，是一种非强制性的“影响力”。权威不是法定的，不能靠别人授权。权威虽然与职位有一定的关系，但主要取决于管理者个人的品质、思想、知识、能力和水平；取决于同组织人员思想的共鸣，感情的沟通；取决于相互之间的理解、信赖与支持。这种”影响力“一旦形成，各种人才和广大群众都会被吸引到管理者周围，心悦诚服地接受管理者的引导和指挥，从而产生巨大的物质力量。

非权力影响力能突破权力的障碍

人一旦有了合法的权力，同时就有了不同程度的权力影响力，这种影响力在发生作用的过程中带有自身的特点：首先，对他人的影响带有强迫性；其次，以外部推动的形式发生作用，对被管理者的激励作用不大；再次，管理者和被管理者的心理距离较大，后者的心理和行为是被动服从的，缺乏自觉性、主动性和积极性。

而非权力性影响力是一种特殊的力量，常能突破权力的障碍而发挥作用。

管理者的影响力是从下属与领导者之间的相互作用中产生的。领导力是一种人与人之间的影响，这种影响像一张相互作用的网把所有参与者联系起来。管理者与下属的相互作用是基于信任，管理者以其个人威望和人格魅力激励别人甘心情愿地与自己保持一致，管理者身上所具有的这种特殊的吸引力、影响力，就是一种非权力性影响力。

1. 非权力性影响力的特点

非权力性影响力是管理者自身素质和行为形成的，与管理者的法定权力没有必然的联系，其产生的基础要比权力性影响力广泛得多。尽管这种影响力表面上并没有合法权力那种约束力，但实际上，它不仅确实具有权力的性质，而且常常能发挥合法权力所不能发挥的作用，它对被管理者所产生的心理和行为的影响是建立在他人信服的基础上的，因此它具有与权力性影响力相反的特点：

（1）这种影响力是自然性的、非强制性的；

（2）它不是凭借单纯的外力作用，而是被管理者在心悦诚服的心理基础上，通过潜移默化的作用自觉自愿地接受影响的过程；

（3）管理者与被管理者关系和谐、心理相容。

2. 非权力性影响力产生的原因

（1）品格因素。管理者的品格主要包括道德、品行、人格、作风等。具有高尚品格的管理者，容易使被管理者产生亲近感和信赖感，并引导他们去模仿和认同，从而产生更巨大的号召力、鼓舞力和说服力。

（2）才能因素。管理者的聪明才智和工作能力、专业能力，是管理者能否胜任领导职务、完成领导工作的重要条件。一个有才能的管理者能使被管理者心悦诚服，这是一种心理磁力，它能吸引人们自觉地去接受其影响。

(3) 知识因素。知识丰富的管理者在指导工作、宣传组织、沟通协调关系时，容易取得被管理者的信任，使被管理者产生这种感觉：他知道我不知道的东西，他可能是对的。当这种感觉通过事实得到强化时，被管理者对管理者的信赖便与日俱增。

(4) 感情因素。人与人之间建立了良好的感情关系，便能产生亲近感，相互的吸引力就大，彼此的影响力就强。管理者待人和蔼可亲，与部下关系融洽，其影响力往往能使被领导者心悦诚服。

★★★★★★★★★★★★★★★★★★★★★★★★★★★★★

管理一点通

有些领导以为，权力具有无限的威力，权力可以解决一切。在这种“权力”观念的支配之下，他们往往就“一朝权在手，只把令来行”，忽略了权力之外还应该具备的素质条件即领导者的非权力性影响力。权力不是孤立存在的，“权力性影响力”如果没有“非权力性影响力”做基础，其力量往往非常薄弱，不但难以让人乐于相信、自觉服从，而且也难以持久。有“非权力性影响力”作为基础，才能让人心悦诚服地接受你的领导，给人以“润物细无声”的精神感染，绵长而持久。从这种意义上说，所谓“领导”，实际上也就是领导者的人格魅力在管理过程中的作用，领导者是否具有“非权力性影响力”，是其权力能否有效运用的必要前提，也是其工作成败的关键所在。

要具备人格魅力

在当今社会中，为人处世的基本点就是要具备人格魅力。何为人格魅力？首先要弄清什么是人格。人格是指人的性格、气质、能力等特征的总和，也指个人的道德品质和人作为权利、义务的主体的资格。而人格魅力则指一个人在性格、气质、能力、道德品质等方面具有的很能吸引人的力量。在今天的社会里一个人能受到别人的欢迎、接纳，他实际上就具备了一定的人格魅力。

人，作为“万物之灵”，既是自然的人，又是社会的人。作为社会的人，无论在什么样的社会形态里，他都不是孤立存在的，离开社会、离开人与人之间的交往，人也将不成其为人。

人在社会交往中，认识自我，在认识和改造主客观世界中发展自己，壮大自己。在社会生活中，人际关系常常表现为一种感情上的联系和心理上的相互吸引。无论是谁，在社会交往中建立起来的人际关系越好，他的朋友就越多，就越能使自己得到温暖、勇气，从而增加自己的智能和力量。

人际关系，是一种最基本的关系，也是一种最复杂的关系。主观上，我们常想尽善尽美地处理好各种人际关系。但客观上，我们却常常为各种人际关系间的纠葛与矛盾所烦恼。我们探讨表现人格魅力的心理学规律，旨在通过与人沟通心灵，加深理解，从而促进人际关系向理想的方向发展。

谁都渴望自己与周围人的关系是和谐融洽的。尤其是青年，更希望与别人友好相处，获得他人的信任、理解和友谊。然而良好的人际关系的产生取决于交往双方，即一个人不但接受他人，同时还能为他人所接受，相互间的关系才会不断发展。如果大家觉得与某人交往并非是一件顺利的事情，或者对他没有好感，即使他乐于同别人交往，人们也未必会接受他。那么，怎样才能讨人喜欢，受人信赖呢？这就涉及人的人格魅力问题。

莫洛是美国纽约最著名的摩根银行的董事长兼总经理，年收入高达 100 万美元。他最初不过是一个小法庭的书记员，后来他的事业得以有如此惊人的发展，究竟靠的是什么法宝呢？莫洛一生中最重要的一件事就是他博得了大财团摩根的青睐，从而一蹴而就，成为全球瞩目的商业巨子。

据说摩根挑选莫洛担任要职，不仅是因为他在经济界享有盛誉，而且更多的是因为他的人格非常高尚。

范登里普出任联邦纽约市银行行长之时，他挑选手下重要的行政助理，首先便是以人格高尚为重要标准。

杰弗德便是一个从地位卑微的会计，步步高升，后来任美国电报电话公司总经理的例子。他常对人说，“人格”是事业成功的最重要的因素之一。他说:“没有人能准确地说出‘人格’是什么，但如果一个人没有健全的特性，便是没有人格。人格在一切事业中都极其重要，这是毋庸讳言的。”

像摩根、范登里普、杰弗德等领袖人物，都非常看重“人格”，认为一个人的最大财产，便是“人格”。

一位有名的商店经理曾经说，有些人生来就有与人交往的天性，他们无论对人对己，处世待人，举手投足与言谈行为都很自然得体，毫不费力便能获得他人的注意和喜爱。可有些人便没有这种天赋，他们必须加以努力，才能获得他人的注意和喜爱。但不论是天生的还是努力的，他们的结果，无非是博得他人的善意，而那获得善意的种种途径和方法，便是人格的发展。

只有健全的人格，才能获得人们的喜爱和合作。因此，世间凡是智者贤人，都常把人格的特征极力地表现出来。

有的时候，有些人即使与我们偶尔相识，只有一面之交，也能引起我们的注意，使我们喜悦，这是什么道理呢？他们能打动我们，使我们善待他们，这又是什么原因呢？

贺华勃说："这是一种不可言喻的两情相悦，他给予我们的，犹如芳香给予花儿一样。"

这种人格，或者是我们看见的他们的目光，或许是我们看见的他们的微笑，或许是我们看见和听到的他们的举止言谈。如果把这些"人格"合在一起，我们便得到一个印象，一个结论：他们很得别人的喜欢，使别人对他们产生兴趣。我们在不知不觉之中，便和他们接近，成为朋友。在这过程中，我们的人格也得到了发展，而使我们相悦的他们，也一样。

因此，可以这样说，这些令人喜爱的他"人格"特征，正是其身上所放射的一种魅力。许多人，无论他们的相貌是否英俊，都具有这种人格的魅力，具有令人尊敬、爱戴的凝聚力。

管理一点通

美国著名成功心理学大师拿破仑·希尔博士有句名言："真正的领导能力来自让人钦佩的人格。"作为领导者，光有严谨务实的作风已经不再能够打动人心，增加亲民务实的人格魅力才能获得拥护，才能更好地发挥领导能力。

个人魅力和领导气质最大的优点是它们能提高影响别人的能力。当人们认为你这个人很有魅力时，他们更有可能采取你所建议的行动步骤。

好的影响力让人乐于接受

有的人不是高官显要，也没有腰缠万贯，但却能让你尊重他、服从他、追随他。这种无形的力量就是影响力，也就是非权力性影响力。

八百里水泊梁山，一百单八位英雄好汉，坐头把交椅的是又黑又矮的宋江。

论武艺，他比不上林冲、武松、鲁智深等人。就连缺心眼的李逵，沂岭上连杀四虎，勇猛过人，也比他强多了。

论文采，他比不上会写苏、黄、米、蔡四家字体的“圣手书生”萧让。

论计谋，他比不上“智多星”吴用、“神机军师”朱武。就算是依照前首领晁天王晁盖的遗言，也应该是由活捉了史文恭的卢俊义接任。不管怎么说，都轮不到又黑又矮、武艺稀松的宋江。可是众英雄就是只服他一个人，且对他言听令从。就算后来对他的招安路线心怀不满，也没有人弃之而去，还跟着他南征北讨。

宋江能坐第一把交椅，靠的就是他的影响力。想当年，早在山东郓城做押司的时候，他就声名在外。提起“及时雨”宋公明，江湖的豪杰好汉谁人不晓。他在江州问斩时，许多英雄前去劫法场相救，其影响力不言而喻。

非权力性影响力是一种不依靠权力，而凭借本人的形象、语言、实力、品德、情商、人际关系和对细节的关注产生的一种影响他人、支配他人的力量。

非权力性影响力的独特魅力让每个人都想拥有这种力量。

在工作和生活中，非权力性影响力比权力性影响力更重要，因为非权力性影响力能够让受影响者处于一种自愿甚至自觉的状态，没有任何思想上的压力和情绪上的抵触。其影响效果不仅表现在思想支配下的自觉服从，更表现在心理上的信任和主动服从。

一位母亲可以让散漫懈怠的女儿快乐地做家务，一位企业主管可以让充满敌意的下属心悦诚服地接受并积极完成任务，依靠的是什么呢？非权力性影响力！

有人说，影响力本质上就是一种控制力。更准确地说，影响力是一种让人乐于接受的控制力。它与权力不同，影响力不是强制性的。它发挥作用是一个很微妙的过程，它以一种潜意识的方式来改变他人的信念、态度和行为。没有人能够抗拒它，因为它来得悄无声息，等你察觉时，早已经被它虏获了。

管理一点通

影响领导权威的因素不仅是权力，还有一种东西，那就是非权力性影响力。非权力性影响力是相对权力性影响力而言的。权力对人的影响带有强迫性、不可抗拒性，它通过生硬的外推力发挥作用。如果领导者是运用从法规制度上获得的职权，就很难让下属从心理上产生承诺感、使命感。非权力性影响力是由领导者自身非权力因素所产生的自然影响力。它是建立在被领导者对领导者崇敬和信服的基础上而产生的一种吸引力、感染力和凝聚力。

领导权威是使被领导者信从的力量和威望。这种权威是权力性影响力与非权力性影响力结合而形成的。一个领导者如果没有权力，非权力性影响力将受到限制；如果没有较强的非权力性影响力，权力作用的发挥就失去了基础和前提。

在权力因素已定的情况下，非权性力影响力越大，领导权威就越高。因此，领导者不能仅靠制度性的权力，更重要的是靠非权力性影响力，来弥补工作中固有的权力空隙，以非权力性影响力为主，制度性权力为辅，尽职尽责地敦促上司、带领部下、调动同事以及企业内外人员的积极性，来实现组织的目标。

影响力是一种独特的魅力

在人际交往中，人与人之间不仅仅是沟通与交流，有时还是意志力与意志力的一种对抗，不是你影响别人，就是别人影响你。的确，每个人都渴望拥有影响力，因为影响力是一种独特的魅力，时刻影响着周围的人，并且给予对方一种神奇的力量。

与权力不同，它不是强制性的。美国著名杂志《财富》是这样诠释影响力的：影响力是看不到、摸不着的，只有它的影响或效果可以感觉到；不论是名人、伟人或是普通人，谁都可以拥有影响他人的力量；影响力来自不同的方面，有些有智慧的人能影响那些拥有权力和地位的人，还有人似乎更胜一筹，他们改变了大众的行为方式，他们是作为颠覆者的角色；影响力与影响力之间是相互作用的。

对于领导者而言，这种力量既不来自组织赋予的责任使命，也不是源于上级授予的职务权力，而是群众给予他的信服。

与纯粹的权力相比，影响力不是那么直观——从它的本质来讲，影响力比较间接和复杂。别人甚至意识不到你在使用影响力的技巧。这种非直观的、更为微妙的本性赋予影响力一种内在的神奇的力量。

距今两千多年前，印度阿育王统一了整个印度。有一天，阿育王召集所有大臣，问道："现在天下，还有什么地方不属于我？谁敢不服从我？"群臣同声回答说："全印度都被大王统一了，没有一个不称臣服从大王的。"

但其中一位大臣，站起来说："启奏大王，以臣所知，大海中的龙王，不属于大王。因为龙王向来不派遣使者来问候大王，也不向大王进贡任何宝物。由此可见，他不属于大王。”

阿育王想看看自己的福德、威力是否能够慑服龙王，因此发动了千乘万骑的兵将，敲钟击鼓，旌旗招扬地来到海边。阿育王厉声向大海呼喊道：“龙王，你在我的国界内，为什么不来见本王？”他虽然再三地呼喊，龙王却安然不动，视而不见。

阿育王问群臣说：“谁有妙法，可以强迫龙王出来？”这时，一位尊者禀告阿育王说：“时机若到，就可以使龙王出来。现在因为龙王的福德在大王之上，所以他不出来归服。大王如果不相信龙王的福德比较大，可用黄金二斤，一斤造龙王像，一斤造大王像。两尊金像完成之后，比较其轻重，就可以明白谁的福德大。较重的一尊就福德大。”

阿育王依照尊者的办法命人去造像，造成以后，称量的结果还是龙王的像重，阿育王的像轻。

尊者说：“龙王的福德，超出大王之上，所以他的像较重。大王的福德不够，所以比龙王的像轻。若想轻者变重，必须修德培福，才能如愿。”

阿育王听闻尊者的开示之后，知道自己的福德浅薄，深感惭愧，因此下定决心，广种福田。从此阿育王每天精修佛法，又叩大头（大礼拜），即使手已磨破，仍然虔诚地礼拜三十五佛。

阿育王把私人的财产全部布施给穷人。又在各地建寺建塔，大造佛像，印赠佛经，不计其数。如此福德，使供在圣坛上的龙王金像，向他曲身合掌。

尊者说：“这样的福德还不够大，要使龙王向大王顶礼，全身伏地，大王的福德才够大。”于是，阿育王接受尊者的指导，取阿嫩世王所藏的佛陀舍利四升，粉碎七宝末，而造八万四千宝塔。又受护法神的协助，将此宝塔舍利分遍阎浮提，同时安置供养。此外，他更派遣高僧前往各国去宣扬佛法，使佛法遥布于全世界。

如此，三年不断地精修佛法，广种福田。到了最后，连阿育王自己睡觉用的枕头也拿去卖掉，来供养三宝。这时，龙王的金像立即伏地向阿育王顶礼。

尊者就向阿育王说：“现在可将两尊金像取来，再称其重。”真是不可思议，阿育王像已经超过龙王像的重量了。尊者说：“大王可以征服龙王了。”

阿育王非常高兴，便如前次一样，带领着大军来到海边。这时，龙王立即变化成一位青年婆罗门，来到阿育王的面前，长跪问候请安，并贡献许多珍宝，自称小臣。

可见，领导者在影响他人的过程中，倘若把“强权”作为影响别人的手段，注定不会成功。看来，强权并不能让下属认同领导的做法。或者说，上司有再大的权力也没有用。因此，领导者即使拥有了组织赋予的权力，也不能忽略惯例工作的另外一个特点——下属对上司也有一定的影响。

下属的影响来自多个方面，最常见的如：他们掌握专业技术使其不能轻易被人替代；他们掌握某些其他人没有的专业信息或知识；某个下属的工作是部门全盘工作的中心点，他的表现对上司的工作效果影响颇大；某个下属的工作与其他重要业务流程有密切关系，致使上司间接地要依赖这名下属。

这些因素再加上变化的组织形式、复杂的环境，足以给领导的权力造成一个个空隙，从而导致领导遇到很多问题和困境。而且，这种问题的难度大大超过了人们的设想。所以此时，领导们真正需要的是对权力之外的影响力的深刻理解和认识。对于领导来说，应当学会恰当地运用权力，构建自己的影响力。

★★★★★★★★★★★★★★★★★★★★★★★★★★★★

管理一点通

成功管理者靠什么改变着今天和明天？靠影响力。不少具有良好素养的成功管理者，他们自信而上进，谈吐和分析都具有逻辑性，对于目标具有一定的把握，能倾听别人的意见并能回应……按照我们的说法，他们都是具有卓越影响力的人。更重要的是，他们也在影响着周围的团队，影响着世界。如果说传统意义的领导者主要依靠权力，那么现代观点的领导者则更多地是靠其内在的影响力。

具有良好的领导能力或者领导才华，通常指的是这个领导能够影响一群人朝着共同的目标一起努力工作。事实上，领导要想最大限度地影响下属，一个非常重要的途径就是与下属进行沟通、交流。在这个互动过程中，通过使用自己的权力，展示自己的魅力，审视不同的情境，针对不同的下属施以不同的影响策略。

影响力的巨大威力

不要以为那些被世人称之为伟人的人有什么神秘之处，他们之所以优秀，是因为他们具有一种无形的力量，那就是影响力。不论他们是否受惠于天赋的才能，总之他们都做了天才的工作，收获了天才的果实。

三国时的刘备，最初只是一个社会底层的闲散人员，穷得连老婆都娶不到，偶尔摆摊卖卖草鞋，还要提防“城管”打击。然而就是这样一个人，却吸引到了关羽、张飞、诸葛亮、赵云、黄忠、马超、法正……最终建立了蜀国。

古往今来，凡获得巨大成功的人，大都是影响力巨大的人。一个人拥有的影响力大小，直接关系到其社会地位、号召力和知名度，也是决定其能够获得多大人生成功的必要条件。

正因如此，每一个想要成功的人，都应该注重影响力的修炼。俗话说“好风凭借力，送我上青云”，影响力就是这样的“好风”，只要善于运用它，成功必定离你不远。

如何才能拥有并长久保持巨大的影响力呢?

列夫·托尔斯泰说:“竭力履行你的义务，你应该就会知道，你到底有多大价值。”中国有句古话讲:“王者无私。”然而遗憾的是从古至今，没有几个人能够真正做得到这点。

作为一个典范，让我们来认识一位真正做到了只竭力履行义务，没有半点私心的人。这个人其貌不扬，个子矮小，体重只有 52 公斤；这个人没有任何头衔，没有任何官职，还曾经蹲过三次监狱；这个人四处奔走，没有任何收入，完全依靠他人施舍些水果、蔬菜、山羊奶和椰子汁等食物度日。这个人身无长物，身上总是缠着一块自己纺纱织成的土布“拖地”，全部财产仅是一副眼镜、一部《薄伽梵歌》、一套白铁餐具、一尊象征教祖的三只猴子的小雕像和一只用细绳系在腰部的英格索尔老怀表。

可是，就是这个人，完全依靠他个人影响力，使他的国家摆脱了殖民统治，赢得了独立；就是这个人，完全依靠他个人影响力，平息了难以计数的族群纷争、仇杀，避免了国家的分裂；这个人，生前就有两亿多追随他的忠实信徒；这个人，死后被世界各国的人们所缅怀、景仰，其中包括他的敌人。这个人，就是伟大的圣雄甘地。

★★★★★★★★★★★★★★★★★★★★★★★★★★★★

管理一点通

只有具有影响力的领导者，才能成为别人心目中的权威人士。因此，作为一名现代优秀的管理者，要想实施高效的管理，乐于让人接受，就要提升自己的影响力。要知道，影响力是有巨大威力的，如果你拥有了巨大的影响力，那么，你就拥有了掌控成败的力量。

年轻领导缺乏威信的原因

年轻领导干部常常倾诉苦衷，认为下属不支持、不尊重自己，或敬而远之，不好沟通，觉得自己的权威受到了挑战。这主要是因为年轻领导缺乏威信，归纳起来不外乎以下两个方面：

1. 权力性影响力差

干部担任某个职务，便获得了这个职务的法定权力。由于种种因素，刚担任领导的年轻干部往往不能马上获得其应有的权力性影响力。

(1) 传统因素。人们在长期的社会生活中形成了一种对领导者的认识模式，认为领导有权力、有才干，理应高于普通人。受传统因素的影响，员工对新任领导的期望值较高，常用成熟领导者的水准衡量，容易对其苛求甚至求全责备，一旦新领导稍有不慎，就会认为其水平差，不适合做领导。

(2) 职位因素。年轻干部刚走上某一职位，成为员工关注的焦点，自身的成就动机十分强烈，心理上也特别敏感，易用审慎的眼光看待周围的人和事，无意中也易夸大对立因素，以致让员工形成一种不容易接近的错觉。

(3) 资历因素。由于年轻领导干部年龄较小，资历较浅，阅历简单，不容易被下属认可，也不容易让下属对其产生敬重感和信任感。

2. 非权力性影响力低

年轻领导者的知识、技能和品质虽然客观存在，但它需要时间让下属从各个方面认同，这就造成其非权力性影响力较低。

(1) 品格因素。下属对新提拔的年轻干部有一个接受过程，会自觉不自觉地“考察”其德才状况，并逐步作出评价和定位。在未彻底定位前，漠然、指责、挑剔是正常的心理现象。

(2) 才能因素。一个有才能的领导者会给组织带来成功，使员工也产生敬佩感，自觉地接受其影响。在年轻领导干部的能力和水平尚未完全表现出来，尚未被员工充分认识之前，下属对其产生不信任感和逆反心理是难以避免的。

(3) 情感因素。新任年轻领导尚未来得及与员工进行深度交流和沟通，缺乏群众信赖的感情基础，这种心理距离必然会影响领导者的号召力。

其实，年轻领导干部觉得威信不高、影响力不大实属正常。对大多数新提拔的干部来说，为了树立威信，提高影响力，过分追求领导权威，或者在情况不熟、经验不足时，急于求成，容易导致运筹和决策上的失误，从而使其威信扫地。那么，年轻领导如何树立自己的“威”呢?

从客观效果上看，“威”是权力性影响力作用的结果；“信”是非权力性影响力作用的结果。因此，年轻领导者只有将权力性影响力和非权力性影响力有机地结合起来并灵活运用，才能提高他的威信，取得最佳的领导效果。

1. 正确行使权力性影响力，提高威望

合法权力是最基本的权力，是组织中权力的基石，领导者应首先依靠并正确使用合法权力，使它在组织中发挥应有的作用。

（1）公正施治，一视同仁。使用权力性影响力更多地带有执法的性质，要求使用权力的人，做到公道正派，按照规章制度办事。

（2）开拓创新，果断决策。开拓创新是年轻领导应有的精神风貌，年轻干部要充分发挥朝气蓬勃的优势，大胆探索，锐意创新，在不断开创新局面中冲锋陷阵。

（3）善于授权，用人不疑。在授权中要学会将监督和指导有效结合，做到大权集中，小权分散。领导者的真诚信任本身就是一种精神激励，很容易得到员工主动性和积极性的回报。信任可以使员工放下包袱、轻装上阵，团结合作、共谋发展。

2. 正确行使非权力性影响力，提高信誉

从某种意义上说，非权力性影响力在领导者的整个影响力中占主导地位，起决定性作用。因为非权力性影响力比强制的服从要更为自然，更加易于理解和接受。

（1）品格高尚，严于律己。品格因素是非权力性影响力中最基本的因素，良好的道德品格对于一个领导者来说非常重要。如果一个领导者不具有高尚的品格，或假公济私、或欺上瞒下、或贪污腐化、或打击报复，都会彻底败坏他在下属中的形象，严重削弱他的影响力，甚至威信扫地。相反，如果一个领导者具有大公无私的高尚情操，秉公处事的公正原则，谦让容人的宽广胸怀，严于律己的自省精神，则会使其具有强大的人格力量，有助于他的权力性影响力的发挥。

（2）提高才干，勤于实践。才能因素对于一个领导者来说是很重要的。年轻领导干部要增长才干，就必须勤于学习。要加强岗位业务知识、管理知识的学习，迅速成为业务上的行家里手，以超常的能力取信他人。要勤于实践。优秀的领导者都有着十分丰富的实践知识，这些知识的积累，使其处理问题的能力不断增强，日臻成熟，从而能孚众望，提高影响力。

(3) 体贴下属，宽以待人。当一个领导者品格、才能达到一定水平时，情感因素将十分重要。领导者对下属多关心，多一些“人情味”，会使下属产生亲切感，能密切领导者与员工的关系，从而提高领导者的影响力。

管理一点通

在生活中，我们有时会发现这样一种现象：不同的领导对于同一种工作任务完成的效果不尽相同。有的领导具有很强的感召力，能团结不同的人朝着一个共同的目标努力，创造出政通人和的局面；而有的领导尽管手中握有一定的权力，也能够正确行使权力，但却难以做到一呼百应，反而造成人心涣散甚至“众叛亲离”的局面。这两种情况我们都见到过，原因何在呢?

领导者手中握有一定的权力。但是，有职有权不一定有自觉的追随者，更不等于有领导力。列宁说:“保持领导不是靠权力，而是靠威信、毅力、丰富的经验、多方面的工作和卓越的才能。”强调的就是非权力性影响力，它是构成领导者威信的核心。领导者一方面要学会运用权力性影响力，另一方面，更要努力提高非权力性影响力。

影响力是制胜的关键

许多人的成功经验告诉我们，无论从事什么工作，从政、经商、经营、管理还是做学术，无论你是企业家、管理者还是普通的员工，如果想取得成功，都必须从培养、实践自身的影响力做起。

人人都要发挥自己的影响力，即使你是一株默默无闻的小草，也要让人们感受到你的存在，学会发展和壮大自己，慢慢成长为一棵能遮风避雨的参天大树。

对每一个人来讲，影响力的培养不是一蹴而就的，从弱到强是需要过程和时间的。人们一般首先接受的是自己所见所闻的影响力。对大多数人而言，他们认为你值得信赖，拥有令人敬佩的品格，那么他们会认为你就是他们生命中有影响力的人。如果他们对你的认识越深，你的信用就越好，那么你的影响力提高得就越快。

大思想家荀子说过："天行者，至重也，非至强莫之能任；至大也，非至辩莫之能分；至众也，非至明莫之能和。"不可否认，当一个人具备了荀子所说的这些条件，他就拥有了强大的影响力。

对任何人来说，如果渴求成功，或者想要正面地影响其所在的世界，就必须要立志成为一个有影响力的人。对于领导者来讲，影响力既是树立威信，产生领导魅力的前提条件，又是实现有效领导的决定性因素。从一定意义上讲，影响力就是领导力，每位领导者都应注重培养和提升自己的影响力。

★★★★★★★★★★★★★★★★★★★★★★★★★★★★★

管理一点通

作为领导干部，谁都想拥有影响力，因为这是树立自身的威信、有效履行领导职责的关键。然而，良好影响力的获得却并不容易。权力性影响力可以由组织来赋予，非权力性影响力只能靠自己打造。对领导干部而言，提升非权力性影响力，首先自身要正。“其身正，不令而行；其身不正，虽令不从。”正直、正派是领导干部的核心品质。一个领导如果品格上有问题，不但难以赢得下属的敬仰和真心支持，还会产生“形象危机”“信任危机”。二是处事要公。“公生明，廉生威。”部属最怕领导处事不公。因此，领导干部凡事都要出于公心，看问题、办事情都要心放正、水端平，以公正换人心。三是要有关爱之心、体恤之情。“得民心者得天下”，时刻把群众的疾苦放在心上，真心实意地为群众排忧解难，才能赢得下属发自内心的尊重和爱戴。

用人性去诱导

我们过去都说“管理出效益”。而现在，它被另一个更时髦的词所替代，那就是“影响力”。

不错，影响力既是管理的核心，又是管理的升华。在当代，不管是人与人之间的交往，还是一个团队、一个企业内部的管理，都离不开影响力的指引。如果没有影响力在其中发挥作用，人与人的交往将可能变成相互利用，团队和企业内部将失去核心。那么，影响力又从何处来呢?

有的人立即想到了“权力”，谈任何事都最关心“谁拍板”。有的人立即想到了“是非”，认为只要自己一心为公、抑恶扬善，便不怕鬼叫门。

其实，动辄将领导等同于权力者，是鲁莽而肤浅的。古今中外历次应运而生的变革最后都失败，早已证明：内容往往不如方式更能决定事物最终的成败。

“以人为本”是人所共知的一个道理，管理也好，领导也罢，前提就是承认我们管理或领导的对象是“人”。因此，管理与领导都必须基于人性。而人性的一个重要特征，便是“以自我为中心”。因此，除非是他发自内心愿意做的，否则他就会阳奉阴违乃至反其道而行之。

所谓“愿意做”，其实就是我们常说的“从要我做，到我要做”。而对此，权力是无能为力的。因为权力永远只是物性的，而不是人性的。人性的另一特征，便是“非理性”。人是感情的动物，人们对事物的判断绝大多数是依据感情，而非道理。而始终能保持理性的人易成大事。因此，人们从理性上看重你在做什么时，更从感性上看重你做事的方式。

作为领导，更应该明白：你所辖的部下对于是非曲直自有独立的判断，既不需要你去告诉他们什么是对的，你也无法从是非层面上改变他们原有的判断。

那么，作为领导者能做的、应该做的是什么？诱导——利用人性去诱导。

★★★★★★★★★★★★★★★★★★★★★★★★★★★★

管理一点通

管理与领导必须基于人性。而人性的一个重要特征，便是“以自我为中心”——也称作“自重感”。

作为领导者，我们需要引导员工“从要我做，到我要做”，而权力和纯理性无法打动人们的心灵，让人们发自内心地愿意做。领导者要能将感性同理性等融入管理中，用敏锐的情感洞悉人心和人性，深入人心，以情动人，基于人性在情绪和心智上激发和引导员工。

影响力是需要培养的

有一则寓言是这样的：一只乌鸦因自己的歌声在故乡不受欢迎而往别处迁移，途中遇到一只鸽子。鸽子问清乌鸦离开这里的原因后，劝它不要迁移，只要改变自己的歌声就可以了。

可见，改变自己是多么重要。如果这只乌鸦不改变自己的歌声，无论到哪里都不会受欢迎的。这就如同一个人，如果他只知道让别人欣赏自己，不知道改变自己的话，那么他只会失去朋友和助手，更谈不上拥有影响力了。

人与人之间，很多时候不是你执著地改变别人，就是别人执著地改变你。具备个人影响力是非常必要的。

学者亨利·艾伯斯认为：管理者的权力可能远远超过管理者所具备的个人职业上的权力，这样才会使下属乐意接受组织上的职责。这就是说，管理者拥有的非权力性影响力可以大大加强他的权力性影响力。职权取决于职位，而威信主要与管理者个体的素养和行为密切相关。也就是说，影响力是个人人格魅力的集中体现。它与岗位无关，与权力无关。对方从开始欣赏你的为人、处事、行为，到慢慢将你变为他的学习对象，从心里面受到你的影响。

因此，领导者有效地培养个人的品德修养，提高知识水平，改变生活态度，提升情感魅力，展示自己的工作实绩和做好表率作用等至关重要：

勤奋是影响力增长的基础。天上不会掉馅饼，一个人如果离开了勤奋，一切将无从谈起。只有勤奋才能使人成功，才能成就影响力。所以，一个人若想有所成就，必须埋头苦干，稳扎稳打，这也是一种守得云开见天日的大智慧。

保持良好的心态，是影响力的催化剂。好心态，直接决定了一个人的影响力。具有良好心态的人同时也是一个乐观的人，能够有效地影响周围的人。他能感染和调动他人的积极情绪，从而成就自己。

追求完美的人品，是培养影响力不可或缺的环节。做事先做人，好的人品势必会给人留下好印象，也会给人带来好的人际关系，使你成为一个受大家欢迎的人。

凡事力求公平、公正，有助于个人影响力的提升。顺应民意必将赢得民心。在日常工作生活中，坚持公平、公正的原则，做到办事无私心、处事无偏心，是令人信服、受人拥护的最好武器。

培养影响力，平时还须多学习、多思考。多学习能够使自己的知识丰富，从而更有深度和高度地认识事物；多思考能够使自己从多角度多方位来看待问题，从而更全面地分析和处理事务。

在做事、思考时，尽量从多角度、多位置来看待问题，这样认识才全面，分析得才彻底，才会有说服力。

凡事都要实事求是，不要想当然。要想不出错，就要进行调查研究，这样才可能得出正确的答案。没有地基的建筑是站不住脚的，也是高不了的。要知道，你的正确观点可以帮你在影响力的等级上加分。

需要一点勇敢精神。懦弱和宽容的界限有时候并不是很明晰的，人要是宽容别人久了自己也就变得懦弱了。只要时常告诫自己凡事不要让自己后悔，那你就可以去宽容，否则就不要妥协，因为一个成功的人是不可能总生活在悔恨中的。成功的人多半是有影响力的，虽然有勇敢精神的人不一定会成功，但成功的人一定都是有勇敢精神的人。想清楚自己以后要坚守的原则是什么，有了底线，自然就有了做事的标准；有了标准，做起事来，自然就简单了。

需要一点牺牲精神，关键的时刻你要挺身而出。为了大家的利益而牺牲了自己，别人自然会很敬佩你、尊敬你，自然你在他们心目中的位置就会很高，对他们的影响力就很大了。付出总是会有回报的，短期的个人损失换来的是长期尊重，还是值得的。无论如何，至少可以证明你自己是一个可以承担责任和值得信赖的人。

克制、谦逊和执著。三种品质都要培养，因为克制和谦逊就如同刹车系统，而只装了刹车系统的车是不会跑得太远的。反过来，执著是一个加速器，而一个只装有加速器没有刹车器的车也是危险的。只有具备了上述三种美德，才会给你带来很好的人际关系，让你在别人心目中留下很好的印象。

在人生的舞台中，笔者期望每个人都不断地培养自己的影响力，从而打造一个出色的自己。

★★★★★★★★★★★★★★★★★★★★★★★★★★★★

管理一点通

非权力性影响力是由领导干部自身素质形成的一种自然性影响力，它既没有正式的规定、上下授予形式，也没有合法权力那种形式的命令与服从的约束力，但其影响力却比权力性影响力广泛、持久得多。非权力性影响力是由领导者的品德修养、知识水平、生活态度、情感魅力以及工作实绩和表率作用等形成的。

培养影响力的方法还有许多，如果以上的这些都能做到，也就足够了。其实，还有一个更好的方法，想想自己周围什么人具有强大的影响力，那就去观察和模仿他吧。

第二章

培养影响力就是提升领导力

影响力是一种独特的力量，是领导者不可或缺的。而且，领导力就是一种影响他人的能力。如果一个领导者不受他管制人群的拥戴，那么他的领导力是发挥不出来的。因此，培养影响力就是提升领导力。

以领导风范表现影响力

一个能成为领导者的人，必定是个有能力的人。这里所指的领导者，并非权力型的领导者。相反，它是一种非权力型的领导者。它所产生的影响力，不是来源于权力的强制性，而是来自于个人综合能力的表现和运用。

在一次企业招聘中，某企业采取了无领导小组讨论的选拔形式进行第三轮面试。这一轮面试采取 8：1 的比例进行筛选，也就是说，每组有八个人，但每一个小组只要一个人。小王所在的这一组马上就要进行无领导小组讨论了。当上一组面试结束之后，出来的人都说，才 15 分钟，时间不够，不是每个人都有表现机会的，所以大家要把握好时间。

这时候，小王这一组被通知进入会议室进行无领导小组讨论。看着三个严肃的面试官，大家心里都有一些紧张。当面试官把相关事宜和讨论的话题告诉大家之后，会议室顿时静了下来。就在大家低头看资料或思考而不吭声的时候，小王泰然自若地说："嗯，相信大家已经看完题目了，那么接下来，我用手机为大家记好时间，大家齐心协力、相互配合，找到问题产生的原因，并且提出适合而有效的解决办法，大家觉得如何？"

这时候，面试官坐在会议室的前台以观众的角色看着这一场无领导小组讨论的整个过程。

大家听完小王的话，点点头，表示赞同。

就这样，在小王的带领下，这个小组成功找到了产生问题的原因，并提出了具体可行的解决方案。当然，中间有一些小争执，比如，A 认为某个原因是最重要的，而 C 认为它根本就算不上引发问题的原因。面对这样既费时又偏激的分歧，小王总是在关键时刻提出建设性的观点，促使组员达成一致的意见。正是因为小王委婉而又在理的意见，让组员们配合得越来越好。最后，小组讨论结束，要求组员推选一位成员做总结，大家一致推荐小王，小王颇具领导者风范地对小组讨论的结果做了细致而完整的总结，并且始终做到条理清晰、逻辑严密，说得大家心服口服。毋庸置疑，最后脱颖而出、被聘用的就是小王了。

小王成功的关键在于其善于表现自己，抓住机会，落落大方，在无领导小组讨论中扮演了一个领导者的角色，从大局出发，表现出一个领导者的风范，进而增强自身的影响力，慢慢获得小组中其他成员的认可和信任，最后脱颖而出。

要担任领导者这一角色，必须具备一定的个人能力。个人能力，可以从两个方面来概括：一方面，是个人的实力，它包括专业能力、沟通交际能力、协调组织能力、逻辑思维能力、认知能力等；另一方面，是个人影响他人的能力，它包括个人人格魅力、品格素质、为人处世的态度、待人接物的方式等。

除此之外，要成为领导者，还必须是个充满抱负的人。只有雄心勃勃的人，才有引领众人甚至是引领世界的可能。

★★★★★★★★★★★★★★★★★★★★★★★★★★★

管理一点通

生活告诉我们，平凡的人不仅做平凡的事，凭借着坚持不懈的努力和执著的追求，还能做伟大的事。平凡人，尚且能成就自我，领导者更应该做不平凡的事。因为领导者比一般人更有影响力。如此看来，若想在他人身上产生更大的影响力，那就努力让自己成为一个领导者吧。这样一来，我们就能够以领导者的风范，提升自己的影响力，获得他人的肯定。

以可信度成就影响力

领导者之所以能够对他人产生积极影响，关键原因就是他们享有很高的可信度。

对于领导者来讲，可信度是一种“金不换”的资本。有可信度就可以聚合队伍，可以取信于人。一位知名企业领导者曾感叹天底下最容易挣的是钱，最难挣的是可信度。为什么这样讲？因为他认为钱是那种靠技巧和力气就可以挣到的东西，无非是挣多挣少的问题。而可信度是不能靠技巧挣到的，要靠内在的品质。

一个企业的领导者如果能够在企业发展中自觉遵守法律法规，建立规范化的职业道德准则，坚持团队协作精神，任人唯贤，吸引人才，那么他必然会在追随者中大大提高自己的可信度。

信任无论是对个人还是组织，都是一件至关重要的必需品。充分信任靠体验与感受传递，信任来源于沟通，沟通产生信任。你信任他人，别人感受到你的信任后，便没有了压力，减少了戒备，就会拆除心中的“篱笆墙”，达到相互信任。因此，我们必须把信任看作一颗贵重的宝石，对它高度重视。

领导者是否具备正直诚信的品质是其能否取得追随者信任的关键因素。在著名的西点军校，从军官到士官，言必称西点荣誉法则：“军校学员不说谎、不欺骗、不偷窃，也不容忍有此恶行的人。”在西点四年教育中，诚信、正直、讲真话、讲实话，是每个学员必须遵守的原则。西点的诚信和诚实教育使得近3000名毕业生在工作多年之后于美国企业和政府中担任高管工作。

成功的领导必须得到追随者的信任才能发挥其影响力。而信任则来自员工对领导者诚实品格和工作能力的信心。发人深省的是，待人真诚这一要素的排位在过去的 15 年中几乎没有发生变化，仍是领导者吸引下属最突出的品质。

领导者的能力是增加其可信度的第二大要素。它是指领导者在处理复杂局面时所表现出的视野、判断力、决策力和工作能力。北大国际 MBA 在 2004 年对 300 多名中国企业高管做的一次调查表明，企业领导最重要的素质是其“高瞻远瞩的战略眼光”。

在中国经济政治发生巨变的今天，战略性的决策能力是增加领导者可信度的重要因素。一个有视野、有知识、有能力的领导总会得到下属的热情支持和真诚信任。正如 2000 多年前古希腊哲学家苏格拉底所言:“无论在什么情况下，人们总是最愿意服从那些他们认为是最棒的人。

★★★★★★★★★★★★★★★★★★★★★★★★★★★★

管理一点通

你是否也有这样的经验：虽然自己被冠上团队领导人的头衔，但是却有叫不动下属、无法让不同部门的成员与你配合的困扰？你看到有些同事不但叫得动下属、说得动上司，在需要的时候还可以动员大批同僚，却不知道他们是怎么做到的？

他们用的法宝，其实是最古老的领导技巧——影响力。可信度是影响力的核心基础，一个不被信任的人，不论用承诺或是威胁的技巧，都很难产生影响力。如果想要成为一个具有影响力的人，就应该建立自己的可信度。

要建立可信度，首先要了解自己，了解自己的信念与价值观。能清楚表达并实践自己信念的人，才能让别人信任。其次，要了解试图影响的对象，深入了解其价值观、信念与需要，并敞开心扉让大家参与工作，在参与过程中，团队成员或是同事就会接受你的目标并转化为他们自己的目标，从而建立大家共同的价值观。

以执著的精神提升影响力

据说，世界上只有两种动物能到达金字塔顶。一种是老鹰，另一种就是蜗牛。鹰善飞，蜗牛则靠它永不停息的执著精神。

无论是学习、工作还是生活，只要有一种执著追求的精神，就能取得成功。所谓执著，就是对你选定的目标决不轻言放弃，要有一种“不达目的，决不罢休”的韧劲。但是执著不是固执，也不是偏激。知难而退，必将一事无成；过于固执，又有可能误入歧途，只有把握好“执著”这个尺度，才是通向成功的关键。

古往今来，大凡有成就的人，都懂得这个道理。荀子曰：“锲而不舍，金石可镂。”俗话说的“天下无难事，只怕有心人”也是这个道理。一个人如能有执著追求的精神，就没有办不成的事情。

史铁生是个残疾人，也是位大名鼎鼎的作家。他曾一度对生活失去了信心，几经生死挣扎，一直活在颓败中。后来，母亲用执著的爱感动了他，他又以对文学的执著和热情唤醒了自己的梦想，重拾对生活的信心，感动了读者，温暖了颓废的人们，激发了一代又一代处于逆境中的人的斗志。

遇到挫折、困境，轻易就被现实打倒的人，永远都是失败的。只有那些在逆境中坚持不懈、奋发向上的人，才能获得成功。多少年来，愚公移山的故事广为流传，它要教给我们的道理就是要执著、要坚定，要相信这个世界上没有翻不过的山、迈不过的坎儿，没有克服不了的困难。

现如今很多人都爱喝可口可乐，可口可乐能成为世界饮料界的巨头，和当初可口可乐公司的总裁罗伯特·伍德拉夫有着莫大的关系，当年罗伯特承诺:“我们将会看到，无论在哪儿，人们都愿意花钱买到一瓶可口可乐。”实现这一目标之后，他又说:“在我死去之前，我会让这个世界上的每一个人都尝到可口可乐的味道。”他对他的梦想非常执著，始终充满无限的希望和热情，最后他的愿望都实现了。即便是今天，可口可乐仍居全球饮料之榜首。

可见，执著，它给我们的是一种反复回旋不间断的动力；它通过我们自身给别人的是一股炽热的影响力。请求帮助，求人办事，执著的态度，最容易打动别人，让别人乐于伸出援手。和其他的影响方式不同，执著，是一种带点偏执的坚持，它略带强求，却又不失礼貌。概括而言，它是一种硬性提高影响力的方式。

那么，在人际交往中，我们应该如何运用执著这一筹码提高自身的影响力呢?

认清方向，摸准事情的发展走向；坚持不懈，不轻言放弃。

充满激情。兴趣是最好的老师，也是最好的导航员。种下一个梦想，许下一个承诺之后，我们的内心要充满激情，在激情中奋发，这是执著得以奏效的前提。

知己更要知彼，了解对方的需求，把握对方的心理。在执著之前，做到了解对方，才会知道有没有执著的必要性。

精诚所至，金石为开。想要成功地影响他人，就要有所付出，就要有锲而不舍的执著精神。不要奢望别人自愿接受我们的影响，想要彻底影响对方，打动对方，就要坚持到把对方彻底感动。

天上不会掉馅饼，所有的成功都得付出很大的努力。有的人之所以伟大，并非因为他们比别人聪明，而是因为他们的梦想比别人伟大。一个人的远大目标是驱使自己精神抖擞、全力以赴、下定决心去实现这个目标的动力源泉。只要付出超人的努力，每个有梦想的人都会成功。

★★★★★★★★★★★★★★★★★★★★★★★★★★★

管理一点通

执著具有巨大的力量。在提高自身影响力的交际中，执著是硬性提高影响力的有效方式。当我们确定自己的方向和目标后，要获得别人的帮助和认可。在叩开别人援助的大门之前，不要吝惜坚持不懈的等待和守候。要相信，心至诚，就没有办不到的事，一切艰难困苦都将为执著让步。

以激励增强影响力

每个人都需要激励，都需要鼓舞。激励并非阿谀奉承，相反，它是一种诚恳的、委婉的批评。但是，在听者看来，根本就不觉得有批评之意，而只有肯定和信任。

作为一名领导，对一个工作业绩并不优秀的下属说："你很聪明，你稍微用点心，你的业绩一定会很好。"那么，这个下属记住的是你的夸奖——你很聪明。这样一来，他就愿意多花时间学习，努力提高自己的工作业绩。相反，如果你对下属说："你怎么这么笨？用你有什么用？"这样，可能会使下属厌恶工作，业绩变得越来越差。

其实，往往说者无意，听者有心。我们给他人以激励，一句短短的话，就可能对对方产生深刻的影响。因为每个人都很容易受到别人给他的"标签"的影响。"标签"有好的有坏的，有肯定的有否定的。好的"标签"、肯定的"标签"能给人力量，激发人的潜力。而激励，正是给人贴上好的"标签"、肯定的"标签"。可见，给人激励，就是给自己增加影响力。

工作中，领导者面对员工的失职和错误，难免会动气。然而，最好的解决办法，不是批评，更不是训斥。那些深具影响力的人会停止批评，再退一步，选择赞扬来激励员工，使他们更加勤奋、努力地工作。他们具体是怎么做的呢？

对于缺乏信心的人，要经常说："我相信你可以的，你一定能做得好！"激励别人首先就要肯定别人，相信别人。这对于一个很不自信甚至自卑的人来说，他人的肯定是最可靠的精神支柱。

学会赞美。好的赞美，既让人发现自己的长处，又让你具有亲和力、影响力，因为它能让对方感受到自身的重要性，在不知不觉中，激发自身的潜力。

突出对方的优点，让对方充分自信，克服自卑心理。人各有所长，各有所短。但是，不是每个人都能了解自己的优缺点，自信的人可能永远只能看到自己的长处，觉得自己没有缺点；相反，自卑的人可能总是看到自身的不足之处。所以，不妨帮助别人发现自己的长处，并且突出其优点，让对方拥有充分的自信。

停止批评，开始赞扬，对于企业的管理者来说，尤为重要，因为这样一来，员工与管理者之间的距离就会被拉近。

而且，在管理过程中，领导者如果能够正确地运用表扬艺术，对下属员工的优点和长处进行恰到好处的表扬，就会营造出一种激励人心、奋发向上的人际环境，形成强大的凝聚力和战斗力。

心理学家杰斯莱尔说:“赞扬就像温暖人们心灵的阳光，我们的成长离不开它。”所以，作为领导若想笼住核心员工的心，提升自己的影响力，千万不要吝啬自己的赞美。

★★★★★★★★★★★★★★★★★★★★★★★★★★★★

管理一点通

学会表扬下属，不仅能激发员工的工作热情，同时也能树立自己在员工心目中的良好形象。试着给身边的人多一些肯定，多一点认可，让对方自信些。一句话、一种表达方式的把握，既能帮助别人，又能赢得别人的好感，扩展自己的人脉，甚至延伸自己的影响力，何乐而不为?

以帮助他人强化影响力

帮助他人，是一个优秀的人应该具备的品质之一，更是一个人影响他人，获得他人肯定和青睐的方式。自古得人心者得天下。我们甚至可以说，一个人越是乐于助人，越是能获得好评，这好评的背后，就是强大的个人影响力。

某公司两位刚从技术工作提升到技术管理职位的年轻管理者：A 经理和 B 经理。A 经理觉得责任重大，技术进步日新月异，部门中又有许多技术问题没有解决，很有紧迫感，每天刻苦学习相关知识，钻研技术文件，加班加点解决技术问题，他认为，问题的关键在于他是否能向下属证明自己在技术方面是如何的出色。

B 经理也认识到技术的重要性和自己部门的不足，因此他花很多时间向下属介绍自己的经验和知识，当他们遇到问题时，他也帮忙一起解决，并积极地和相关部门联系和协调。

三个月后，A 经理和 B 经理都非常好地解决了部门的技术问题，而且 A 经理似乎更突出。但半年后，A 经理发现问题越来越多，自己越来越忙，但下属似乎并不满意，觉得很委屈；B 经理却得到了下属的拥戴，部门同事士气高昂，以前的问题都解决了，还搞了一些新的发明。

生活就像山谷的回声，你付出什么，就会得到什么；你耕种什么，就收获什么。帮助别人就是强大自己，帮助别人也就是帮助自己。别人得到的并非是你自己失去的。在一些人固有的思维模式中，一直认为要帮助别人自己就得有所牺牲，别人得到了自己就会失去。比如你帮助别人提东西，就可能耗费了自己的体力，耽误了自己的时间。其实很多时候帮助别人，并不是意味着自己会吃亏。

埃·哈伯德说："聪明人都明白这样一个道理，帮助自己的唯一方法就是去帮助别人。"很多人在建立和扩大人脉网时，都会有无从下手的感觉，事实上，只要你能在别人需要帮助的时候，愿意伸出你热情的手，你的人脉网就会越来越宽广。

拓展人际关系的一大法宝就是伸出热情的手，去帮助和关怀别人，因为我们的帮助不但能助人一臂之力，而且能给对方带来力量和信心，使他们有更大的勇气去战胜困难。也许这对你来说只是举手之劳，但对别人来说却犹如雪中送炭，那么别人对你定会有"滴水之恩，当涌泉相报"的感激。

在帮助他人的过程中，我们不仅能让他人感到愉快，还提高了自身的影响力，更为影响力的进一步扩展、提升播下了希望的种子。这对于致力于提高自身影响力的我们，是非常有利的。

★★★★★★★★★★★★★★★★★★★★★★★★★★★★

管理一点通

助人就是助己，帮助别人才能得到别人的帮助，使自己有所获益。所以，作为一个优秀的管理者，凡事不能只看眼前，只顾着自己，而是要懂得适时地向他人伸出援助之手。所谓"赠人玫瑰，手有余香"，你在帮助别人的时候，也为自己积攒了人脉，赢得了大家的支持和拥护。所以，帮助他人就是在提升自己的影响力。

友爱能放大影响力的效应

一个友爱的人，他给人的第一印象总是好的。所谓好，具体来看，比如温和、和蔼可亲、漂亮、善良等。当你来到一个陌生的城市，走在陌生的街头，你想问路，会去问一个绷着个脸，一看就不好说话的人，还是会去问一个面带笑容，看上去和蔼的人呢？

显而易见，你会选择后者。再假设一种情景，假如你平日里对待身边的人，始终是用一种比较友好的态度，当有一天，你要组织一个活动，或者需要帮助，那么正常情况下，别人怎么舍得拒绝你呢？

友爱，是让影响力得以发挥和蔓延的不可缺少的因素。在提高影响力的交际中，要做到友好待人，与人真诚相处，归根到底，其实就是友好待己。

有一位著名的魔术师，小时候家里很穷，但他通过自学识字。后来，他成功了。有位作家去采访他，问他成功的秘诀是什么。他告诉作家，关于魔术手法的书市场上已经有很多，一般搞魔术的人都看过，书上讲的那些手法也都会。他说，其实自己的魔术技艺并不特别优秀，他跟其他的魔术师懂的一样多。但他有两样东西是其他人没有的：一是他能在舞台上把自己的个性展现得淋漓尽致。他的每一个手势、每一个面部表情，都事先很认真、仔细地练习过。所以他的表演总是惟妙惟肖，没有一点破绽和差错。二是他对观众非常友爱。许多魔术师一上台会看着观众，对自己说："底下的那群人都是傻子、笨蛋，他们被我骗得团团转。"但他却从来不这样。他每次一走上台都微笑着在心里对自己说："我很感激他们来看我的表演。他们让我的生活充满希望和光芒。我要把他们当作朋友，并把我最高超和精湛的手法表演给他们看，让他们觉得神奇和快乐。"

他每次表演完走下台时，都对自己说："我喜欢我的观众，我爱我的观众。"这位被公认为"魔术师中的魔术师"，在世界各地表演他的魔术，并一再创造出精彩绝伦的表演。40 年来，共有 6000 万人买票看过他的表演，他也赚了近乎 200 万美元的利润，为自己创造了一大笔财富。

这位魔术师成功的秘诀是什么呢？那就是在心中用一种友爱的方式，看待自己的观众。他把自己的观众当朋友，并且竭诚竭力表演好魔术，给观众带去最美的奇特体验。这既让他拥有了财富，改变了命运，也让他获得观众的追捧，赢得了观众的喜爱。6000 万人次的观众，来自于他的个性和友爱，来自于他不断蔓延的影响力。

可见，友爱，是让人提高和扩展自身影响力，获得人心的一种好方法。在这个生活节奏迅猛加快的社会，人们往往忙于奔波。世界很大，也很小，人与人之间的距离越来越近，而人心与人心的距离却越来越远。因为人们常常忽略了友爱的力量。友爱，其实只是一个态度问题。只要我们愿意，只要我们肯，就可以做到，并且将友爱传递给别人，让人深感温暖。这种温暖来自内心深处，是我们触摸不到却能深深感受到的信任和肯定。转而在对方心里，形成一股力量，叫作感动和愿意。这会让原本紧闭的心门敞开。于他，是触动；于己，是收获，收获他人的认可，收获影响力。

★★★★★★★★★★★★★★★★★★★★★★★★★★★★

管理一点通

在与他人的接触和交往中，以友爱示人、待人，你会给人一种亲切、友爱的好感，就会得到明显的回报，即说话有人听、办事有人支持，工作开展也就顺利，威信在群众中就自然而然地树立起来。

以领导的威权压人，只能服一时，有的人还口服心不敬；而以仁术管理，以仁爱人，则会得人爱之。孔子认为，仁爱是做人的根本，它不仅仅是一种道德水准，也是人格魅力所在。凡想要创造一番事业的领导者，须存一颗仁爱的心。以此树立领导者的威望，取得组织成员的信任、支持与追随。

榜样是无声的影响

作为一位领导，你可曾仔细想过以下问题，并从中找到真正的答案？

为什么有人在没有加班费的情况下，仍然自愿、辛苦地加班？

为什么总有人为你所设定的目标全力冲刺？

为什么总有人为你毫无保留地奉献他所有的才智？

多年来，许多人一直不断地思索这些问题，终于得出一个惊人的答案：

成功的领导，在于其99%的威信、魅力和1%的权力行使。而这种威信与魅力，正是来自于领导自身的行为。

古语说："己欲立而立人，己欲达而达人。"这句话的意思是说，只有自己愿意去做的事，才能要求别人去做，只有自己能够做到的事，才能要求别人也做到。作为现代领导者必须以身作则，用无声的语言说服员工，这样才能具有亲和力，才能形成高度的凝聚力。

所谓以身作则，就是应该把"照我说的做"改为"照我做的做"，这样才能起到更好的教育激励作用。然而，现在有些领导者总对员工说："照我说的做。"可他们不明白，这是下下之策，真正的上上之策应该是："照我做的做。"

联想在最初起步发展时，每次开会，总有很多人迟到。针对这一现象，公司制定了一条规定：开会时，迟到者在会议室外面当着全体员工的面罚站一分钟。这一制度制定后，联想集团召开第一次会议，副董事长扫视了一眼满座的会议室，为自己的决定而感到得意，因为和上次开会相比，这次大家来得很准时。

开会时间到了，当他正准备宣布会议开始时，忽然发现门口又走进一个人来。副董事长一看，大吃一惊，原来董事长刚到。

和所有在场的员工一样，副董事长一愣，继而又听见大家小声议论起来:“董事长要不要罚站啊?”

副董事长正发愁，董事长自己却说:“作为董事长，我更应该遵守规定。”说完，董事长就真的在会议室门口站了足足一分钟。

后来有一次，联想集团召开高层领导人会议。副董事长早早准备好了材料，走进电梯，准备去开会。正在这时，电梯突然发生故障，副董事长被困在电梯里。直到维修人员将电梯修好，他才出来。当他赶到会议室时，已经迟到足足十分钟了。副董事长一句也没解释，自觉接受惩罚，在会议室外面当着大家的面站了一分钟。

至此，联想集团开会时，几乎没有人再迟到。

在这个事例中，董事长和副董事长都没有因为自己的特殊身份，而给自己特权。相反，他们以身作则，给其他的员工树立了一个良好的榜样。制度面前，人人平等。这也就决定了制度实行的有效性和权威性。每个人都可能因为各种原因而出差错，其实，迟到不要紧，认识到迟到的严重性才是关键。董事长没有为自己的迟到而辩解，更没有因为自己是董事长而违反规定；副董事长也没有为自己的迟到而找借口，迟到了，就自愿接受惩罚。他们的做法，对公司其他员工来说，是绝对的榜样。正是因为他们树立的榜样，使得制度在员工的心里产生权威效应，深深影响了他人，所以后来每次开会，几乎没有人迟到。由此可见，成为榜样，能给自己带来巨大的影响力，并且这股力量具有权威性。

对于企业来说，领导是特殊人物，领导的行为往往对员工起表率作用。领导干部必须以身作则，率先垂范，带个好头。你希望员工如何做，做到什么程度，你应当先给他们一个示范。

振臂一呼、应者云集的领导力绝不是领导职位本身能赋予的，没有追随者的领导者剩下的只是职权威慑的空壳。因此，领导者必须以身作则，养成良好的工作习惯和培养良好的道德修养，唯此，才能获得更多的追随者，获得更多优秀的人才，最终成就大事业。

★★★★★★★★★★★★★★★★★★★★★★★★★★★★

管理一点通

领导者具备并发挥领导力，才能有效引导和激励员工，增强企业的凝聚力。而发挥领导力的最有效途径，就是领导者以身作则。“身教”往往比“言传”更为有效。

榜样具有带头作用、示范作用和引导作用，它能给人带来巨大的影响。一个人先得做到自律、自强，才能以德服人、以力御人。成为榜样，激活我们的“权威”力量，是我们提高自身影响力的可取之道。在提高自身影响力的交际中，榜样具有不可忽视的力量，因此我们不妨以身作则，严于律己，成为别人的榜样，进而让自己的影响力得以升华。

学会与他人合作

有这样一则寓言，一位商人赶着驮了货物的一头驴和一匹马在沙漠中行走。驴对马说：“你帮我分担一点，我累得快不行了。”马不理睬，继续走它的路。驴终于累死了，主人就把驴身上所有的货物都卸到马身上。马的教训给我们什么启示呢？——学会与他人合作。

任何人都需要与别人合作才可以取得较大的成功。正如《易经》所说：“二人同心、其力断金。”还有句俗话说“一个巴掌拍不响，两个巴掌响遍天”，不正是这个道理吗？

我们生活在这个社会上，难免要和其他人合作：一幢房子，一个人建不了；

一场球赛，一个人打不了；一家企业要发展，一个人做不了……

合作是成功的土壤。我们要学会与他人合作，并且在合作中搭建关系、广结人脉，借助他人之力，为自己的成功帮忙。

竞争时代，合作双赢。一个人要想完成自己的事业，就必须利用自己的才智，借助他人之力。在事业的征途中，以真诚为基础，依靠自身信誉，编织自己的事业关系网。

人脉的最高境界就是合作和互利。合作不仅是为成功提供机会，更是我们广结人缘的舞台。国际组织学习协会创始人彼得·圣吉在《第五项修炼》中说:“未能搭配的团队，许多个人的力量一定会被抵消或浪费掉……当一个团队整体搭配时，就会汇聚出共同的方向，调和不同的力量，从而使力量的抵消或浪费达到最小，产生一种共鸣或绩效，就像凝聚成束的激光，而非分散的灯光，它具有目的一致性及共同远景，并且使我们了解如何取长补短。”所以，在生活中，特别是在职场中，如果我们重视合作，并且善于与他人合作，就能又好又快地完成工作。最重要的是，当我们强化自身的合作意识时，不仅改变了团队和他人的“命运”，更加强了自身的影响力，让我们的影响力通过合作在别人的心中激起连绵不断的涟漪。

要实现与他人合作，不仅需要我们本身主动地运用合作意识、集体意识、团队意识去指导我们的实际行动，还需要他人的合作意愿。假如我们的合作意识很强，而对方并不愿意敞开心扉，接受我们的合作建议，那么与他人合作也是行不通的。在提高个人影响力的交际中，必须清楚地看到这一点，在与人合作之前对对方的合作方向和意愿有一个全面的把握和了解，进而尽可能地为成功实现合作减少阻力和障碍。

那么，在工作中，在事业发展过程中，要想通过与人合作来提高自身的影响力，我们该如何做呢？美国人李察·惠兹里尔写了一本书，专门讨论如何与人合作。他总结出七条规律：

1. 要友善待人

无论处于什么情况，也不管你当时的感觉是怎样的，甚至于不必问为什么，你都应该以友善的态度，去对待你所接触的每一个人。

2. 要从好处着想

当你与人交往的时候，要养成这样一个好习惯：根据他的好处去判断他这个人。养成随时发现别人优点的习惯，可以自然而然地激发你对他人的友善态度，你也必会从别人处得到相似的反应。

3. 勿伤人自尊

人与人之间不能合作，往往是由于一方伤害了另一方的荣誉感和自尊心。因此，对于某些辩之无益的论点，譬如信仰、种族、职业、地方的偏见，以及个人的嗜好，最好不要去正面辩驳，而是用旁敲侧击的方式去提醒对方。

4. 要时时助人

与人相交时，要尽可能地帮助他人。你能帮助别人，别人对你的好感自然会增进，尤其当你提供的帮助是他们从别处所无法得到的时候。你一旦主动助人，一定可以得到类似的回报与反应。

5. 要为人设想

交往中，你要主动地“爬过墙”，去看看别人的利益何在，困难何在，使你自己的利益与合作者的利益相一致。广而言之，就是要使小我的利益与大我，譬如社会、国家、世界的利益一致。

6. 简洁而明确

当你下达命令或者传达消息和意见时，必须极其审慎，使你的语言文字正确无讹，避免任何误解。

7. 使人积极参加

最理想的合作，并不是你命令他、强迫他去执行你的命令，而是他出于自己的理由去做你需要他做的事。所以，你就可以拟定一些方案，减少他的反对，使你的计划更能符合他的利益，更容易得到他行动上的支持。

管理一点通

在当今社会，要提高自身影响力，拥有自己的人脉，赢得成功，不仅要善于借时势，更要善于借人势，这样自己才能飞得更高、更远。而人势不仅源于他人的影响力，更源于自身的影响力。在与他人的合作中影响他人，不失为借助人势获得个人成功的一大捷径。

与他人合作，在合作中强化集体意识、团队意识和合作精神，这样一来，我们的影响力就能得以表现和蔓延。与一个人默默用功相比，在当今这个多元化的社会中，合作才是可取之道。在提高自身影响力的交际中，我们不妨通过与他人合作的方式，来提升、扩大自身的影响力；同时，在与他人合作的过程中，扩大自己的人脉，为自身的影响力得以持续和蔓延打下坚实的、牢靠的基础。

第三章

影响力是管理者的必修课

人人都有“闪光点”，人人也都有自己的影响力，只是大小不同罢了。而随着时光推移，甘于平庸的人，影响力会越来越小；努力进取的人，影响力则会越来越大，最终走上成功的道路，成为某一领域的风云人物。因此，有效地培养个人的影响力显得至关重要。

影响力需要正直诚实

影响力的价值是什么呢？当你的影响力是正面时，你影响到的人，再去正面地影响其他人，这个意义是很大的，你对人的一点帮助能生出很多意想不到的效果。独善其身的价值太有限了，如果追求价值的最大化，必须要有影响力。

如果培育一个人，允许他们依赖你，实际上是在害他们，而不是在帮助他们。如果你帮助他人的目的是为了满足自己的需要，或者是医治自己过去的创伤，那么你与他们之间很可能会变成相互依赖的关系。互相依赖的人际关系永远不能对他人产生积极正面的影响。

要有影响力，首先自己要诚实正直。要学会为别人着想，优先考虑别人的需要，而不是老想着自己。试着站在别人的处境为别人着想，并不是那么容易做到的事情。唯有你能够接受自我，才能够真诚地为别人着想。

为别人着想的动机是爱。而爱的首要责任是聆听，当你决定真正聆听他人的话时，你会惊讶地发现自己更深入地了解了朋友、家人、工作、所属单位以及自己。聆听对方说出来的话与没有说出来的话，谈话时立即判断出对方的需要。人们说话有许多不同的原因：得到安慰、发泄、说服、传达、需要谅解、排除紧张等。这是了解别人必须学会的技能。

如果培养了好的聆听技巧，就可以发掘双方共同的经验和看法。如果你经常找寻与他人的共同点，就会发现自己几乎可以与任何人聊天。

每个人都想成为重要人物。如果把每一位自己所遇见的人，当作全世界最重要的人物来看待，那么就会把对方当作是心中的重要人物来与之沟通。

每个人都需要其他人，每个人都需要友谊、鼓励和帮助。单凭一人之力所能达到的成就，与团体合作所发挥的潜力相比较，实在是微不足道的。

任何帮助他人的人，会影响许许多多的人。一个人所给予另一个人的一切会满溢出来，流到所有受这另一个人影响的人身上，影响力的传递是倍增的。

了解一个人的思想，可以看看他做过什么。想了解一个人的心，可以看看他渴求做什么。每个人的内心世界都有把钥匙可以插进去，一旦找到它，要诚实正直地使用它，只有在对他有好处，而不是只为自己的前提下，才能使用它。你的目的是要帮他，而不是伤害他。

在影响他人之前，必须先学会向他们表现爱。没有爱，就没有共鸣，就没有未来，也就没有共同的成功。

★★★★★★★★★★★★★★★★★★★★★★★★★★★★

管理一点通

一旦你成为周围人心中诚实正直的榜样，并能成功地激励他们，你将会成为他们生命中有影响力的人。卓越的领导者身上总是具有一种让追随者难以抗拒的影响力，而这影响力必须建立在领导者自身的优秀素质和良好品格的基础之上。西点军校领导力的经验说明，追求真理、评判是非、自我约束、坚强果断、诚实正直是优秀领导者产生影响力的源泉。美国通用电气公司前CEO杰克·韦尔奇认为，有影响力的领导本身必须释放出巨大的能量和工作激情去感染追随者。

影响力是管理者的必备力

人与人的交往，常常是影响力之间的较量，只有具有卓越影响力的人才能成为真正的强者。

成功人士靠什么改变着今天和明天？靠影响力。如果一个成功人士缺乏这种影响别人的卓越能力，那么他的前途是非常暗淡的。

也许大家都看过《李小龙传奇》，从李小龙的身上我们可以领略到卓越影响力非同一般的作用：把敌人变成朋友，使武术跨越国界，让好莱坞对黄皮肤的中国人刮目相看……

海尔集团的张瑞敏具有不俗的思考力与学习能力，也是具有卓越影响力的典型代表。

张瑞敏本人屡登世界一流商学院的讲坛布道，与其说是对其经营管理能力的肯定，不如说是对其卓越影响力的褒扬。

张瑞敏以自己的影响力奠定和倡导着海尔的理念和文化。无论是海尔提出的“亮了东方，再亮西方”的发展战略，还是实施 OEC 的管理法，或者“市场链”的业务流程再造，都是富有深度思考与卓越影响的一种外化形式。甚至被选入哈佛案例的“激活休克鱼”的并购理念也是一种文化扩张，都是用管理层面的影响力来盘活机器设备类资产，使企业正常运作并得到迅速发展。

因此，如何塑造个人影响力，如何通过个人影响力来创建一个超级团队，是现今企业管理者们必须修炼的课程之一。

管理一点通

拿破仑·希尔曾经说过:“在别人的影响下生活着，就等于不属于自己，就等于被别人的意志给俘虏了，这样的人即使再优秀，也不会登上一把手的位置。”的确，影响力弱的人只会生活在他人的光环下。一个有强大影响力的人，身边总是会有很多朋友，因为他们总是不自觉地会受到他的吸引；一个有强大影响力的领导，做起事来总是轻松自如，下属也总愿意真心接受他的领导；一个有强大影响力的职员，不但更易被领导欣赏，让领导接受自己的建议，而且也能更广泛地影响其他同事。

一个成功的领导者不是指身居高位的人，而是指能够凭借自身的威望和才智，把其他成员吸引到自己周围，取得别人信任，引导和影响别人来完成组织目标，并且能使组织团队取得良好绩效的人。

追随力同样不可或缺

有“领导力”固然重要，但“追随力”同样不可或缺，有了下属对你的“追随力”，你会更加得心应手。领导者如果能赢得下属的信任，众人自然就会无怨无悔地服从他、跟随他。反之，如果领导者经常言而无信、出尔反尔、表里不一，别人就会怀疑他所说的每一句话、所做的每一件事。

日本“经营之神”松下幸之助就特别重视“个人信用”，他说:“想要使下属相信自己，并非一朝一夕所能做到的。你必须经过一段漫长的时间，兑现所承诺的每一件事，诚心诚意地做事，让人无可挑剔，才能慢慢地培养出信用。”

新加坡管理大学组织行为学教授陈辉云新近的研究发现：组织内的信任关系存在于不同的“信任焦距”之间。这些名为“信任焦距”的领域分别是：同级之间的信任、对上级的信任以及对下级的信任。早期的许多研究已经明确了建立信任的主要条件，如能力、仁爱以及正直，在对中国员工的调查中，这些也是颇为明显的共同特征，但中国员工还呈现了不同的特点。

研究发现对上级的信任主要是在工作环境中形成或加强的。中国员工认为，无论在个人关系还是在工作关系中，最重要的信任特征就是仁爱。不过，仁爱不是建立信任的唯一条件，信任还包含了其他特征，例如在集体主义文化背景下的授权及互让互惠、强调双方责任的重要性以及依赖团队成员来完成工作等。

有一个实例描述了信任在工作与个人关系领域内的扩展经过。一位被调查者举出的实例是关于上级的，该上级为患有流感的下属提供医疗服务，从而体现出其仁爱亲和的领导素质。在被调查的中国员工看来，领导关心下属的福利以换取下属的忠心，这就是仁爱。

仁爱的形式是团队精神、团队合作，以及在工作上的支持。根据许多被调查者的事例可见，上级能够放低姿态、尊重并理解被调查者的处境，是非常重要的。

员工重视不同焦距内“能力”在加强信任中的作用。虽然被调查者认为能力是一种标准，然而研究中唯有一个关于能力的实例是发生在工作背景下的，并且与仁爱和正直联系在一起。

对于在同级之间建立信任，仁爱是主要的驱动力。这与研究结果是一致的，即在没有纵向权力的影响下，信任和影响力是通过各种手段形成的，比如善意和适当的时机。

此等涉及个人关系而建立信任的方法有可能会外溢至工作关系之中，正如与同级信任有关的部分实例所证明的那样。但是，有些问题的答案仍不明确：比如此种外溢效应会否因对异常行为的掩饰而产生负面作用，例如逃避责任或容忍同事的无能等。

仁爱是推动多数信任建设的主要动力，尤其公正和公平在其中也很重要。在建立与下级之间的信任时，可预测性及个人能力是推动上级建立信任的主要动力。

★★★★★★★★★★★★★★★★★★★★★★★★★★★★

管理一点通

领导力的本质是不基于职位影响一群人的影响力。要影响一群人，就要把个人特质、下属的特点、任务的特点和组织内外环境有机地结合起来，促进组织生存和持续发展，实现共同目标，满足共同利益。

领导的本质就是组织成员的追随与服从，是一种非职务性影响力。即领导通过其影响力来影响追随者的行为以达到组织目标。这种影响力是非制度化的信任、信赖、信服，是自觉的认同与追随。

领导力始于你和你对自己的信任。但是，只有当他人也信任你时，你的领导才能继续。如果追随者不信任领导者，那么所有发展领导力的方式都是毫无意义的。

作为下属，愿意追随什么样的领导者？前面这句话的关键词是“愿意”。有时候你追随某个人是因为你不得不这样做，而有时你追随某个人是因为你想这样做，这完全是两码事。怎样才能成为其他人愿意追随的领导者，而且是满怀热情和发自内心地追随？这一点是管理者需要认真思考的。

以学识和才能让下属产生信赖

在非权力性影响力中，管理者要学会树立起一种专家式影响力，对于专家影响力的具体内容，目前国内外说法不一，但是用智力、业务能力、知识来概括还是比较恰当的。

智力主要是指人在活动过程中的各种认识能力的总和，包括观察力、记忆力、想象力、注意力和思维能力。一个人如果能博闻强记、思维敏捷、洞悉事理，必然会产生一种信服力。

能力主要包括综合分析能力、组织管理能力、指挥决策能力、表达能力、适应能力、创造能力，以及其他特殊技能如专业技术能力。那些运筹帷幄、才干卓绝的管理者，必然使人产生信任。

知识管理者的知识是指基础知识、专业知识、相关知识和实际知识。管理者如果涉猎广泛、通今知古、学识渊博，必然使人钦佩。

这种信服力、信任力、钦佩力综合起来，共同构成管理者的专家影响力。

因此，所谓专家影响力就是具有广博知识、丰富经验和优秀技能的管理者受到的被管理者的信任和尊敬。下属总是遵从和追随那些博学多才、知识经验丰富的管理者。管理者的学识和才能，可以使下属产生信赖和钦佩的心理，从而使管理者获得影响下属的潜在力。

专家式影响力可以从以下几个方面来培养：

1. 坚定的信心和意志力

信心和意志力是行动的基础，是有影响力的人走向成功的非常重要的心理素质。一个管理者只有心里充满必胜的信念，对自己所从事的事业确信无疑，并且有坚忍不拔的意志力，才可能迈出坚定的步伐，拥有克服万难的力量、技巧和精力，想出解决问题的方法和对策，赢得他人的信赖和支持，最后达到为之奋斗的目标。

2. 率直的心胸

一个优秀的管理者应该有率直的心胸。因为任何人只要具有率直的心胸，就能明是非、知善恶、有爱心、懂礼貌，使社会更加繁荣、进步与和谐。

拥有率直心胸的人对待人生豁达开朗，一般拥有健康的身体，不会为不必要的事情大伤脑筋，更不会庸人自扰。在现实生活中，每个人都可能遇到不开心的事情，有率直心胸的人在遇到困难时总是以坦然、镇定、理智的态度去面对。

3. 宽容的个性

宽容首先表现在对他人的个性的接纳，允许别人有与自己不同的性格、爱好和要求，不强求别人和自己一样，有欣赏别人优、缺点的能力。

在世界上，不会存在性格气质完全相同的人。在一个集体里，每个人的个性也是不一样的。在性格上，可能有内向和外向之分；在气质上和工作能力上也各有各的优点和不足。由于差异，有人可能性格刚强，做事果敢、利索，办事效率高，但无韧性；有人可能性格柔韧，做事周到细致，但办事效率不高。如果在管理工作中能看到彼此的特点，互相配合，就能弥补各自的缺陷，既能把事情做好，又能和下属搞好关系，使领导集体显得充满活力，让人对集体有一种配合默契的感觉，对各个管理者的风格有一种欣赏心理，使集体的感召力大大增强。因此，管理者要有宽容和兼容的胸怀，才会使所属群体中每个人的个性充分发挥而又不影响集体的发展。就像一个好的园丁，在他的花园里，有百花齐放的景象，有争奇斗艳的风景。人们光顾这里时，有一种赏心悦目的感觉，对园丁的管理技术充满敬意，因为他既让每一处景致美好地呈现，又培育出了万紫千红的整体景观。

相反，如果管理者不理解他人的个性，不能容纳他人的特点和要求，就会使人们之间的关系变得不融洽，甚至出现裂痕，给工作带来严重的后果。

4. 追求良好的人生之道

追求良好的人生之道是有影响力的管理者进行人生境界修炼的重要一环。

人也好，物也罢，按照黑格尔“存在即合理”的名言，有影响力的管理者应以一种正常的心态去对待，遵循自然的理法去不断地实践，找出改变世界的方法。

5. 培养情商

国外的研究表明：决定一个人成功与否的因素中，智商（1Q）只占20%，而80%取决于社会因素和人格因素，即所谓的情商（EQ），即人的感情、意志、人际关系等。EQ的出现，打破了智商决定人终身成就的结论。

管理一点通

一个强有力的领导者应当具备什么样的素质和能力呢？香港著名企业家李嘉诚在总结他多年的管理经验时说：“如果你想做团队的老板，简单得多，你的权力主要来自地位，这可来自上天的缘分或凭仗你的努力和专业知识；如果你想做团队的领袖，则较为复杂，你的力量源自人格的魅力和号召力。”由此可见，领导者只有把自己具备的素质、品格、作风、工作方式等个性化特征与领导活动有机地结合起来，才能较好地完成管理任务，体现管理能力；没有人格魅力，领导者的管理能力难以得到完美体现，其权力再大，工作也只能是被动的。

人格魅力则是指由一个人的信仰、气质、性情、品行、智能、才学和经验等诸多因素综合体现出来的一种人格凝聚力和感召力。有能力的人，不一定都有人格魅力。缺乏优秀的品格和个性魅力，领导者的能力即便再出色，人们对他的印象也会大打折扣，他的威信和影响力也会受到负面影响。领导者的人格魅力影响着其管理的能力，其影响主要通过领导者运用权力时表现出的亲和力、凝聚力和感召力，使被领导者心甘情愿地为实现既定目标努力奋斗而产生的成效体现出来。

不仅如此，作为领导干部，必须具备智慧、幽默、乐观、进取、正直、公平、宽容、有爱心等个性品质，必须凭借一种独特的风格把其他人吸引到你身边，凝聚在你周围，营造一个富有活力的充满人情味的可信赖的氛围，并以此来激励下属潜能的发挥，提高工作效率。只要领导者用爱心和榜样的力量去感化人，用尊重和理解的态度去帮助人，用能力和积极的品格去影响人，设法提供舞台和机遇去吸引人，那么他就一定会成为一个有着强烈吸引力和感召力、深受下属和群众拥戴的领袖人物。

用风度的力量展示影响

领导者是一个组织的代表，领导者的风度则代表的是这个组织的形象。好的领导风度，在公共关系中常常能取得意想不到的效益。

社会交往中的领导风度：一方面提高自身可信度，活跃社会交往气氛；另一方面是指美的形象，风度翩翩的举止，在对方心中唤起明朗的感觉。潇洒大方的风度能吸引众多交往者，它与自然展示出来的奇丽景观一样，使人感情色彩变得丰富起来，给他人一种愉悦的心境，从而达到社会交往的效果。

风度的作用不仅仅是展示美，它的核心在于展示领导者的力量，实现交往的目的。

在社会交往中，不能简单地、随便地去应付，而是积极地准备，使自己的风度既代表自己所领导的团体形象，又能将自己的人格展现出来。

人们说，美的风度能使交往成功一半，不是没有道理的。因此，在社会交往中，每一个领导者既要按美的规律来展示风度，进行各项社会交往活动，同时又要通过风度的作用来展示人格的力量，准确把握交往时机。

领导者在与社会公众打交道、参加各种社交活动时，展现出来的端庄整洁、彬彬有礼的形象，会使人们感受到其所在组织的整体形象，而这种整体形象又有利于该组织事业的发展。

领导者的形象具有双重性：一方面是他本人形象的体现；另一方面又是他所领导的组织的象征。领导者形象不同，给人留下的他所领导的组织的形象自然也不同。

领导者的威望来源于他崇高的理想、高尚的情操、博大的胸怀、坚强的意志和卓越的领导才能，而这些内在素质通过仪表等外在形式反映出来，成为领导者特有的风度。

以貌取人固然不可，但美的风度确实有利于提高领导者的威望。领导者的形象除了展示个人的气质风度外，对其事业也有很大的帮助。

管理一点通

“高山仰止，景行行止。”领导者的言行举止，在一定程度上会成为下属的镜子、单位建设的影子。周恩来总理在国内外一直被奉为领导干部风度涵养的典范，受到老百姓的颂扬，赢得了世人的尊敬。领导干部要坚守“人无德不立、官无德不廉、国无德不强”的信念，以远大的精神追求、高尚的人格力量和良好的品行操守，凝聚人、感召人、引领人。

感召组织成员的基本原理

在研究管理者感召力的形成与强化的过程中，情、理、法的关系问题是一个永远值得注意的基本问题。只有合于情，合于理，又合于法，感召力才能得以实现，才能强化，其感召行为才能稳定和持久。

人们在发生争论时最初的心理活动，总是倾向于为自己的心理感受寻找那些最易接受的理由为自己辩护，这是人之常情。人们常说的“公说公有理，婆说婆有理”，“仁者见仁，智者见智”就是由其站在不同的立场引发的。所谓“秀才遇见兵，有理说不清”，并不是因为大兵没有理，只不过是他的理和秀才的理格格不入而已。

所以我们说，理的基础在于情。一个人有多少情，就会衍生出多少理。于是就有同一个人在不同时间，对同一件事，持有不同的看法（理）。不同的人有不同的情，也就会有不同的理。于是对同一件事，在同一个时间，不同的人会出现不同的看法（理）。

但是，人都是社会性的，人们都知道许多事情只靠一个人是干不了的。于是，组织的出现，组织行为的规范，就是必然的要求。当组织成员的大多数（这种大多数一般是由组织核心人物个人或集团，即决策者或决策集团的意志来体现），在某些问题的认识（理）上取得了一致，就出现了法律性的东西（法律、规章、制度、契约等），以求大家共同遵守。

所以我们说，法的基础在于理。

由于“情”是极其生动活泼的，所以“理”也就是丰富多彩了。这也就不难理解，任何社会和组织中，法都是有欠缺的，不可能是“绝对完美、完善”

的。所以，才要设置一部分专职人员关注、讨论和修订法律。

只有法而无情，不能有效地感召组织成员，会使人抑郁，会造成万马齐喑的沉闷气氛；只有情而无法，人人都有一种原始的感召力，但会成为一盘散沙，最后仍然形成不了有效的感召作用。但是，法与情毕竟是相互对立的东西，二者经常会发生碰撞和冲突，此时，理就会出来平衡二者之间的矛盾。

所以，合情、合理、合法，就成为管理者有效感召组织成员的基本原理。实际上，正确地把握好合情、合理、合法的关系，不仅是管理者感召艺术的体现，还是管理者驾驭艺术的体现，也是领导决断艺术的基本立足点；同时，它乃是整个管理者学原理的基本出发点。

中国关于情、理、法的学问源远流长、影响深远。台湾省某学者在研究有影响力的管理时得出这样的结论:“有影响力的管理的基本内涵是仁、义、礼。仁就是人性化的管理，以了解人性、尊重人格为出发点（讲的情）；义就是合理化的管理，各种管理方法必须合宜适当，无任何障碍难行之处（讲的理）；礼就是制度化的管理，任何组织应制定完备周详的法律规章，人员据以认真执行，对不合时宜的法规不断地加以修订（讲的法）。三项基本内涵所发展出来的将这些基本内涵转变为运用法则，不外乎合乎国情、符合人性、手段适宜及时空考虑。”

讲情，在于感动；讲法，在于威慑；讲理，在于信服。

合情，意在激发动力；合法，意在顺乎体制和机制；合理，意在调节情与法的对抗，使二者相容与互补。有影响力的感召形成与强化，感召行为的有效性，离不开这三者的有机协调。

管理一点通

一个团体汇集来自五湖四海、四面八方的人。作为管理者，你想过没有：这些性情各异的人为何会聚集在你的周围，听你指挥，为你效劳？俗话说:“浇树要浇根，带人要带心。”管理者必须摸清下属内心的愿望和需求，并予以适当的满足，才可能让众人追随你。如果，一个管理者没有一定的人格魅力，不能产生行为感召力，员工不可能心悦诚服，真心跟从。

领导最佳的方法就是做好表率

任何一个团体或组织，无论小或大，要做好工作，其领导者没有一个不做人力资源方面的工作的，企业应该以“人才为本”。平均工作效率优于大家，你就是人才；等于大家，换了你谁都一样；低于大家，你就是公司的绊脚石，是拉后腿的人。这个世界是专业化的世界，唯有杰出和专业化者才能生存。

在乡村曾经流传着这样一个顺口溜:“村看村，户看户，群众看干部。”群众看干部的什么呢？群众看干部如何说，更重要的是看干部怎么做。上梁不正下梁歪。做领导的念歪了经，做歪了事，其下属和百姓自然是以歪就歪。相反，做领导的要使下属听命于己，要取信于百姓，建立良好的领导者形象，自己应先规规矩矩，扎扎实实地作出个样子来。

“做官先做人，万事民为先。”职位高还须品德高，要常修为官之德。一是境界要高，要牢固树立正确的世界观、人生观、价值观和权力观、地位观、利益观。二是眼界要广，要有战略眼光和全局观念。三是胸怀要宽，古今中外，凡能成就大业者，多是心地坦荡，胸怀宽广的人。

领导不能做到公正，原因是无法端正自己的内心。内心端正了，处世就没有偏私。端正自心，首先要端正自身，自身端正了，家庭就能端正，国家就能端正，天下就能端正。

孔子说，自己率先端正了，天下还有谁敢不端正？傅玄说:“领导立德的根本没有比‘正心’更重要了。心正而后才能身正，身正而后才能让左右的人正，左右正而后才朝廷正，朝廷正而后才国家正，国家正而后才天下正。反过来说，天下不正要从国家建设做起；国家不正要整顿朝纲；朝廷不正要整顿文武百官；百官不正，当领导的就要从加强自身修养做起，自身不正要从修心做起；修养的对象越贴近，所带来的影响、效果越久远。大禹、成汤肯责备自己，所以国家兴旺，显得生气勃勃。”

端正了自心，就端正了自身；端正了自身，就端正了别人。《论语》中有:“其身正，不令而行；其身不正，虽令不从。”这句话也是告诫领导者必须品行端正，谨慎从事，以身示范。

领导者是榜样，他的言谈举止、音容笑貌、喜怒哀乐，直接影响到下属和群众。如果领导者自身的行为规范、得体，即使不制定任何规章制度，人们也能自然地效法他的行为，走正道，做正事。然而，如果领导者自身的行为不正，胡作非为，即使制定严格的法令、法规，人们也不会执行。在台上说得振振有词，还不如身体力行来得有鼓动性，有号召力。嘴上说得天花乱坠，做起来又是另一套，倒不如不讲不做。因为这样言行不一，无异于在脸上刻下“伪君子”几个字，让人看了骤生反感之心。

领导者必须严格要求自己，起带头表率作用，才能服众。更何况，“己欲立而立人，己欲达而达人”。只有自己愿意做的事，才能要求别人也去做；只有自己能够做到的事，才能要求别人也去做到。

管理一点通

“一头狮子率领一群绵羊，能打赢一只绵羊带领的一群狮子”以及“兵熊熊一个，将熊熊一窝”这两句俗语，都说明了领导表率作用的重要性。领导干部的表率作用是凝聚人心的号角，是企业发展的动力，团队建设的根本，事业成败的关键。一马当先方能万马奔腾。可以说不能起表率作用的领导就不是好领导，因此能不能起表率作用是能否当领导和能否当好领导的前提。

管理者要有主见

英国著名政治家玛格丽特·撒切尔夫人，曾经连续3次当选英国首相，也是欧洲历史上第一位女首相。她在重大的国际、国内问题上立场坚定，做事果断，被誉为世界政坛上的“铁娘子”。

然而，撒切尔夫人并非政治天才，她的性格、气质、兴趣等都深受她父亲的影响，其成功的人生源于她的父亲培养起来的独特主见和高度自信！正如后来她在当选为首相时所说的那样:“父亲的教诲是我信仰的基础，我在那个十分一般的家庭里所获得的自信和独立教诲，正是我获选胜出的武器之一。

1925年10月13日，撒切尔夫人出生于英格兰林肯郡格兰瑟姆市的一个杂货店家庭里。她的父亲爱好广泛，热衷于参加政治选举。撒切尔夫人受父亲的影响，博览政治、历史、人物传记等方面的书籍，从小就对政治有相当多的了解。

撒切尔夫人的家教十分严格。小的时候父亲就要求她帮忙做家务，10岁时就在杂货店站柜台。在父亲看来，他给孩子安排的都是力所能及的事情，所以不允许女儿说“我干不了”或“太难了”之类的话，借此培养孩子独立的能力。父亲常告诫她千万不要盲目迎合他人，并经常把“自己要有主见，不要人云亦云”的道理灌输给她。因此，撒切尔夫人从小就学到了很多关于自信和有独立主见的道理。

在撒切尔夫人入学后，她的阅历和想法不断增加，当看到同学们自由地玩耍和嬉戏时，她觉得小伙伴们有着比自己更为自由和丰富的生活。她开始羡慕朋友们一起在街上游玩，一起做游戏、骑自行车；也开始向往周末能和小伙伴们去春意盎然的山坡上野餐。终于有一天，她把自己的想法告诉了父亲，期待能得到父亲的同意。

然而，父亲却沉着脸并严厉地对她说："孩子，你必须有自己的主见！不能因为你的朋友在做什么事情你也就去做同样的事情。你要自己决定你该做什么，千万不能随波逐流。"

听完父亲的话，撒切尔夫人默默地低下了头，不吭声。见到女儿不说话，父亲缓和了语气，继续劝导女儿："宝贝，不是爸爸限制你的自由。而是你应该要有自己的判断力，有自己的思想。现在是你学习知识的大好时光，如果你想和一般人一样，沉迷于游乐，那日后将会一事无成。我相信你有自己的判断力，你自己做决定吧。"

父亲的一席话深深地印在了她的脑海里。她想："是啊，为什么我要学别人呢？我有很多自己的事要做，刚买回来的书我还没看完呢。"于是她不再幻想和同学们去游玩，而是潜心学习，积极进取。

"凡事要有主见，有自己的理想。特立独行、与众不同最能显示一个人的个性，随波逐流只能使个性的光辉淹没在芸芸众生之中。"在父亲的教育下，撒切尔夫人在上中学时开始表现出自己独特的个性。

撒切尔夫人所在的学校经常请人来校演讲，每次演讲结束，她总是第一个站起来大胆提问。不管她的问题是幼稚还是尖锐，她总是充满好奇地脱口而出。回家后，撒切尔夫人向父亲汇报学校的情况时，父亲总是鼓励她："孩子，你有这样的信心，我真为你感到骄傲。你一定会成为一个出色的辩论家。"

撒切尔夫人在父亲的引导下一步步成长，最终成为世界著名的政治家。

管理一点通

真正有权威的领导者，在重大问题的决策上都会集思广益，要对来自各方面的意见进行认真的分析和思考，从中吸收和采纳正确的意见，形成自己的观点，然后作出决策。

领导干部要有主见，并不是要领导干部主观武断，独断专行。而是领导干部对事物要有判断能力和决断能力，要有自己的见解和主张，而不是人云亦云。

主见并不是与生俱来的一种能力，而是经过不断的理论学习以及实践而产生的。

培养自己的主见：一要有担当，这样才会有机会实践自己的理论；二要勤奋，在实践中学习，提高自己的业务理论水平，这样才会有一套一套的东西，别人才会跟随你。

满足下属需要尊重的心理

纽约电话公司曾就电话对话做过一项调查，看在现实生活中哪个字使用率最高，在500个电话对话中，“我”这个字使用了大约3950次。这说明，不管你是什么人，不管你的实际状况如何，在内心中都是非常重视自己的。

美国哲学家约翰·杜威说:“人类本质里最深远的驱策力就是希望自己具有重要性。”每一个人来到世界上都有被重视、被关怀、被肯定的渴望，当你满足了他的要求后，他就会对你重视的那个方面焕发出巨大的热情，并成为你的好朋友。

有这样一则笑话。

有一个人请了四位同事到他家里吃饭，他很真诚，摆了一大桌酒菜。三个同事如约而至，只有一位仍不见踪影，主人在门口急得左张右望，搓手跺脚。

一个同事从里头跑出来安慰他不要着急。谁知这位老兄随口甩出一句话:“该来的没来。”

旁边劝他的这位同事一听，心里想，“这样说，我岂是不该来的”。咣当一声摔门而去。

里头另一位同事见状，急忙出来好言相劝。哪知这位老兄又从嘴里蹦出一句:“唉！不该走的又走了。”

本来相劝的同事一听，立刻怒从心起，“不该走的走了，那意思不就是该走的不走。得，甭解释了，我走了”。最后在屋里等的那位同事急忙出来帮着主人挽留客人。

可惜这位老兄口才太差，竟然又冒出一句:“我根本不是冲他们说的。”

最后那位客人一听，“噢，你不是冲他们说的，那不就是冲我说的吗？得，我也不留了，一起走吧!”

这虽是一则笑话，却深刻地反映了人们渴望被人尊重的心理。

在美国历史上，有一位鞋匠的儿子后来成为美国伟大的总统，他就是林肯。在他当选总统的那一刻，整个参议院的议员都感到尴尬。因为美国的参议员大部分都出身于名门望族，自认为是上流、优越的人，他们从未料到要面对的总统是一个卑微的鞋匠的儿子。

但是，林肯却从强大的竞争势力中脱颖而出，赢得了广大人民的信赖，这除了他具有卓越的才能外，与他从平民中来，走平民路线，把自己融于广大百姓之中的平民意识是分不开的。

当林肯站在演讲台上时，有人问他有多少财产。人们期待的答案当然是多少万美元、多少亩田地，然而林肯却扳着手指这样回答:“我有一位妻子和一个儿子，都是无价之宝。此外，租了 3 间办公室，室内有一张桌子、三把椅子，墙角还有一个大书架，架上的书值得每人一读。我本人又高又瘦，脸蛋很长，不会发福。我实在没有什么依靠的，唯一可依靠的财产就是——你们!”

“唯一可依靠的财产就是你们”，这正是林肯取得民心的最有效的法宝。

鲍勃在一家保险公司做经纪人。他年轻时就凭借其杰出的表现得到了业内人士的认可。有一年，他应邀同其他一些高级经纪人出席全国营销会议，并发表讲话。

在众多的听众之中有一位叫龙尼的人，他也是一位具有传奇色彩的经纪人，比鲍勃年长 30 岁，而且他也一直从事保险事业。

可是，就在鲍勃发言的时候，有一件事引起了他的注意，并使他久久不能忘怀。龙尼，这个经验丰富的老经纪人，在他发表讲话时竟一直在认真地做着笔记。他不仅仅是在听鲍勃的讲话，而且是在认真地学习。

这本来是一件小事，但这位高级经纪人的举动竟出乎意料地使鲍勃受到了莫大鼓舞，让他感到自己是一个重要的人。这件事给鲍勃增加了自信，令他感到存在的价值。

自那天起，龙尼成了鲍勃的良师益友。在鲍勃心中，他简直就是一位英雄。

★★★★★★★★★★★★★★★★★★★★★★★★★★★

管理一点通

“让下属觉得自己重要”是管理者一种高明的管理手段。

管理者掌握下属情况，既可以量才而用，又能够给下属一种“我在上司心目中有位置”的感觉，以增强他对工作的责任心。通常情况下，员工们都愿意让上司知道自己的名字，愿意在上司面前显示自己，以引起上司的关注，这是许多下属普遍存在的一种心理。

作为上司应当理解下属们的这种心理。要满足他们，并以此来激发、鼓励他们的工作热情。你必须尽可能地了解你的下属们的基本情况。当然了，越详细越好。越详细越能体现出你对他关注、了解的程度，越能使他感到高兴。他越高兴，工作热情会越高，对公司的贡献便会越大。

相反，如果你对自己员工的情况一无所知，甚至人家在你公司干了好多年你连人家姓名都不知道，他会怎么想？有的人可能无所谓，有的人恐怕会另有想法。这些，或多或少会影响你在员工们心中的威望和他们对你的信任。

用从众心理为自己造势

“从众”是一种比较普遍的社会心理和行为现象，也就是人们常说的“人云亦云”“随波逐流”。大家都这么认为，我也就这么认为；大家都这么做，我也就跟着这么做。

“从众心理”也称“羊群效应”：头羊往哪里走，后面的羊就跟着往哪里走。羊群效应来源于一个简单的现象：在一群羊前面横放一根木棍，第一只羊跳了过去，第二只、第三只也会跟着跳过去；这时，把那根棍子撤走，后面的羊，走到这里，仍然像前面的羊一样，向上跳一下，这就是所谓的“羊群效应”，也称“从众心理”。

羊群是一种很散乱的组织，平时在一起也是盲目地左冲右撞，但一旦头羊动起来，其他的羊也会不假思索地一哄而上，全然不顾前面可能有狼或者不远处有更好的草。

美国人詹姆斯·瑟伯有一段十分传神的文字，来描述人的“从众心理”：突然，一个人跑了起来。也许是他猛然想起了与情人的约会，现在已经过时很久了。不管他想些什么吧，反正他在大街上跑了起来，向东跑去。另一个人也跑了起来，这可能是个兴致勃勃的报童。第三个人，一个有急事的胖胖的绅士，也小跑起来……10 分钟之内，这条大街上所有的人都跑了起来。嘈杂的声音逐渐清晰了，可以听清“大堤”这个词。“决堤了！”这充满恐怖的声音，可能是电车上一位老妇人喊的，或许是一个交通警察说的，也可能是一个男孩子说的。没有人知道是谁说的，也没有人知道真正发生了什么事。但是 2000 多人都突然奔逃起来。“向东”，人群喊叫了起来。东边远离大河，东边安全。“向东去！

向东去!”

个人很容易受到人群行为的操纵，让自己的知觉、判断、认识表现出符合于公众舆论或多数人的行为方式。通常情况下，多数人的意见往往是对的。少数服从多数，一般是不会错的。但缺乏分析，不做独立思考，不顾是非曲直地随大流走，则是不可取的，是消极的“盲从”。

学者阿希曾进行过人们的从众心理实验，结果在测试人群中仅有 1/4–1/3 的被试者没有发生过从众行为，保持了独立性。可见它是一种常见的心理现象。从众性是与独立性相对立的一种意志品质。从众性强的人缺乏主见，易受暗示，容易不加分析地接受别人的意见并付诸实行。

精明的商人就利用了人们的从众心理来操纵他们，例如商业广告就是把自己的商品炒热，使人们的认识趋同，从而达到销售的目的。生活中也确有些震撼人心的大事会引起轰动效应，群众竞相传播、议论、参与。但有时也是人为的宣传、渲染，我们称之为“热炒”。常常是舆论一“炒”，人们就易跟着“热”。不加分析地“顺从”某种宣传效应，到随大流跟众人走的“从众”行为，以致发展到“盲从”，这已经是不健康的心态了。

为什么人们会从众呢？一般来说，群体成员的行为，通常具有跟从群体的倾向。当个体发现自己的行为和意见与群体不一致，或与群体中大多数人有分歧时，会感受到一种压力，这促使他趋向于与群体一致。

看来，从众心理对人的影响确实很大。这要追究起来，原因是多方面的。由于个体不愿标新立异、与众不同，当他的行为、态度与意见同别人一致时，会有“没有错”的安全感。所以从众心理源于一种群体对自己的无形压力，迫使一些成员违心地做出与自己的意愿相反的行为。

很多时候，从众确实不是什么好事情，但有时也具有无与伦比的力量。

失去工作会让人觉得痛苦，但如果遇到经济萧条，很多人也失了业，你会觉得打击感显著减轻。人变胖了通常会很难过，可是，一旦你发现自己周围的人也变胖了，自我感觉就会好很多。这些现象，已经得到社会学家和心理学家的证据支撑。所以，可以利用从众心理，让自己感觉更安全，也更快乐。

当你经过不懈的努力，最终还是没有达到既定目标时，没必要沮丧，你可以想想那些与你一样没能成功的人，这样就不会觉得难以忍受失败的挫折了。当你担心自己的能力不够而不敢接手某个任务时，不妨看看身边的同事，也许他比你能力差都敢去拼，你为什么不敢呢？

从众心理于个人而言，只是一个微观层面，在打造团队精神方面，也可运用从众心理。做工作日志是一件非常繁琐的事情，但如果同事都在认真写工作日志，并因此提高了工作效率，创下了不错的工作业绩，你还会不认真地去写工作日志吗？

其实，大多数情况下，在一个团队中，谁都不愿意成为太过与众不同的人。因为在孤立的环境下，人会有压力，而从众是摆脱压迫感的解决方法。

聪明的管理者往往会抓住“坚持大多数人利益”的原则，使不能守规矩的人产生一种压力。他们会把工作设计成一个严密的流程，使得每个人都是下一道工序的上游。让不守规则的人做规则的监督者，或是奖惩的执行者。同时，抓住在团队中最有影响力的员工，通过这些员工的行为带动整个团队，更有助于整个团队风气的形成。

不过，作为管理者，更要时刻注意自己的思维模式与做事方式，万一有负面的东西被“众”所“从”，不良影响也会很大。

管理一点通

在特定的条件下，当人们没有足够或者准确的信息时，他们常常会模仿他人的行为。所以，领导者在影响人的过程中，便可以利用这一点来制造声势，让其在你的声势中自然地为你服务。但值得注意的是，你说的话、出示的有关文件和相关数据必须真实可信，采用的方式方法必须以事实为依据，更不能欺骗他人。否则，不仅会让所有的人都离你而去，还会影响到你的信誉，给管理工作带来极坏的影响。

将从众心理转化为说服力

凑热闹和随波逐流是人性的特点，在百货公司或超级市场，人们要是看到别人成群结队、争先恐后地抢购某种产品，也一定会毫不犹豫地加入抢购者的行列。这些顾客并非真的需要这些东西，这种产品也未必物美价廉，主要就是人们有从众的心理，看到别人购买，就会盲目地认为这么多人的选择一定不会错，所以也对该产品产生了信赖感。

在销售中，很多时候商家也都是利用人们的这种从众心理来促成交易的。比如，销售员可以对客户说:“大家都买了这个东西”或“隔壁和对面的太太都各买了一打”。事实上，“大家”是否真的都买了，是不可验证的，也是不重要的，对客户来说，我们只要讲“大家”这两个字，就可以激起他们的购买欲望。

日本“尿布大王”多川博就是利用从众心理来打开销售市场的。

在多川博创业之初，他创办的是一个生产销售雨衣、游泳帽、防雨斗篷、卫生带、尿布等日用橡胶制品的综合性企业。但是由于公司泛泛经营，没有特色，销量很不稳定，曾一度面临倒闭的困境。一个偶然的机会，多川博从一份人口普查表中发现，日本每年约有 250 万婴儿出生。如果每个婴儿用两条尿布，一年就需要 500 万条。于是，他决定放弃尿布以外的产品，实行尿布专业化生产。

尿布生产出来了，而且是采用新科技、新材料，质量上乘。公司花了大量的精力去宣传产品的优点，希望引起市场的轰动，但是在试卖之初，基本无人问津，生意十分冷清，几乎到了无法继续经营的地步。多川博万分焦急，经过冥思苦想，他终于想出了一个好办法。他让自己的员工假扮成客户，排成长队来购买自己的尿布，一时间，公司店面门庭若市，几排长长的队伍引起了行人的好奇:“这里在卖什么?”“什么产品这么畅销，吸引这么多人?”如此，也就营造了一种尿布旺销的热闹氛围，吸引了很多“从众型”的买主。随着产品不断销售，人们逐步认可了这种尿布，买尿布的人越来越多。后来，多川博公司生产的尿布还出口他国，在世界各地都畅销开来。

在销售中，利用这种从众心理，再辅以“物以稀为贵”的招数，也许更容易成功。比如一个顾客对购买某商品摇摆不定，销售人员就可以跟他说:“对不起，这种商品太畅销了，今天已经被抢购一空，就剩下这一件样品了，要明天才能进到货。您要是喜欢的话，我可以在进货时帮您留一件，否则怕又被抢光了!”这样的话，顾客马上就会心动，他们会觉得这么“抢手”的商品一定是好东西，要是不赶紧买，会后悔的。

从众心理，每时每刻都在我们身边存在。从众效应并非一无是处，只要我们理性地看待问题，就会发现它的两面性：它有时会使我们被一些“趋势”“流行”所左右；但我们也可充分利用从众心理去说服对方，借助他人的力量，以达到说服的目的。

有位先生和妻子结婚五年了，有了一些积蓄。妻子想买一套更大的房子。“听说隔壁汪先生买了新房，是一座小型花园别墅，楼上楼下。”而先生担心还贷压力，一直不愿买房。于是，妻子试图说服丈夫。

“总共好像有两百多平方米。真好啊！还听说楼上的小高和小林都买房子了，唉，真是让人羡慕。什么时候我们也能和他们一样呢?”

先生:“是吗？小高和小林也买房子了？真是年轻有为啊！唉，我们也不能在这里待上一辈子，可是贷款购房利息又高得惊人。”

妻子:“小高比你还小好几岁呢。为什么人家能还贷，我们就不行呢？目前贷款购房的人比比皆是，况且我们家也还负担得起。试试看嘛！不如这个星期我们去看看。现在正是促销那种花园别墅的时候呢。买不买是另一回事，看看也不错!”

于是星期天一到，夫妇俩就去看正在出售的房子。

妻子:“这地方真好啊！环境好，又安静，孩子上学也近，而且房价我们也负担得起。一切都那么令人满意，不如我们干脆登记一户吧!”

先生:“嗯，是的！的确不错。我们应该负担得起。就这么决定吧!”

这句话正中妻子的下怀。其实，她已经察觉到丈夫的决心在动摇，于是稍加敲击，便得到了令她满意的答案。买房子不是一件小事，其实夫妇二人已经就此问题讨论过好几回了，为什么这一次妻子能够如愿以偿呢?

原因在于，她开始懂得利用丈夫的“同调”心理。她先举出邻居汪先生的例子，继而运用“楼上小高和小林都买房子了”、“大家都不惜贷款购房”等一连串话语来激发丈夫追随“买房”潮流的心理。一般来说，人们在受到这类的刺激后就很容易变得没主见，掉入盲目附和的陷阱里。

在说服他人时，我们可以巧妙地利用对方的从众心理，制造“同调”行动。如果你想说服他人同意某一项决定，可以先开会讨论，征得大多数人同意以后，再把通过决定的文字资料送给对方:“这是我们全体的意见。”即使他对这项决定并不满意，也只有接受的份儿。因为在一般情况下，决定事情是以多数人的意见为准的，而要推翻多数人的决定是十分困难的。

★★★★★★★★★★★★★★★★★★★★★★★★★★★

管理一点通

多数情况下，我们在说服别人时，总想极力扳倒那个要被说服的人，大有使其趋同于自己的嫌疑，殊不知这种说服方法简直就是一场“思想基力”活动。其实说白了，这种大多数人使用的方法可以被归结为“强硬说服”，其结果常常是适得其反。相应的，有“硬”则有“软”，所以在这里我们就重点讲讲“软性说服”，即“想说服别人，扣上‘多数人’的帽子”，如果使用得当，效果极佳。

企业发展应根据其自身现状制定出适合自身的战略规划，讲得简单点就是“与众不同”。但是在企业管理中，正确运用从众心理，也可为企业创造价值，比如销售员可通过从众心理推销自己的产品，管理人员可通过从众心理建立企业文化、加强团队凝聚力等。

避免错误的影响力

凡事有积极的，相应就有消极的，影响力也一样。既然有积极的影响力，那么相应也存在着消极的影响力。这种错误的影响力传达着错误的信息，引导着错误的行为。如果不加以纠正，那么对积极的影响力就会产生很大的影响。

1. 傲慢

“傲慢”的显示方式有很多。有时候是身体上的，就是在姿态上表现出优越感，比如昂首阔步，一副不可一世的样子。它可以是在别人说话时脸上满不在乎的表情，或是在别人来的时候不抬头望一下，或是对别人的话不做任何反应。不回电话，不答复别人的公文，都是狂妄自大的表现，这反映出他的态度是“你们要来见我”。例如狂妄自大的上司在召开会议时，总是颐指气使，目空一切。他也许认为自己是在采取参与的方式，也是跟别人磋商，可是他的说法却是:“我决定这样做，你们有没有意见?”这时只有真正的强者才敢挺身反对。

2. 鲁莽

鲁莽的人做什么事都迫不及待。他可能大赢，也可能大输。其他的人在听从了他的观点后，通常会有不安的感觉。他的上司核准了他的工作方案后，也总会有不安的感觉。

鲁莽的人典型的弊病就是规划拙劣、考虑不全面。这种人喜欢运用灵感和碰运气，步调快于组织，把残局留给别人来收拾。

鲁莽的上司不会是一位优异的团体领袖。他一般不会跟人协商，也不会妥善分配每个人的工作。作为他的下属会很痛苦，因为你缺乏足够的时间、资源和人力，对自己在做的事情一点把握都没有。同时，鲁莽的上司也会令人惶恐不安，事情做对了，会一再被要求做这种事情；事情做糟了，他却自己推却责任。

要记住：有干劲而不带危险，有进展而不带痛苦，这并非是不可能办到的事。

3. 懒惰

有句俗语说:“付出的越多，得到的也越多。”但是很多人喜欢坐享其成，他们会给自己制造出退缩的组织气氛。有创造力和有野心的人是绝不会这样的。一个组织如果不尝试突破或是不肯接受新的挑战，就不能吸收人才。不管所处的环境有多舒适，真正的成就感是永远满足不了的。

4. 报复

很多人都有报复心理，实际上他们都是懦夫。他先会点头同意，然后伺机反击。报复心理可能对上，也可能对下；报复会中伤上司，也会中伤自己的下属。千万别忘记，下属总有办法为难他们的上司。大部分反面影响力都是从这里来的。

5. 随便

“随便”并不是说自己还没有完全了解要做的事就把它交给其他人去做；也不是说把其他人叫来，问问他打算如何去做某事，然后就让他去做。但这些也都是消极的影响力。

“随便”的上司不但会使下属产生:“如果上司都不当一回事，我为什么要认真”的态度，而且还会引起诸多问题。以前处理得很好的问题，现在会走样。“随便”还会造成欺骗等行为，最后使上司得不到下属的关切和尊重。

不管怎么样，经常漫不经心的人，迟早会遇到麻烦。你的下属会利用这种弱点，你的上级也会看到。这是在慢慢抛弃自己的影响力。

6. 不节制

饮酒过量、玩得太凶以及工作过量等都是不节制的表现。如果有人触犯了这其中任何一项，他们的工作都会受到不利的影响。酒精中毒和工作中毒都会使其他人受到伤害，影响我们目标的实现、任务的完成。

7. 自私自利

我们当然可以顾及自己，但不能以牺牲别人为代价。文明的人都知道，自私自利是不会有人与他合作的，而利人利己才是具有影响力的人的做事准则。

有些上司不懂得与人分享成绩或是创造舒适的工作环境。员工们只能在污秽的环境中工作；他却躲进装修精美，又装有空调的办公室中。这种人不知道“你怎么对待别人，别人就会怎么对待你”的道理。

管理一点通

在组织里做事情，我们必须由里而外、积极地影响他人。如果你有上述的一种或几种表现，就应当马上纠正，因为这都是消极的影响力，它只会使事情适得其反。

提高管理者的领导魅力

成功的领导不一定有人格魅力，但有人格魅力的领导一定是成功的领导。

想成为一个真正的好领导，必须以自己的人格魅力去引导追随者，而不是靠手中的权力去号令下属。人格魅力就是一个人对其他人的影响力、吸引力和号召力。

魅力是一种吸引力与影响力；是一种源自个人性格的行为表现；是一种人际互动中情绪的激荡与传达；是一种具有权力、威望，令人敬仰的心理状态。

有人认为领导魅力是与生俱来的禀赋，但拿破仑却说：“我的权力靠我的威望，而我的威望全靠我打胜仗。如果我不再打胜仗，不再有威望，我的权力就会消失。征服造就今天的我，也只有征服才能保持现在的我。”

领导能力发挥得好，便能充分展现领导的魅力，它是以个人影响力与权力为基础的。提高领导能力可以从以下方式入手。

1. 远见卓识才能赢得追随者的支持

远见卓识是领导能力的根本源泉。领导的远见卓识与未知的领导活动相互作用。领导察觉机会并认识到如何来克服其他人所没有察觉或不能察觉的障碍。

2. 要有敢于冒风险的胆识

领导要把接受风险与不确定性作为一项复杂的任务。由不确定性所产生的紧张，会转化为我们采取行动所需要的大量能量。冒风险可能给组织发展带来更大的生机，同时也体现了领导的能力与胆识。

3. 要有心甘情愿的追随者

追随者起着众志成城和绿叶扶持的作用。追随者与领导是一个整体，是相辅相成、不可缺少的两个方面。管理者不要唯我独尊，不摆架子、平易近人才能获得别人的支持与追随。

4. 赢得追随者的信任与合作

领导必须与其他人建立起密切的工作关系。如果别人了解你、信任你，当你前去领导他们时，他们会更乐意地追随你。

5. 要善于处理非程序化问题

领导要能够在组织规则、条例、程序和政策所定的框架之外工作。当体制结构对如何行事不能提供某种指导，没有任何常规可遵循的时候，领导便可一显身手。为此，领导要注意那些还未被人注意的地方，在组织工作的规定、条例、政策和程序所定的界限之外寻求机会和解决问题的办法；注意那些不能完全证明是可行的和难以作出要求的项目和任务；集中注意那些被许多人认为是行不通的事；提出问题去确定机会和做出假设。

6. 不奢求和强迫每个人追随与支持

赢得追随者是不可预测的事，追随者是很难赢得的。有的人对领导的主动性不以为然，有的人在领导提出行动方案时则采取回避的态度。领导要与那些关键的追随者保持一致。一些主要的追随者会给你带来成功，把他们找出来。

但是要记住，有时没有人会追随你。对此你要保持平衡的心态，当有人反对你时，让事实来说话，不要奢求和强迫任何人都支持你。

7. 善于在变革中学习并锻炼领导能力

领导必须善于在变革的实践中加强学习、总结，把握事物发展的方向，站得高，看得远，赢得并率领追随者前进。这一过程，既提高了领导的能力，也会让领导赢得合作者的支持。

管理一点通

领导者个人魅力是一种影响员工的无声宣言，具有一定的号召力。

世界上除了自然力以外，最强大的力量恐怕就是权力了。但是话说回来，仅靠权力推行自己意志的人是悲哀的。一个人可能做到总经理、董事长，但不一定有强大的号召力。有时候在台下的无权无钱的人竟然会比他们还有号召力，这就是人格魅力在起作用。所以，领导者要想得到他人的真诚、自愿的合作，就必须有人格魅力。

魅力是产生影响力的关键

魅力是什么？它是对人特别的吸引力，它是以人为主要对象的用语，包括声音、眼神、性格、人格、形象……魅力无处不在。

魅力一旦产生就有了一些神奇色彩。一个人的魅力对甲而言，可能是慑心动魄不可抗拒，对乙可能就是平淡无奇甚至不屑一顾。有人说，他因喜欢一位先生的文章而喜欢先生这个人，终至于连这位先生的笔误也喜欢。

受人喜爱便是你的魅力，如果只有能力而毫无魅力，你将怀才不遇；如果能力一般而魅力无穷，你将吉星高照；如果既有能力又有魅力，那么恭喜，你将春风得意！

有魅力的人可以给你带来愉快、幸福、放松、返老还童的感觉，他可以让你从沮丧、焦虑、厌倦的情绪中解脱出来。魅力有时就像流行事物一样是不可思议、无可理喻的，它能吸引其他人对它作出更多的感情、时间、物质上的投资。

马库斯·白金汉说："如果我们想获取同事的支持，赢得雇员的忠诚，带领团队迈向美好的未来，拥有健康的生活，最终实现人生梦想，我们就必须先让自己充满魅力。"

你的魅力指数渗透人生的所有方面。每当别人在你面前摔门而去，每当你找不到伴侣，每当医生把你赶出他的办公室，这都说明你缺乏魅力。而较高的魅力指数则让你拥有不止一个工作机会。魅力是重要的、实用的、吸引人的，它对于你的每次竞争都具有决定性的作用。

如果让你自主选择的话，你一定愿意选择世界上最好的工作、最好的伴侣、最好的生活。

实际上你的生活常常取决于其他人的选择，你想要这份工作吗？这取决于负责招聘的那个人；你想在周日整天看足球比赛而同时又保持美满幸福的婚姻吗？这取决于你的配偶。你越是有魅力，就越可能得到优先选择。

实际上，魅力的价值远比我们能想到的范围还要广，魅力能让人提升人际关系、做好职业生涯管理、保持身体健康、获得家庭幸福、战胜困难等。魅力并非与生俱来，即便你天赋颇高，魅力也会时有时无。这并非说你现在毫无魅力，而是说如果我们努力，就能变得更有魅力。

你现在最好的选择就是提升自己的魅力指数。如果你有计划、有步骤地提升自己的魅力，就算你平庸无奇，魅力也会一路飙升，你将一生拥有美妙快乐的生活。

★★★★★★★★★★★★★★★★★★★★★★★★★★★

管理一点通

魅力是一种非凡的品质，具有极强的吸引力。领导者的魅力，不在于其权力的大小，而在于其权力影响之外的一种能让下属产生敬佩、信服之情的自然征服力。对领导者来说，魅力是为官立业的根本，是事业成功的关键。

领导者要实现成功领导，除了要有过人的强制性影响（如传统因素、权力因素、资历因素等）之外，更关键的是要具备超越一般人的自然性影响力，从而更有效地影响或改变被领导者的心理和行为。魅力就是产生这种影响力的重要因素。

法国总统戴高乐曾说:“那些具有品格的人会放射出磁石般的力量，对于追随的人来说，他们是最终目标的象征，是希望的象征。”

可见，人格魅力既是领导者的一种形象，能给人以无言的教育；又是一种力量，能给人以鼓舞和鞭策；也是一种表率，能给人以示范和引导。

第四章

优秀的团队离不开卓越的领导者

建立一个无坚不摧、攻无不克的团队，是每一个管理者的最大愿望，因为优秀的团队是企业竞争力的表现。而优秀的团队离不开优秀的领导者，具有超凡领导力的人带领的团队必将无往不胜。因此，通过创建优质领导力而完成并且超越企业经营目标将成为企业持续成功的关键。

着重培养团队精神

“团队精神”可以创造出无形的向心力、凝聚力和塑造力。只要大家心往一处想，劲往一处使，有困难就可以靠集体的力量克服，没有的东西也会创造出来，缺少的东西也会心甘情愿地补上，这样的企业就会战无不胜，攻无不克。

艾弗森开车行驶在山间小路上迷了路，慌乱之中，汽车陷入了路边的壕沟里，只靠他一个人的力量没有办法把车弄出来。他看到半山腰有户人家，于是便走过去找人帮忙。

他以为这家农户会有大马力的拖拉机，结果走进院子后才发现这家什么都没有。倒是牲口圈里拴着一匹年老体衰的马，看来只有指望它了。他以为农夫会因为马太瘦弱而拒绝他，可出乎他的意料，农夫说：“约翰完全可以帮你的忙！”

他看着这匹瘦弱不堪的马，担心地问农夫：“您附近有没有其他人家？您的马太瘦弱了，恐怕不行吧？”农夫自信地说：“附近只有我一家，您放心好了，约翰绝对没有问题的。”

没有别的办法，也只好这样了。他看着农夫把绳子一端固定在汽车上，另一端固定在马脖子上。一边在空中挥舞着鞭子，一边大声吆喝：“使劲，约翰！使劲，汤姆！使劲，琼斯！”声音高亢有力，没多大一会儿，老约翰就把汽车从壕沟里给拉了出来。

艾弗森觉得很吃惊，但又感到不解：“这匹马有三个名字吗？”农夫拍了拍马，笑着说：“约翰的眼睛瞎了，汤姆和琼斯是它以前搭档的伙伴。只要让约翰感觉到不是在单打独斗，而是在一个团队里，它就有种不服气的劲儿，年轻力壮的马都比不上它。”

这个故事告诉我们，一个人在团队中的力量可能远远胜于他单打独斗时的力量，而赋予它这种力量的就是它所拥有的团队精神。

为了考察应聘人员的团队合作意识，某公司出了这样一道面试题：考官将最终进入复试的6个人分成两组，分别把他们关进两间一样的房子里——房子宽敞舒适，生活用品一应俱全；内有一口装满绿豆粥的大锅，每人只发一只长柄的勺子。

12个小时过去后，考官先把其中的一组放了出来，他们出来的第一句话就是“快饿死了”。考官感到很奇怪:“锅里有足够多的粥，你们为何不吃?”这组人员对这个问题感到十分不满:“你给我们的勺子把大长了，我们没有办法把饭放到嘴中啊!”

考官很无奈，接着又把另外一组也放了出来，只见他们一个个红光满面，神采奕奕，他们感谢招聘单位给他们提供如此可口的粥。第一组人感到大惑不解，问他们是怎样用这么长的勺子吃到东西的。第二组的人齐声说道:“我们是相互喂着吃到的。”

团队精神的培养并不是一朝一夕能完成的，需要一点一滴地铸造。企业领导者是培养团队精神重头戏的主角。想扮演好这个角色就要做到以下几个方面：

1. 需要团队领导者具有出众的人格魅力、吸引力和感召力

在巨人集团面临巨大困难、举步维艰时，很多员工仍不离不弃，即使不发工资也跟随老板史玉柱努力拼搏。这就是因为史玉柱身上所散发出的吸引力和感召力令人折服，让员工有工作的热情和冲劲。

2. 需要团队领导者具有出众的协调能力

唐僧就是一个突出的代表人物，他虽然没有徒弟们的各种降妖除魔的本领，但却能用一种坚定的信念把不同性格、不同才能的三个徒弟凝聚在一起，形成一个高效的团队，最终到达西天取得真经。

3. 需要团队领导者具有出众的沟通能力

既要进行横向沟通，又要进行纵向沟通，重要的是要保证沟通的平等性和双向性，让成员能畅所欲言，说出真实的想法。沟通的好处在于能让员工迅速达成一致的观点，做出一致的行动，形成团队的共同价值观。

4. 需要团队领导者为团队设定共同愿景和目标

人们有了相同的愿望和目标，就能同心协力。目标不要过高，过于高远的理想或目标会让员工觉得不切实际而产生不了工作的激情。相反，一个切实的目标会让整个团队产生征服它的心理。

5. 需要团队领导者掌握激励艺术

团队领导既要重视精神激励又要重视物质激励，两手都要抓，两手都要硬。激励的方式要创新，更要做到激励那些有创新的队员。为了使激励机制更好地发挥作用，还要引入竞争机制。通过竞争人们能发现自己的长处和不足，同时也容易发现别人的优势和劣势，相互之间取长补短，从而使整个团队更具凝聚力。

管理一点通

团结向上的精神风貌是团队精神的外在形式。团队往往有其明确的目标，实现这些目标不可能总是一帆风顺的，因此具有团队精神的人，总是充满活力和热情，为了确保完成团队赋予的使命，以一种强烈的责任感和同事一起努力奋斗，积极进取，创造性地开展工作。

和谐的人际关系和良好的心理素质是团队精神的基础。没有和谐的人际关系，就不可能有人与人之间的真诚合作；没有良好的心理素质，也就很难做到相互宽容、乐于奉献、积极进取。因此，团队精神的培养，要与人际关系、心理素质教育紧密结合。

营造下属的集体荣誉感

一个团队工作氛围的好坏会对团队成员的工作责任心造成很大影响，员工常常是从同事那儿得到暗示，并随之调整自己的行为。为此，要提高员工的集体荣誉感，企业要营造一个团队积极向上的工作氛围，使团队内的员工互相协作、互相帮助、互相学习，让员工对团队产生归属感，那员工的工作自觉性就会增强，工作责任心自然也就会提高。荣誉就是战斗力。对于一个团队来说，荣誉感是团队的旗帜和灵魂。一支有荣誉感的团队是有希望的团队，是伟大的团队。

每个人都应该体会过集体荣誉感的神奇力量，它是一个集体凝聚力的来源，为了追求或捍卫某种荣誉，我们浑身上下会产生无穷的动力。每个人对荣誉的需求都是精神需求，这种精神需求为人们输送精神力量，同时督促人们把精神力量转化为行动。在一个组织内部，荣誉感不仅能够规范组织和成员的行为，使组织的效率得到极大幅度的提高，还能够创造非凡的力量！

2009 年 5 月 12 日，NBA（全美篮球协会）西部半决赛第四场如期举行，对阵双方是小牛队和活塞队。本场比赛十分激烈，此前三战，小牛队 0：3 落后。结果没有悬念可言，因为在 NBA 几十年的发展历史上，还从没有哪支球队能在 0：3 落后的情况下扭转乾坤。

本场比赛之前，小牛队球员在接受采访时说:“我们已经没有退路，要么赢下比赛，要么开始放假。虽然，胜败已经无法扭转，但是为了荣誉，小牛队依然冲劲十足！”果然，在本场比赛中，为了小牛队的荣誉，全队上下同仇敌忾。德国人诺维茨基用行动证明，他是小牛队当之无愧的领袖，他全场拿下 44 分，其中最后一节拿到 19 分，没有让球队颜面无存，扳回一局，避免了 0∶4 被横扫的窘况。

在战场上、球场上，集体荣誉感是至关重要的。同样在商业组织内部，如果团队成员对自己的工作有足够的荣誉感，以自己的职业和团队为荣，他必定会被激发出无与伦比的工作动力和热情。荣誉感是团队的灵魂，如果团队成员没有荣誉感，即便有最为完善的管理制度，也难以使其产生追求完美工作的动力。集体荣誉感就是人的一种自我约束和自我激励，即便没有外部的约束，也会调动整个团队的力量。

在日本汽车界流传着这样一个故事：本田汽车的一名员工下班后都会仔细地观察停靠在公司附近路边上的每一辆本田汽车，一旦看到有哪辆汽车的刮雨刷落位不正，他都要伏到车前很细心地把它整理好，但这与他的工作完全不相干。

他的做法被发现后曾引起人们的广泛关注，他解释说："在我眼里，本田汽车是完美无缺的，是不能出现任何瑕疵的，我不希望看到有任何不完美的地方出现在它的身上，我愿意为公司产品的良好形象做任何事情。"

事实证明，荣誉感的力量是强大的。荣誉感不仅是一种感召力，更是一种弥足珍贵的工作热情。荣誉感不是与生俱来的，而是需要长期培养的一种珍贵品质。所以，组织的领袖要想使成员具有强烈的荣誉感，就要加强对他们的培养。管理者不仅要帮助成员树立正确的荣誉观念，还要塑造出集体精神，让成员都为团体的荣誉而战。

管理一点通

员工集体荣誉感问题既是员工本人的责任，更是企业的责任，员工是企业的资源，企业有义务也有权力把员工的集体荣誉感放在战略的高度去培养，形成有凝聚力的团队，企业才能持续发展。

培养团队配合的默契

有一个老板告诉其秘书："你帮我查一查我们有多少人在华盛顿工作，星期四的会议上董事长将会问到这一情况，我希望准备得详细一点。"于是，这位秘书打电话告诉华盛顿分公司的秘书："董事长需要一份你们公司所有工作人员的名单和档案，请准备一下，我们在两天内需要。"分公司的秘书又告诉其经理："董事长需要一份我们公司所有工作人员的名单和档案，可能还有其他材料，需要尽快送到。"结果第二天早晨，四大箱航空邮件到了公司大楼。

培养伙伴们整体配合的团队默契，是增进团队精神的另一个重要方法。作为团队的管理者，你固然要让每位成员都能有自我发挥的空间，但更重要的是，你要用心培养大家，破除个人主义，要有整体搭配、协调一致的团队默契，同时努力使彼此了解取长补短的重要性。

如果能真正做到这一点，自然就能凝聚出高于个人力量的团队智慧，随时创造出不可思议的团队表现和成绩来。在《第五项修炼》一书中，彼得·圣吉为团队整体搭配的好处做了非常贴切的注解：

"未能搭配的团队，许多个人的力量一定会被抵消、浪费掉。……当一个团体更能整体搭配时，就会汇聚出共同的方向，调和个别力量，而使力量的抵消或浪费降至最小，发展出一种共鸣，就像凝聚成束的激光，而非分散的灯泡光，它具有目的一致性及共同愿景，并且了解如何取长补短。"

毕竟合作才会产生巨大无比的力量。因此，经常教导成员了解相互依存、依赖、支持才能达成任务的观念，管理者责无旁贷。

唤醒团队成员整体搭配的观念时，你必须将焦点集中在他们同心协力的行动和甘苦荣辱的共同感受上。

在自然界里，蚂蚁是最具有团队合作精神的动物。寒带、热带，屋里、屋外，四处都可以见到它们的踪迹。研究发现，蚂蚁的种类多达3000余种，但它们永远过着团体生活，有时候一窝蚂蚁有好几万只，也有一窝数十只的，不过每一个蚁窝都由一只蚁后（有些是一只以上的蚁后）、若干工蚁、雄蚁及兵蚁共同组成，他们各司其职、分工合作。蚁后的任务是繁殖、产卵，同时受到工蚁的服侍；工蚁负责建造、觅食、运粮、育幼等工作；雄蚁负责和蚁后交配；兵蚁的主要任务是抵抗外敌，保护家园。大家一条心发挥各自的专长，团结合作。

团队的默契源于团队成员之间自觉的了解和熟悉。而彼此之间的了解、熟悉又以共同的生活为基础，它是形成团队精神的必要条件。一个民族的形成和发展离不开共同的领域、共同的文化传统、共同的语言、共同的互动交往。同样，一个企业团队精神的形成也需要特定的物质、精神的载体，诸如共同的工作生活环境、共同的利害关系、大体匹配的文化层次、共同的语言、共同的节目、共同的兴奋点、约定俗成的礼仪礼节等，这方面的共同点越多，彼此融合得越深，团队就越容易产生共鸣。

管理一点通

没有默契，不能发挥团队作用，而团队没有交流沟通，也不可能达成共识。身为领导者，要能善用任何沟通的机会，创造出更多的沟通途径，与成员充分交流。唯有领导者从自身做起，秉持对话的精神，有方法、有层次地激发员工发表意见与讨论，汇集经验与知识，才能凝聚团队共识。团队有共识，才能激发成员的力量，让成员心甘情愿地倾力打造企业的通天塔。

提升团队凝聚力

21世纪是一个团队至上的时代，所有事业都将是团队事业，依靠个人的力量已经不能取得什么成就了。这就需要一种团队凝聚力，正如歌词中唱的那样"团结就是力量"，只有拥有了一支具有向心力、凝聚力、战斗力的团队，拥有了一批彼此间互相鼓励、支持、学习、合作的员工，企业才能不断前进、壮大。团队凝聚力是团队对员工以及员工之间的吸引力，通常它总是以意识形态的方式存在，它所起的作用在团队建设中举足轻重。

凝聚力使员工产生归属感。出于对得到物质和精神满足的需求，人总是希望自己在社会中有一个确定的位置，这就是归属感。员工对团队的归属感，就是员工将自己在社会中的位置具体定位在所处的团队，认识到团队对自己的重要性是自己各层次需求得以满足的保障，自己的命运与团队休戚相关。合作意识是个人希望和他人在一起建立合作、友好关系的一种心理倾向。员工在工作中互相帮助，友好相处，密切配合。这是现代团队最显著的特点。

在团队中，人与人之间的关系是平等的，为了实现共同的目标，要求人与人之间相互理解、相互信任。员工的合作就是基于这两点产生的自尊、互尊，相互承认个人价值，懂得团结与合作对团队的重要性，以及相互关心、互相帮助的意识。

凝聚力使员工对工作产生责任感。责任感就是员工意识到自己对团队建设需尽的职责，并乐于为团队的发展尽职尽责。它是一种自我约束与自我监督的宝贵意识，具体包括：做好本职工作；节约原材料、能源；勇于探索，勤于技术革新；爱护团队财产，遵守团队的一切规章制度。

凝聚力使员工对企业产生自豪感。自豪感就是员工以团队为荣，认为自己的团队有对社会的贡献、良好的声誉、美好的形象和可观的收入而产生的荣耀心理。这种积极的心理毫无疑问能激发工作的欲望，使人在工作中处于较佳的精神状态。

管理者要想提升团队凝聚力，必须做到以下几点：

1. 科学管理团队

建立一整套科学的制度，使管理工作和员工的行为制度化、规范化、程序化，是生产经营活动协调、有序、高效运行的重要保障。一个团队，如果缺乏有效的制度来规范，就会出现盲目和混乱，无法创出高绩效。

2. 提升领导魅力

领导者是组织的核心。一个富有魅力和威望的领导者，自然会成为团队的核心与灵魂，全体成员会自觉不自觉地团结在其周围。反之，则会人心涣散。一个团队是否能取得高绩效，很大程度上取决于领导者自身的人格、知识、胆略、才干、经验，取决于自己能否严于律己，能否敬业、精业，能否与员工坦诚相待、荣辱与共等。

3. 促进团队成员间的交流

良好的沟通和协调可使团队成员通过信息和思想上的交流达到共同的认知。有效的沟通和协调能及时消除领导者与团队成员以及团队成员彼此之间的分歧、误会和成见。会议、谈心和私下交流是领导者常用的几种形式。

4. 提供个人发展机会

如果一个团队无法让成员看到未来远景，是不可能得到人心的。马斯洛指出："团队要有畅通的升迁管理、公平公正的晋升制度，让成员了解到只要努力必定会有往上爬升的机会，这样才能有效激励团队成员，让他们定下心来在团队中努力工作。"

5. 重视对团队成员的培训教育

只要是人，其需求的层次就会不断提升。团队成员，尤其是能力较强、有潜力的团队成员，希望自己能够不断自我成长。要留住他们就必须给他们提供机会，最直接的方式就是重用他们，给他们教育及训练。倘若企业为团队成员提供的学习机会太少，甚至根本没有培训，团队成员很快就会失去工作的乐趣，凝聚力开始下降，因此管理者要尽可能地为他们创造学习和培训的机会。

6. 尊重每一位团队成员

尊重的需要是人的较高层次的需要。在团队管理中，命令式的管理方式已经行不通了。人人都需要别人的尊重，所以管理者要时时关心并尊重团队成员，重视他们的意见，采取“人性管理”的方式来管理团队。

许多团队的管理者都有一个通病，就是对成员不够关心。如果平时不关怀、尊重团队成员，处处以命令的方式叫他们做事，那么团队成员肯定会心有不满，产生抵触情绪，甚至离开团队。反之，如果能够改变管理的方式，重视团队成员，平时多关心他们，重视他们的表现，听听他们的心声，采纳他们好的意见，他们就会自动、自发地参与团队的各项工作，积极配合其他人来完成任务。

★★★★★★★★★★★★★★★★★★★★★★★★★★★

管理一点通

团队领导由于不知道如何建设高效团队，只好大声呼喊：“我们一定要加强团队合作，要讲奉献，要上下凝成一股绳，我们的工作则无往而不胜。”喊口号可以，但效果不佳。团队领导希望下属和员工工作时像年终聚餐把酒时那样士气高昂，充满热情，但员工的实际表现却远非管理者所想。而企业最终的关键是“让员工众志成城，调动员工的积极性与潜能，为企业创造绩效”，因此建设高效团队，提高其凝聚力显得尤其重要。

提高领导者的凝聚力和向心力

领导者的工作首先是团结人和用好人的问题。人才起用和人心顺逆是决定事业成败的关键。人心所向，无往而不胜；人心所背，则会一事无成。作为领导，必须善于用人、管人，努力凝聚人心，调动人才的主动性和创造性，提高员工的向心力和凝聚力，构建和谐团队。那么，身居帅位，如何提高自己的向心力和凝聚力呢?

1. 要注意倾听员工对你反映的目前的业务情况，不要在员工面前表现出高高在上的样子，并让他们知道许多他们不知道的事情。要让员工喜爱、接受你讲话，并知道你也愿意他们向你报告情况。

2. 要反复告诉员工许多经营规则，不能期望你一言不发，员工就能自觉地去遵守。当然，叮嘱之余，你要表现出对你员工的信任和对其办事才干的肯定。

3. 主动听取他人的意见和看法，不要总认为自己永远是对的。其实，员工总希望自己的聪明才智被领导赏识，他们有时讲话并不是信口开河，而是多日思索的结果。

4. 协助员工。认为他们拿了薪资，就该为你工作，这是不恰当的。只要有必要，领导也可屈尊去帮助下属，目的只有一个，那就是顺利地达到工作目标。

5. 弄清下属是否称职。有的领导以其昏昏，使人昭昭，搞不清楚他的下属们是否都很称职。这种领导常常这样想，干得好干得不好是他们的问题，而不是他的问题。正确的态度是，领导应发现谁没有把工作做好，并把这当作自己的工作，帮助下属作出成果。

6. 了解下属的期望。有的领导不清楚下属对他的期望是什么，甚至认为要了解这些员工的内心世界太费时间了。其实，这正是领导的分内事。领导要常常告知员工，他对他们的期望究竟是什么，也就清楚下属对领导的期望是什么。

7. 使工作成绩明晰化。有这样一类领导，下属的工作做得好做得不好，他都不过问。下属做好了，他认为是自己领导有方；下属做得不好，他也认为不是他的错。其实，下属做得好、做得不好，领导应明明白白地告知他们。他们作出了成绩应该得到认可；他们做错了，也要获得一个改错的机会。

8. 增强团队的信心。领导对下属没有信心，总认为自己的能力比他们都强，这样不好。领导遇到再大的困难，首先自身不要泄气，其次要多给员工鼓气，让他们充满信心地去干。奇迹往往就是这样创造出来的。

9. 选择普遍适用的方法。领导不愿动脑筋想出一种对每个人都好的方法，却顽固地认为自己确立的方法就是最好的方法。但是，能适合任何人的方法即是最有效的方法，它能提高每个员工的工作效率。

10. 作出正确的成就归因。领导太重“名”，不认为许多工作成功是下属的功劳，却把它看作是自己的成就。领导应虚怀若谷，把业绩看作是群策群力的结果。

★★★★★★★★★★★★★★★★★★★★★★★★★★★

管理一点通

“团队凝聚力”与“团队向心力”同为摸不着、看不到的无形文化，做到这两点并不容易。它们所反映的东西有所不同，围绕的对象也不同，但同为企业发展的内在力量。

“团队凝聚力”反映并决定着队伍的和谐，没有团结的集体任何企业都只能是一盘散沙，各自为政只能离“发展”越来越远。正所谓“众人划桨开大船”。所以团队凝聚力对一个企业而言是生命、是力量、是信心、是创造。而这一点的培养与打造，除了要有先进的企业文化、管理理念，还要有一个“核心”，这便是我们的“团队向心力”。它可以是一个目标，可以是一个人，可以是一种产品，也可以是一个“灵魂”。

团队毕竟是由人来领导的，领导者的重要性便显得尤为重要。他也是一切经营发展核心，是把全部的资源，无论是人力资源还是市场资源整合在一起的核心。所以“团队的向心力”更凸显领导的重要性、管理的魅力、人格的魅力。任何一个企业都在为“凝聚力”而努力，拥有了它，事半功倍。任何一个企业也同样都在为一个“向心力”而积极探索发现，拥有了它无往而不利。

加强合作增强员工的责任感

在公司里，相信很多人都有遇到企业内部各部门之间、员工相互之间就一个事情应该由谁做，或由谁来负责任，相互推诿，踢皮球的这种现象，不仅影响了企业内部的工作氛围，而且还极大地影响了公司的工作效率和效果。企业组织管理的好坏，最为关键的指标就是企业组织的整体协调配合能力。整体协调能力的高低，与组织成员的水平和素质有关。在那些组织成员素质不高的企业里，时常出现的情况是：一旦出现了问题，每个人都开始推卸责任，从别人身上找原因，努力证明别人怎样做得不好，仿佛这些问题和错误与自己没有任何关系一样。

无论是组织或者个人，如果具备了强烈的责任感，一定会目标明确、生气勃勃，面对任何艰难困苦的挑战绝不犹豫退缩。相反，如果失去了责任感，则会遇事推诿，消极懈怠，不敢做决策，任凭组织滑落到错误的深渊。

今天，更多的人对沃尔玛感到熟悉，而对凯马特逐渐忘却。其实，直至20世纪90年代，凯马特一直是美国最大的零售商之一。凯马特的失败，就是团队成员在问题面前推诿扯皮的典型例证。

关于凯马特的失败，有一个故事广为流传。在某一年的年度总结会上，一位高级经理认为自己在工作中出现了一个失误，他向坐在他身边的上司请示如何改正和修补。这位上司不知道该做何回答，便向上级请示。

他对上级说："我不知道该怎么办，我需要听从您的指示。"而这位上级怕承担责任，便又转过身来向他的上司请示。据传，这样一个小小的问题，一直推到公司总裁那里。

总裁后来回忆说："真是不可思议，居然没有人愿意为这件小事情承担责任，而宁愿将问题一直推到我这里。"凯马特为什么会陨落，由此可见端倪。

推诿扯皮是一种不良风气，是影响企业肌体健康的毒瘤。企业管理者需要致力于创造一种员工赖以工作的企业文化，使员工既能建立勇于承担风险的自信心，又能接受上级管理者制定的战略方案，让员工在团队中实现自己潜能的最大释放。

著名企业西安杨森，就十分重视员工之间的合作，企业在团队问题上十分注意培养员工的"雁阵意识"。任何一个销售区域、办事处、培训团或某一产品小组都是一个团队。公司在工作、活动、绩效考核和奖励方面，都很注意以团队为单位，目的是使员工学会在团队内求得个人的最佳发展。

总裁庄祥兴认为："雁文化"的实质就是团队的合作精神；雁阵当中的每只雁展翅高飞时都获得了来自同伴的"向上之风"；只有团队内成员齐心协力，互相帮助，才能实现团队的目标。

遇事不推诿、不扯皮，主动寻求解决办法的人是企业最为欢迎的人，富有责任感的人最受敬重。不推诿、不扯皮的人必定富有合作精神，并乐于与别人分享成绩。提升管理效率需要从加强合作开始。

加强合作需要从管理扯皮开始。一个处处扯皮的团队是不可能富有合作精神的。为了避免部门间、员工间的扯皮现象对工作造成的影响，除了不断完善企业内部的组织结构、明确职责之外，更重要的是要培养员工的责任意识，强化组织成员的责任心，做到事有人管，减少踢皮球的现象，顺利、快速、有效地完成公司布置的工作。

管理一点通

推诿扯皮在管理工作中屡见不鲜，严重影响工作效率及执行力。它涉及企业规范化管理最主要的五个方面：企业目标、组织结构、岗位职责、业务流程、企业文化。推诿扯皮说到底还是管理的问题：

1. 企业的岗位职责不清晰，发生某事时不知道由谁来做；

2. 部门间流程不清晰，不知道下一步由哪个部门落实，或者是口头交代，没有实际的交接程序；

3. 领导能力不达标，心中没底不敢做决策或者没有合理、统筹安排。

“搞定”不服气的下属

每一个上司不得不正视一个现实，在下属之中，虽然忠心而且努力工作的是大多数，但是总有那么一些人，很难管教。用“调皮捣蛋”“令人头痛”这些词语来形容他们都不为过。他们花了上司很大的精力，拖住了部分工作效率，“搞定他们”是成功上司必做的功课。

这有点像教师在课堂上讲课。在课堂上，教师除了完成教学任务，讲好每一节课外，还必须维护课堂教学秩序，调动学生的学习积极性。在教学中，那些守纪律、爱学习、上课认真听讲、积极配合的学生倒不花费教师的精力，教师的大部分精力花在了对付那几个调皮捣蛋的学生身上。他们有时做小动作，有时打瞌睡，有的递小纸条，有时捉弄小女生。总之，教师的很大一部分时间和精力都花在了这几个学生的身上。

在一个团队之中，对主管来说，情况与课堂教学十分相似。高效率地搞定这几位难缠的员工，将有效地提高自己的管理水平，提高团队战斗力，完成任务、达到目标。

一般来说，对不同的员工存在的问题，上司要采取不同的做法。对那些故意窝工、怠工、工作效率低的员工，上司一般采取“奖罚机制”，将工作定额、工作量与奖金挂钩；对偷工减料、贪小便宜、故意挖墙脚、揩油者用监督的办法与奖惩相结合。同时，对经济问题用政治的手段，对过街老鼠形成人人喊打之势，这样才能保证组织的正常运转。

迈克尔·罗杰是密歇根州底特律汽车城华纳·兰斯公司仓储陈列部主管，他的手下有白人、黑人、黄种人，有大学毕业科班出身的员工，有中学还没有毕业的汽车司机，各色人物水平参差不齐。要把这一班人管得服服帖帖，绝不是一件容易的事。

迈克尔·罗杰说，管理的对象不同，所使用的方法应该有差异。一般来说，学历高的职员，相对来说，管理方法可以“原始一些”，因为这伙人的精力大多集中在业务上，关键是给予他们业务上的指导，让他们所学的知识与公司的实际情况、工作的要求对接；而对于学历低的员工，管理难度相对较大，他们智商不高，但情商很高，不少人喜欢感情用事，管理他们实在是一件具有相当挑战性的事。

对于这批人，迈克尔·罗杰说，一方面要压服他们，但又不能完全运用压服的办法。

按照迈克尔·罗杰的说法，人具有某种“骆驼”的特性。在骆驼的骆峰上压上重物，骆驼走起路来才平稳，才有节律，遇到沙暴时，就不会随风而逃，它们会顺着头驼一路安静地前进。而那些背上没有重物的骆驼，就成了最难以管教的家伙。它们四处张望，搜寻小草，欣赏风光，追逐异性，越走越慢。

人就像骆驼，在某一个问题上，如果上司处处依着下属的品性，那些下属就不知道自己姓什么了，认为“老子天下第一”，不会按照规章行事。当上司拿出威严来，给他们难看的脸色时，他们才会安静下来，“定下心来”做点事。

但是，管理者要学会调剂。要在骆峰上压上重物，但是到了休息的地点，要将重物拿下来，给骆驼必要的休息，让它恢复体力。将压服与其他手段联用，才会有好的效果，否则，单纯的压服手段，下属不但不服从你，还有可能会揭竿而起。

有时，单单的压服之下，下属会出现不服从的情况。这个时候，千万不得松劲，如果松懈下来，下属的反抗会更激烈。在这种情况之下，首要的问题是区分正误，防止错误的观念扩散，防止这样的人员在其他的人中间散布不必要的议论，造成不良的影响。

隔离之后，下一步就是制造声势，对个别人进行孤立。这有点像人们处理烈性传染病的传播一样，先行隔离，尔后将其孤立。

调皮捣蛋的下属虽然是个别现象，但是如果处理不好，他们就会像传染病一样四散蔓延。在他们的身后，有许多双眼睛盯着他们的一举一动。一旦个别下属得势，那些跟在后面的下属就会像一群饥不择食的狼一样扑向上司。问题会变得越来越严重，坏风气有可能腐蚀整个团队。因此，捣蛋的下属即使是个别现象，也有必要予以重视，决不能放任自流。

对这几个人，首先要使用高压手段，对他们毫不手软，决不姑息迁就。上司借助打击“个别人”达到“杀鸡给猴看”的目标，以警示他们身后的潜在效仿者。如果上司对他们打击不力，这些人把上司当作“软蛋”捏，上司的日子就不好过了。当然，打击这伙人的气焰也要讲求方法，“柿子择软的捏”就是一个有用的招数。

在打击之后，要采用“怀柔政策”。对那些打得抬不起头来的人，也要安抚一下，这样做有利于收拢人心，也有利于对这批人分化瓦解。对个别有好转的人要及时进行表扬，树立“改邪归正”的榜样，以号召他的“同党”归降。

对一些中间分子，要进行教育，帮助他们向好的方面转化，用正气有效地占领这一块阵地。在他们中间发展几个积极分子，利用这些人影响一批人，形成优势主流，提高整体的优良率。同时采用政治攻心与经济奖惩相结合的办法，这样效果会更好。

★★★★★★★★★★★★★★★★★★★★★★★★★★★★

管理一点通

任何一个单位的领导都会遇到不听话的下属，这些所谓“刺头”的存在直接影响领导的威信和工作的顺利进行，不可小觑！

对待这类下属，领导要在一定的原则范围内，按原则办事。如果下属不听话造成了影响、耽误了工作，这时一定要该唱黑脸就唱黑脸，不可心慈手软。但在执行中也要讲究恩威并济，推诚致用。

营造良好的工作氛围

工作氛围是一个看不见、摸不到的东西，但我们可以确定的是，它是在员工之间的不断交流和互动中逐渐形成的，没有人与人之间的互动，氛围也就无从谈起。制度在这方面所能起到的作用有限，最多是起到一个基本的保障作用。更重要的是制度因为多种原因不能够得到很好的执行，这就要求充分发挥人的作用。人是环境中最重要的因素，好的工作氛围是由人创造的。尤其是领导者，他的个人风格很大程度上影响着团队氛围、工作氛围。

现在的员工越来越看重工作氛围。孟子曰：“天时不如地利，地利不如人和。”人和，即良好的人际关系和工作氛围，是最为人才所看重的工作条件。可以这样讲，良好的工作氛围，既是一种条件，也是一种待遇。没有这个条件，没有这种待遇，人才是不会来的。

一家大型网络公司合并到了新公司，引起了业界人士的关注。然而，在这家著名网络公司工作的一位中层经理出人意料地说了这样的话：“我们最关心的是在进入新公司后，是否能有原来的工作氛围。”当员工将要进入新公司的时候，关心的不是待遇、职位……而是工作氛围，可见，工作氛围对于现代从业者是多么重要的事情。

研究表明，管理者的不同领导艺术会营造出不同的工作氛围，而工作氛围又最终影响到组织的绩效。有统计数字显示，影响组织成功主要有四个关键因素，分别是个人素质、职位素质要求、管理风格、工作氛围。其中，工作气氛对组织绩效的影响程度达35%，而管理风格对工作氛围的影响度高达72%。

可见，积极建立良好的工作氛围是成功管理者的一个必备能力。其实，建立良好的工作氛围，不仅是管理者领导能力的体现，对员工精神需求的满足，更是成功企业的必然内在要求。因为工作氛围的好坏直接决定着员工的工作效率。

领导者应该注意适当调整自己的管理风格，创建出良好的工作氛围。良好的工作氛围是自由、真诚和平等的工作氛围，是员工在对自身工作满意的基础上，与同事、上司之间相处融洽，互相认可，有集体认同感，合作达成工作目标，在工作中共同实现人生价值的氛围。

在这种氛围里，每个员工在得到他人承认的同时，都能积极地贡献自己的力量，并且全身心地朝着组织的方向努力，能够随时灵活方便地调整工作方式，使之具有更高的效率。管理者应该掌握创造良好工作氛围的技巧，并将之运用于自己的工作中，识别出那些没有效率和降低效率的行为，并做出改变，从而高效、轻松地获得有创造性的工作成果。

管理一点通

良好的工作氛围比什么都重要，它可以让员工的心情舒畅，可以让员工感受到团队的温馨，可以使员工的工作干劲倍增。员工会主动、自觉而积极地完成各项工作任务，实现最大的工作效率，为社会、为企业创造更多的财富。

领导的公正性

为了创造良好的工作氛围，作为企业管理者，首先要尊重下属、尊重员工。著名现代管理学霍桑实验证明：与改善工作环境、实行计件工资、严明奖罚等措施比起来，经常与员工进行访谈沟通，给员工以“主人翁”的尊严和损益共担的归属感，更能广泛而持久地促进企业生产效率的提高。

心理学知识也告诉我们：人性中最深层的心理动机是受人尊重、得到肯定和被人赏识的渴望。如果无视这个动机，漠视这种渴望，提高员工的积极性就缺乏有力的心理支撑。如果习惯于以训斥求驯服，结果只能是压而不服。不尊重员工，管理者也不会得到员工的尊重。双方之间没有尊重，创建良好的工作氛围将是一句空话。

在尊重员工的基础之上，管理者还要秉公办事。绝大部分员工不怕苦、不怕累，最怕领导不讲原则，从个人利益、个人好恶出发，待人分亲疏，处事有厚薄，人才的提拔、任用、奖励不公正、不公开，从而使员工失去公平竞争的机会。这也正是有些管理者“其身不正，虽令不从”的原因所在。领导者只有公道正派、公正廉明，员工才能口服心服、无怨无悔、安心本职、干好工作。

保持领导的公正性，这就需要管理者从制度层面确定各个部门、工作职位之间的明确分工。部门之间、岗位之间的合作是否顺利是工作氛围好坏与否的一个重要标志，明确的分工才能有良好的合作。各部门职责明晰，权力明确，并不意味着互不相关。所有的事都是公司的事，都是大家的事，职务分工仅仅是说工作程序是由谁来具体执行的，如此才不会发生互相推诿、推卸责任等影响工作氛围的情况。

企业内部绝对不允许有官僚作风的存在。职务只代表分工不同，只是对事的权责划分，应该鼓励不同资历、级别的员工之间互相信任、互相帮助和互相尊重。每一个员工都有充分表达创意和建议的权利，能够对任何人提出他的想法，主动地进行沟通；被沟通方也应该积极主动地予以配合、回答或解释。但沟通的原则应是就事论事，绝不可以牵扯到其他方面。

营造工作氛围最好从企业文化出发。古人说："欲谋胜败，先谋人和。""人和"有两层含义：一是营造亲密、和美的氛围；二是营造包容个性、和谐发展的生动局面。孟子说："物之不齐，物之情也。"我们不能因为强调严格管理而排斥员工个性，只有建立起尊重员工个性的同时又不使合作精神受挫的团队文化，员工的创造智慧才会竞相迸发，创造高效益。

管理一点通

公平公正是员工对管理者的热切期待，是营造和谐工作环境的前提条件，也是管理者赢得敬重的基本要素之一。古人说："吏不畏吾严而畏吾廉，民不服吾威而服吾公。"管理者在协调关系、解决矛盾、分配利益时，要站在公正的立场上，进行恰当的判断，作出合理的决定，不能搞亲疏远近，偏袒一些人而伤害另一些人。

公正要出于公心。管理者如果头脑里有一种固有观念，带有一种主观上的好恶，那么就做不到公正。管理者要做到公平公正，就必须头脑清醒，顾大局、识大体，必须严格按照规章制度办事，只有这样，才能有真正的公平公正。

公正首先要求机会均等，如员工应该有均等的录用、晋升、学习和获得其他利益的机会，顾客应该有均等的获得产品和服务的机会，供应者应该有均等的提供资源的机会等。其次，要公平竞争，包括竞争活动的公平、竞争规则的公平、竞争结果的客观性，这是机会均等的内在要求。不论在企业内部还是在与其他企业竞争的过程中，都应遵循这一原则。

在企业内部，最能体现管理者公平原则的就是对人的任用。因为用人从大的方面来说，关系到企业的生存与发展；从小的方面来说，关系到个人的前途与发展等多种利益。企业内部错综复杂的关系，使人们更加注意管理者用人是否公正，这决定了员工对企业的态度、对管理者的评价。

正确处理员工的辞职申请

广州某家外资公司的总经理说:“我不怕任何辞呈，属下工作职员的更新是很有必要的。”他记得曾有一名重要的公司职员辞职，令他度过了一段很艰难的日子，他说，“这件事令我扪心自问，是自己的治理方法或是工作效率出现了问题？该怎么办？一方面，我给予他更大的责任，扩大他的权力范围；另一方面，我进行自我检讨，找出不足之处，加以改进。当然有时很难解释，为何雇员会毫无先兆地实然向你辞职。不管怎样，切不可以以为离开公司的人是低劣或是愚蠢的，相反这是一次调整公司运营并提升管理水平的机会。你应该令其他雇员更忠心于你。”

每逢年关，也是各大公司大换班的时候，多数人会等拿了薪水而跳槽。员工跳槽的原因很多，而且这是无法避免的事，但如果你发觉在同一时间，有大量员工辞职，便要仔细找出原因所在。

突然出现大量员工辞职的原因可能是：

1. 公司内有不利的传言四散；

2. 某部门主管怂恿下属跳槽；

3. 公司内有剧烈的派系斗争；

4. 某主管工作不力，令下属纷纷辞职。

对于第一项，管理者先要找出谣言的源头，加以堵塞。譬如某会计部职员发觉公司亏损严重，通知同事另谋出路；或传出管理者移民，有意出让公司的流言等。

堵塞了传言后，应立即向员工讲清楚公司的实际情况，例如：公司去年成绩虽然不好，但对未来仍有信心，而且公司资金充裕，所以不会裁员等，以安抚人心。

如果是第二项，对于一些重要的主管离职的情况，应当要求他保证在一定时间内不拉走公司的客户或不拉拢员工跳槽，以保证公司能继续正常运作。

至于第三项，如属派系斗争，则一定要约见派系管理者，对他们的私斗严加斥责。并申明如情况得不到改善，一定将各派管理者撤职。

如果是第四项的话，则更加简单。若发觉真的是该主管办事不力，行事不公，可以把他撤换。一来可以平息民愤，二来可以反映出公司知人善任，对公司内每一环节都十分清楚。

当然，以上情况发生的概率是很小的，最普遍的还是个别员工的辞职。这时，管理者如果采取积极适当的措施来处理，将会对公司的现在和未来产生有利的影响。如何应对个别员工的辞职呢？

1. 取得辞职信

拿到员工递上的辞职信后，可以凭信中的内容判断员工离去的原因，但只有“部分”帮助。说有“部分”帮助是因为许多员工把离职的原因写出来时，总会表达得比较婉转，许多员工甚至会将真正的理由隐瞒或只透露一小部分。但无论如何，员工的辞职信是离职人员给公司留下的永久记录，在管理上更有价值，因为它对员工离去的情况提供了一个简明扼要的说明。

2. 与辞职员工进行面谈

在员工递上辞职信后，管理者应平心静气地与其进行一番谈话。由于辞职信可能未涵盖所有相关的原因，管理者可以借此机会了解一下员工离去的真正原因和员工自己在这家公司内的工作经验。

管理者最好先考虑在面谈时说些什么，一次经过良好策划的面谈，很可能使公司在离去员工的心目中留下良好的印象，这一点是非常必要的。因为每一位离职员工，都可能在未来成为公司的宣传大使，这有可能会影响到未来到公司服务的人以及与公司做生意的对象。

3. 保持门户开放

让离去的员工知道公司的大门永远敞开，是面谈时应该提及的重点，因为虽然其他公司有更好的机会，但情况是随时变化的，如果这位员工重返公司，那么他在其他公司中得到的经验，对原公司可能有很大帮助。

对一个聪明能干的职员，企业应该对他保持开放，甚至在未来再次考虑由公司对他发出邀约，这是一种理性的商业行为。

4. 避免对公司的管理有负面影响

当一名优秀员工离开公司，甚至有大量员工流失的情况出现时，管理者通常会被弄得乱了阵脚，因而对其余员工放松监管，这是管理不当的现象。正确的管理心态应该是：不论公司的员工制度有多完善，优秀的员工也可能另谋发展，不过大部分员工仍将固守岗位，保持原来的工作态度，优秀人才也将随时得到聘任。

作为一名领导，如果下属辞职的真正原因你是一点也不知道，那你就要好好反思一下了。最重要的是要知道他们辞职的真正原因，然后对症下药，如果他们还是执意要走，那也可以避免以后再发生这样的事。员工的辞职问题是每个公司已经经历或将要面临的事情，对于管理者而言，最重要的是你在事情发生时所要采取的措施。

★★★★★★★★★★★★★★★★★★★★★★★★★★★★

管理一点通

员工辞职，其实是管理工作中十分常见的一件事，它几乎随时都在发生。然而，对于一位优秀的管理者来说，员工辞职绝不是一件小事，他也绝不会等闲视之。相应地，他会积极地采取适当的措施，以避免给公司带来不利影响，也能够从中提升管理者的影响力，改善之后的管理工作。

重视培养“接班人”

作为领导，应该选择和培养继承事业的下一代领导人。事业继承的历史越悠久，领导人就显得越伟大。

诸葛亮用自己的忠诚的品德、超人的智慧、旷世的才能、敬业的精神，协助刘备匡复汉室，成就了蜀国霸业，治理“天府之国”，他的历史功勋是有目共睹的。然而，他一贯亲力亲为，没有培养出治理蜀国的优秀接班人队伍，致使出现“蜀中无大将，廖化充先锋”的无奈局面，不仅自己落得“出师未捷身先死，常使英雄泪沾巾”的悲惨结局，也使蜀国成为了三国中最早灭亡的一个王朝。

领导一个企业和领导一个国家的道理是相通的。从“成也孔明，败也孔明”的历史经验教训中，我们不难看出，企业领导者的首要任务就是如何未雨绸缪地培养出优秀的接班人，这是确保企业基业长青的百年大计。难怪柳传志深有体会地说:“以我办联想的体会，最重要的一个启示是，除了需要敏锐的洞察力和战略的判断力外，培养人才，选好接替自己的人，恐怕是企业领导者最重要的任务了。”

那么，领导者应该如何发现、培养、锻炼自己的接班人呢?

1. 制订接班人培养计划

杰克·韦尔奇说:“花十年的工夫培养一个合格经理的时间不算长。”可见，企业接班人的培养是一个漫长的过程，必须高瞻远瞩，提前筹划，做好计划。

一般来讲，接班人计划由以下几个环节组成:

(1) 确定接班需求。根据企业发展战略，明确企业在未来的发展中需要什么样的接班人；需要多少接班人；应该建立一个怎样的接班人储备库；各个层级的接班人，比如最高接班人、高层接班人、中层接班人、关键岗位接班人等，应该怎样形成一个互补、互动的接力接班链条。

在这个过程中，明确接班人的素质要求是首要的任务。德才兼备当然是接班人的重要标准，不过要进行细化明确。

(2) 盘点人才状况。根据接班人素质标准要求，认真筛选、考察现有人才的基本状况，比如个人简历、业绩记录、工作经验、教育背景以及职业兴趣等。在此基础上建立接班人储备库。在评价人才素质时，对每个后备人才的价值观的判断很重要。

(3) 实施开发计划。接班人的培养与开发首先要明确内部培养还是外部招聘的问题。根据我们国家的实际情况，特别是家族企业，内部提拔培养已经成为多数企业的基本渠道和方法。

2. 形成接班人制度

接班人制度是接班人顺利产生、成长、接班的基本土壤和条件，在接班人上没有一个明确的说法和规矩，必然造成无章可循，领导者凭感觉、凭喜好、凭关系亲疏或心血来潮选定接班人的状况，势必影响接班人的质量，也极易造成内部权力争斗，产生内耗，甚至危及企业的命运。

香港传奇家族企业李锦记，从 1888 年创立，如今已经传到了第四代，企业仍在健康发展，挑战了家族企业“富不过三代”的宿命规律，这与李锦记的接班人制度是分不开的。

1972 年，李锦记第三代传人李文达接掌企业。李文达认为，家庭不和睦，事业就会散掉。很多家族都是以生意为核心，结果家族出了问题，生意跟着受挫，而李锦记是以家族为核心，只把生意看成家族的一部分。所以李文达定下规矩：第一，结婚后只能有一个家庭，否则要退出董事局；第二，不能离婚，否则也要离开董事局，股份可以保留，但不得参与任何决策。目前，李氏家族的第五代正在成长，李文达特别规定，公司可以负担第五代全部教育费用，但他们至少要读到大学毕业，并在其他公司工作三年，通过考试才能进入公司，而且必须从基层做起。

3. 多管齐下，全面培养

孟子说:“舜发于畎亩之中，傅说举于版筑之间，胶鬲举于鱼盐之中，管夷吾举于士，孙叔敖举于海，百里奚举于市。故天将降大任于斯人也，必先苦其心志，劳其筋骨，饿其体肤，空乏其身，行拂乱其所为，所以动心忍性，曾益其所不能。”

一个卓越的领导者必须经历市场风雨的洗礼、锻炼甚至磨难，这是承担百年基业不可或缺的历炼过程。所以，培养接班人既是对接班人能力和毅力的严峻考验，也是对领导者智慧和胸怀的严格检验。

作为领导人，你必须使培养新的领导人成为必不可少的生活方式。当你过上了这种生活，你生活里的成功会以乘方的形式增加，你的影响才会超过你的想象。不培养领导人的领导人，有一天他们的成功会受到阻拦，终将时不我予。哈瑞·弗莱斯说:“我们只有培养他人，才能永远成功。”

★★★★★★★★★★★★★★★★★★★★★★★★★★★

管理一点通

独特的人才继任和培养模式，是众多组织“长寿”秘诀中最宝贵的财富之一。

一个担心下属会夺走他地位的领导者，其实是最怯弱的失败者。有能力的领导者十分重视培养接班人，并时常将自己的工作经验传授给下属。唯有这么做，领导者才可能充分把握全局。一个人具备指派他人去做事的能力比他自己动手做重要得多，这是永恒的真理。有才能的领导者借助他的知识和品性，引导下属为他更加努力地工作。

正确地解决团队冲突

在传统意义上冲突被认为是造成不安、紧张、不和、动荡、混乱乃至分裂瓦解的重要原因之一。冲突破坏了团队的和谐与稳定，造成了矛盾和误会。基于这种认识，大家都将防止和化解冲突作为自己的重要任务之一，并将化解冲突作为寻求维系现有团队稳定和保持团队连续性的有效的、主要的方法之一。毋庸置疑，传统的观点有合理的一面，但将冲突完全消灭显然是一种不够全面的理解，也是一件不可能的事情。

正如通用汽车的史隆所言:“意见相左甚至冲突是必要的，也是非常受欢迎的事。如果没有意见纷争与冲突，组织就无法相互了解；没有理解，只会作出错误的决定。”因此，笔者认为，冲突其实是另一种有效的沟通方式，建设性处理冲突有时反而能实现共赢，成为团队高效的润滑剂。

1. 冲突是一种沟通方式

冲突有两种不同的性质，凡能推动和改进工作或有利于团队成员进取的冲突，可称为建设性冲突；相反，凡阻碍工作进展、不利于团队内部团结的冲突，称为破坏性冲突。其中建设性冲突对团队建设和提高团队效率有积极的作用，它可以增加团队成员的才干和能力，并对组织的问题提供诊断资讯，而且通过解决冲突，人们还可以学习和掌握有效解决和避免冲突的方法。

一个团队如果冲突太少，则会使团队缺乏创意，成员之间冷漠、互不关心，从而使团队墨守成规，停滞不前，对革新没有反应，工作效率降低。如果团队有适量的冲突，则会提高团队成员的兴奋度，激发团队成员的工作热情，提高团队凝聚力和竞争力。

综上，冲突是另一种形式的沟通，冲突是发泄长久积压的情绪，冲突之后雨过天晴，双方能重新起跑；冲突是一项教育性的经验，双方可能对对方的职责有了更深入的了解。冲突的高效解决可开启新的且可能是长久性的沟通渠道。

2. 有效处理冲突的经验

冲突是不可避免的，这是人的天性。即使没有外界的干扰，我们自己内心也会出现冲突。既然我们不得不和冲突一起生活，那么如何处理冲突，才能使其更加平和并向着正面的方向发展呢？笔者认为，要有效处理冲突，必须做到主观态度上坦诚、相互包容，客观上依据一定的步骤来进行。一句话，就是要做到透明。

所谓坦诚，通常是指为人处世上表现出来的坦率、诚恳的态度和行为。其特点是心理坦荡、表里如一、语言直率。坦诚就是胸怀坦荡、心灵诚实、实话实说、不隐瞒。杰克·韦尔奇在《赢》一书里说:“我一向力陈应该坦诚待人。事实上，我对 GE 的员工谈坦诚，讲了 20 多年。”“说真的，我认为，对人不够坦诚，是企业最大的肮脏小秘密。”

所谓“人非圣贤，孰能无过”，讲究的就是“恕人”。当我们面对冲突时，一定要与对方坦诚相待，通过多种手段与其进行积极沟通，把事情的真相和自己的观点清楚地展示给对方，让对方理解。否则，如果遮遮掩掩，则会给对方造成更大的伤害，彼此心存芥蒂，最终不利于冲突的处理。

在解决冲突时，除了要有坦诚的态度外，还要有有容乃大的胸襟，做到相互包容，以自己想被对待的方式对待他人。胸宽则能容，能容则众归，众归则才聚，才聚则业兴。胸襟开阔、雍容大度是中华民族的优良传统。古人说:“君子坦荡荡，小人常戚戚。”如果处处工于心计、气量狭小，处处流露出小家子气，那么不但不会取得任何真正的成功，也体会不到任何团队协作的满足与快乐，更不用说能建设性地解决冲突了。

在一个团队中，每个成员的优缺点都不尽相同，你应该主动寻找团队成员积极的品质，并且学习它，让自己的缺点和消极品质在团队合作中被消灭。团队强调的是协同工作，较少有命令和指示，所以团队相互包容的工作氛围很重要，它直接影响团队的工作效率。如果团队的每位成员都主动去寻找其他成员的积极品质，包容其弱点，以他人想被对待的方式对待他人，那么团队的协调、合作就会变得很顺畅，团队整体的工作效率就会提高。

“态度决定一切”，以坦诚、相互包容的态度处理冲突，往往更能赢得支持和理解，使冲突处理取得意想不到的结果。要高效地处理冲突，化冲突为和谐，除了遵循这些必要步骤外，掌握一些处理冲突的技巧也是必需的。

经验一：沟通协调一定要及时

团队内必须做到及时沟通，积极引导，求同存异，把握时机，适时协调。唯有做到及时，才能最快求得共识，保持信息的畅通，而不至于信息不畅、矛盾积累。

经验二：善于询问与倾听，努力地理解别人

倾听是沟通行为的核心。因为倾听能激发对方的谈话欲，促发更深层次的沟通。另外，只有善于倾听，深入探测到对方的心理以及他的语言逻辑思维，才能更好地与之交流，从而达到协调和沟通的目的。同时，在沟通中，当对方行为退缩、默不作声或欲言又止时，可用询问引出对方真正的想法，去了解对方的立场及需求、愿望、意见与感受。所以，一名善于协调沟通的人必定是一位善于询问与倾听的行动者。

经验三：对上级沟通要有“胆”、有理、有节、有据

能够倾听上级的指挥和策略，并作出适当的反馈，以测试自己是否理解上级的话和理解的深刻度；当出现出入，或者有自己的想法时，要有胆量和上级进行沟通。

经验四：平级沟通要有“肺”

平级之间加强交流沟通，避免引起猜疑。而现实生活中，平级之间以邻为壑，缺少知心知肺的沟通交流，因而相互猜疑或者互挖墙脚。这是因为平级之间都过高看重自己的价值，而忽视其他人的价值；有的是出于人性的弱点，尽可能把责任推给别人，还有的是源于利益冲突，唯恐别人比自己强。

经验五：良好的回馈机制

协调沟通一定是双向的，必须保证信息被接收者接到和理解了。因此，所有的协调沟通方式必须有回馈机制，保证接收者接收到。比如，用电子邮件进行协调沟通，无论是接收者简单回复“已收到”、“OK”等，还是电话回答收到，都必须保证接收者收到信息。

建立良好的回馈机制，不仅能让团队养成良好的回馈工作习惯，还可以增进团队每个人的执行力。

经验六：在负面情绪中不要协调沟通，尤其是不能够做决定

负面情绪中的协调沟通常常无好话，既理不清，也讲不明，很容易冲动而失去理性，如吵得不可开交的夫妻，反目成仇的父母子女，对峙已久的上司下属……尤其是不能够在负面情绪中作出冲动性的“决定”，这很容易让事情不可挽回，令人后悔。

经验七：控制非正式沟通

对于非正式沟通，要实施有效的控制。因为虽然在有些情况下，非正式沟通能达到正式沟通难以达到的效果，但是它也可能成为散布小道消息的渠道，产生不好的作用，所以为使团队高效动作，要控制非正式沟通。

经验八：容忍冲突，强调解决方案

一个团队完全没有冲突，表明这个团队没有什么绩效，因为没有人敢讲话，一言堂。所以，高效团队需要承认冲突的不可避免性。冲突不可怕，关键是要有丰富的解决冲突的方案，鼓励团队成员创造丰富多样的解决方案。是保持团队内部和谐的有效途径。

管理一点通

通常人们崇尚和谐共处，顾及长远，以互惠互利的方法处理纷争，所以大多采用妥协、逃避等较为忍让的方法。但无论采取何种方式，管理者始终需要坚持的原则是：必须将冲突转化为团队追求成就感的动力。

第五章

以出众的形象和魅力影响他人

非权力影响力是依靠个人魅力影响他人，而个人魅力的展示首先是个人形象的问题，想影响别人就要展示出良好的形象。事实上，每一个有影响力的成功人士靠的不仅是杰出的才华，优秀的品质，更重要的是他们懂得如何展现其形象的魅力，让追随者把他的形象与自己追求的未来结合为一体。

形象是无形的领导力

无论是商界、职场、工作、休闲、人际沟通还是情爱天地，都需要你有着良好的形象。一个良好的形象，展示给人们的是自信、尊严、力量和能力。它并不仅仅反映在别人的视觉感受中，同时它也是一种外在的辅助工具。

形象管理让你对自己的言行有了更高的要求，能立刻唤起你内在沉积的优良素质。通过你的穿着、微笑、目光接触、握手，一举一动，浑身都散发出一个成功者的魅力。成功的形象为你事业的成功起着推波助澜的作用。

当然，形象对于那些身在贫穷者之列的人们是一个陌生而无用的概念。对于那些追求成功的人，创立一个可信任的、有竞争力的、积极向上的有时代感的形象是极其重要的，它使你无论在什么群体中都能获得公众的信任，从而脱颖而出。

这是一个两分钟的世界，你只有一分钟的时间展示给人们你是谁，在一分钟之内让他们喜欢你。大多数人没时间去了解你，所以他们对你的第一感觉是非常重要的。如果你给人的第一印象不好，那么你必须花更多的时间努力去抹去第一次的坏印象，然后才能开始第二步。如果第一印象很好，在开始第二步时，就顺理成章了。

有很多不注意自身形象的人在自己的位置上停滞不前，并不是他们缺乏才智和不努力工作，而是不良的外在形象影响了他们自信地发挥才能，因而得不到别人的认可。无论你承认与否，人们总是根据你的服饰、手势、声调、语言等来判断你。无论你愿意与否，你都留给别人一个印象，这个印象在商业上影响你的生意，在工作上影响你的升迁，在社会上影响你的人际关系。因此，如何展示自己，是我们追求成功的一个关键环节。

形象，并不是简单的穿衣和外表长相的概念，而是外表与内在结合，是一个综合全面素质。

形象的内容太丰富了，它包括你的穿着、言行、举止、修养、生活方式、知识层次、家庭出身、你住在那里、开什么车、和什么人交朋友等。它在清楚地为你下着定义——无声而准确地在讲述你的故事——你是谁、你的社会位置、你如何生活、你是否有发展前途……

其实，你这个独特的产品，是由你的“质量”，包括自然条件、性格、职业、生活方式组成。一个成功的形象能带给你意想不到的结果，它不仅带给你更大的机遇，也增加了你的自信。

许多具有世界性影响力的企业家，都是经过长期的修炼、包装与宣传，才形成其光辉夺目的形象的。

事实上，所有大企业的领袖和政坛上的政治家、舞台上的艺术家一样，他们的言行举止都是经过设计的。

你也许会对他们良好的形象赞叹不已，你也许会为他们的独特气质和绅士风度所吸引。他们出场时的一举一动都会让你觉得他是代表该集团唯一的人选：大方、健谈、仪表堂堂、胸襟开阔……可是你不知道，这些大企业家在台上 10 分钟的演讲、谈话，在台下可能经过 10 个小时的设计、演练。

事实上，不管是富人还是穷人，每个人都有着不同程度的潜在魅力，每个人都是一个待开发的魅力宝库，企业家更是如此。他们具有一般人所没有的成就、地位、财富与才能，这些对于改善其形象、增强其魅力都是非常重要的。每一位企业家只要经过仔细的开发，都可以塑造出光彩照人的形象。

塑造自己的良好形象，还要注意适合自己的身份。彰显自己，首先就需要给自己的形象做个准确的定位。给自己定位，就要明了自己所处的环境，确定自己的发展目标，明确自己所扮演的和所要扮演的社会角色。不同的角色需要有不同的形象来体现，角色的不同，形象自然也不相同。因此，这里的形象便有一个定位的问题，即自己要确定什么样的形象才能更好地体现自己所扮演的角色，体现自己的精神与气质，并对社会与公众产生最佳的影响。这是设计形象的前提，只有在这个前提下，才能谈得上有针对性地设计和塑造自己的形象魅力。

形象定位的核心是和谐，即一个人所确定的形象要与自己所扮演的角色、所处的环境相一致，要与自己的事业形象相和谐，与自己的精神、气质相吻合。

犹太教里有这样的教诲：人在自己的故乡所受的待遇视风度而定，在别的城市则视服饰而定。这是说，对一个人的评价在故乡并不受衣着的影响，因为人们了解他的言行。但一个人如果到了他乡，人们对他的评价主要就看他的衣饰装扮了。

一个人在自己熟悉的圈子内所受的待遇视其风度而定，在这个圈子外则视服饰而定。由此可见，衣饰装扮对于个人形象的重要性。

富有魅力的衣着，得体的装饰，会使一个人在圈子内部颇具威严而又不失幽默，充满自信、谈吐自如，会在休闲的时候成为一道亮丽的风景而受到人们的青睐。

现代生活的节奏快，人和人的接触短暂，往往我们只有一个机会告诉另外一个人我们是谁，在商业、政治和恋爱等交际场合中，语言和文字常常不够使用，我们得用衣着服装来表明自己的个性和意向。

一位企业家这样说道："在商界，企业家最初的合作看什么？其实很大的成分看衣着。有一次，我想开发一种新的产品，一位朋友给我介绍了一个合作伙伴。见面的那天，他穿着西装，里面没穿衬衣，只穿了一件圆领衫，手里拎着一个手机。我看着很别扭，西装是正式的着装，他穿了件圆领衫来配，还拎着个手机，典型的暴发户形象。我当时就决定，不与他合作。后来，朋友说：'他真的很有钱，而你正缺钱。'我说：'我缺钱不假，可是合作伙伴这个人才是更主要的。他出钱后，就得参与管理，与我共同决策。但他的水平直接影响到我的生意，所以我不能选择决策水平很低的人合作，这也是个原则。'"

心理学家研究表明，服装对人心理有着重要的影响。服饰是否有魅力，直接关系到个人的良好形象与威信能否确立。

如何才能使自己看起来像个成功者，著名形象设计师英格丽建议：

1. 建造精致的衣柜，只穿高品质和给你增加权威感的服装；
2. 改变你的身体语言，包括站立、坐下和走路的姿势；
3. 默记“我是个成功者”，说话办事要像个成功者；
4. 学会让别人喜欢你、尊敬你、拥护你；
5. 多读有关成功人物的传记。

★★★★★★★★★★★★★★★★★★★★★★★★★★★★

管理一点通

形象也是领导力。每一位领导者都应该成为自身形象的管理者和设计师。对于每一位领导者，首先你得“看起来像个领袖”。这一点，对于公众有着深刻的暗示和影响。在传媒政治时代，领导者无可避免地会成为“公众人物”。由此来讲，塑造领导者的形象显得尤为重要。这就如同演员出场，给观众留下的形象将会影响到日后的发展。人的形象分为两种：一种是先天的，是父母给的；一种是后天的，是由人生阅历、文化修养、工作经验等积累而成的。领导形象在一名领导者的职业生涯中是必不可少的，是对自己先天形体的一种修饰和延伸。因此说，好的领导形象能够使下属尊重、上司认可和群众佩服。

要有必要的亲和力

有一位教师，他所带的班级考试成绩总是名列前茅，他个人也常有研究文章见报，但学生评教的满意率却总是处于中下游。学生们对该教师的教学方法、教学能力都很认可，为什么给的评价却这么低呢？原因就在于这位老师过于严肃，很少有笑脸，与学生谈话，总是居高临下、盛气凌人，学生有事找他，他也总是一副爱理不理的样子。这位教师之所以不受学生欢迎，导致师生关系紧张，就是因为他缺乏必要的亲和力。

亲和力最早是属于化学领域的一个概念，是特指一种原子与另外一种原子之间的关联特性，但现在越来越多地被用于人际关系领域，形容某人对另外一人具有的友好表示。有亲和力的双方就是有共同力量表示的双方，这种友好表示，使得双方在一起合作，有一种合作的意识和趋向意识，以及共同作用的力量。有亲和力是促成合作的起因，只有具有了合作意向，双方才会共同合作。

李嘉诚就很有亲和力，他脸上总保持着的微笑，让人感到非常亲近。

一位内地的房产商曾经说起过这样一件事：一次他去香港，有幸受邀与李嘉诚共进晚餐。作为华人世界的首富，李嘉诚是许多商人的偶像。大家可以想像，和这样的人吃饭应该是什么样的场面。一般大人物都会等大家坐好，然后才缓缓出场，讲几句话。如果要吃饭，他一定坐在主桌，有个名签，相对重要的人会和他坐在一桌，其余人则坐在另外的桌上，饭还没有吃完，他就应该走了。如果他是这样，我们也不会怪他，因为他是大人物。

但令人非常佩服的是，当电梯门打开时，李嘉诚已在门口等他们了，然后给他们发名片，这出乎大家的意料——因为李嘉诚的身份和地位已经不用名片来介绍说明了！但是他像做小买卖的商家一样给他们发名片，然后他们每个人抽了一个签，这个签决定了他们照相站的位置。这位房产商当时想为什么照相还要抽签，后来才知道，这真是用心良苦，为了大家都舒服，否则怎么站呢？

照相后又抽个号，说是吃饭的位置，还是为了大家舒服。最后请李嘉诚说几句，他说也没有什么讲的，主要是来和大家见个面。后来大家鼓掌再三请求，他就说："我把生活当中的一些体会与大家分享吧。"他讲的是"建立自我，追求无我"，建立自我就是要让自己强大起来，同时又要追求无我，把自己融入到生活和社会当中。不要给大家压力，让大家感觉不到你的存在，来接纳你、喜欢你。

吃饭时，这位内地房产商抽到的正好是与李嘉诚隔一个人的位子，本以为可以就近聊天，但吃了一会儿，他起身说:“抱歉我要到那个桌子坐一会儿。”后来，冯仑发现李嘉诚在每一个桌子坐15分钟，总共4桌，正好一小时。临走的时候他说一定要与大家握手告别，每个人都要握到，包括边上的服务人员，接着他又送大家到电梯口，直到电梯门关上才走。

因为李嘉诚对别人都照顾到了，所以才特别有亲和力，受到人们的尊敬。要想受到他人的欢迎，就要让自己多点亲和力。

一个人要有亲和力，就一定要放下架子，把自己放到和别人平等的位置。如果把关系弄拧了，以为自己高人一等，处处趾高气扬，别人自然就会对你退避三舍，你只能在社交场合落得失败的结果。

以下是15条为人富有亲和力的简单原则：

1. 经常保持微笑；

2. 学会和别人一块分享；

3. 乐于助人；

4. 保持一颗童心；

5. 学会和各种人和睦相处；

6. 保持幽默感；

7. 处世不乱，临危不惧；

8. 学会安慰他人；

9. 有知心朋友；

10. 常和别人保持合作，并从中获得乐趣；

11. 最好能有点男欢女爱；

12. 保持高度的自信心，并相信自己；

13. 不以大欺小，以多欺少；

14. 偶尔也要放纵一下自己；

15. 具备胆识和勇气。

管理一点通

亲和力是一种人格魅力，是最重要的影响力。它可以产生巨大的凝聚力，并转化为强大的影响力和行动力。领导的力量，不是建立在部下敬畏、恐惧的基础上，而是建立在部下信服、亲近、主动追随的基础上的。彼此有了感情，一句话能顶十句用；彼此没有感情，十句话也不顶一句用。你希望部下认真地为你服务，那你也应当为部下多着想一些，关心他们的进步和前途。你地位越高，事业越大，依靠的人越多，就必须具备很强的亲和力，调动更多人努力工作的积极性。一个受人拥戴的领导者，应当有声有色地工作，有滋有味地生活，有情有义地交往。

第一印象是最好的社交名片

卡耐基说："良好的第一印象是登堂入室的门票。"因此，在和人交往的时候一定要注意自己的第一印象，从外表到内在的素质，给人一种愉悦的感觉，让别人愿意和你交往，甚至主动和你交往。反之，如果给人的第一印象不佳，就可能遇到莫名的障碍。

在人际交往中，人们历来都很重视给对方留下良好的第一印象。这是因为给人的第一印象对一个人形象的形成起着先入为主的作用。人际关系专家认为：良好的第一印象，既是一张最好的社交名片，又是一张最有权威的介绍信。

有些人费尽心机，却一辈子不景气；有些人办什么事都那样得心应手，物顺人从，似乎红运天降。其中的奥秘就在于其人的整体“形象”起了举足轻重的作用。

你与别人萍水相逢，互不了解，而你的外在形象却毫不客气地作为第一信号打入了他人的眼底。机敏的人能够在这一瞬间凭着自己的心理定势给你打分、对号，而这种自我经验又非常的固执，人们的特点是最相信自己的最初判断。

要想给别人留下良好的第一印象，首先，选择整洁适宜的衣着。人际关系专家们认为，人们在参加社会活动之前对衣饰应注意六点：鞋擦干净了没有；裤子拉链拉好没有；衬衫扣子扣好了没有；胡子刮过没有；头发梳好没有；衣服有皱褶没有。

有一家保险公司的市场调查人员发现，他们对农民推销保险时，穿戴整齐的人比穿得不好的人业绩好得多。可见，农民们虽然由于职业的原因，无法像职业人员那样衣冠楚楚，但对穿着整齐的人，总是较有信赖感的。

因此，任何人都不要过分嘲笑“先敬罗衣后敬人”这种社会风习。我们进行应酬时，应该重视一下现实，要推己及人；不然的话，迟早要遭遇一些不必要的失败。

其次，放松心情。要使别人感到轻松自在，首先你自己就必须表现得轻松自在。无论遇到什么严重的事情，心理上都要尽量放松。学点幽默，不要总是神色严肃，或做出一副永远苦闷的样子。因为对方总是不愿挨批评或做你的出气筒。你应该把心情放松一下，否则他人会对你感到厌倦。

当然，笑容也很重要。最好的笑容要求目光接触都是温和自然的，并不是勉强做出来的。

还有就是保持自我本色。那些懂得与人交往的人，永远不会因场合不同而改变自己的性格。保持真我，保持最佳状态的真我才是给人留下美好印象的秘诀。不管是与人亲切交谈，还是发表演说，都要保持自己的本色不变。

善于使用眼神、目光。无论你是跟一个人还是一百个人说话，一定要记住眼睛始终望着对方。当你进入坐满了人的房间时，应自然地举目四顾，并且要微笑着用目光照顾到所有的人，不要避开众人的目光。这会使你显得轻松自若。

同时，还应注意发挥自己的长处。当你能够充分发挥自己的长处时，别人就会喜欢跟你在一起，并容易同你合作。一个人要了解自己，就一定要把握好自己的特点，如外貌、精力、说话速度、声音的高低和语气、动作、手势、神情以及其他吸引别人注意的能力等，别人正是根据这些特点来形成对你的印象。因此，在社会交往活动中，要充满自信，并尽可能地发挥自己的长处。

第一印象并非总是正确的，但却是最鲜明、最牢固的，并决定着双方交往的进程。一定要重视第一印象，只有留下好的第一印象，才会在社交中获得成功。

管理一点通

人际交往中总有第一次，良好的第一印象是打开交往之门的一把无形的钥匙，可以说，良好的开始是成功的一半。因为第一印象常常影响着他人对你以后的判断和评价，也直接影响到交往的继续进行。为此，把第一印象叫作“一张最好的通行证”，“一张最有权威的介绍信”也不为过。

第一印象是一个人内心世界和内在修养的首次显露。既然第一印象是人的“门面”，是一封精彩的介绍信，那么在我们的交际活动中，就不能不注意自己的仪容仪表和自我形象的塑造。

第一印象的形成，会给人一种特殊的心理定势和情绪定势，由此而把一些尚未显示出来或者你还未曾了解的品质归属于他人，而不管这个人是否真的具有这些品质，这就是所谓的“成见效应”。

礼仪促成融洽的人际关系

张良是西汉高祖刘邦的军师，他的祖先是韩国人。在秦灭韩后，张良立志为韩国报仇。有一次，因刺杀秦始皇未遂，他受到追捕而避居到下邳。

张良在下邳闲暇无事。有一天他到下邳桥上散步，碰到一个穿着粗布短衣的老人。他走到张良旁边，故意把他的鞋子掉到桥下。然后老人回过头来冲着张良说:“孩子！下桥去给我把鞋子拾上来!”张良听了一愣，本不想理他，但一看他是个老人，就强忍着怒气，到桥下把鞋拾了上来。那老人竟又命令说:“把鞋子给我穿上!”张良一想，既然已经给他拾来了鞋子，不如就给他穿上吧，于是就跪在地上给他穿鞋。那老人把脚伸着，让张良给他穿好后，就笑嘻嘻地走了。张良一直用惊奇的目光注视着他的去向。那老人走了里把路，又折回身来，对张良说:“你这个孩子是能培养成才的。5 天后的早上，天一亮，就到这里来同我会面!”张良跪下来说:“是。”

第五天天刚亮，张良来到下邳桥。不料那老人已经等在那里了，见了张良就生气地说:“和老人约会，怎么迟到了？五天后的早上再来相会!”说完就离去了。到第五天早上，鸡一叫，张良就赶去，可是那老人又等在那里了，见了张良又生气地说:“怎么又掉在我后面了？五天后再早点来!”说完又走了。到第五天，张良没到半夜就赶到桥上，等了好久，那老人才来，他高兴地说:“这样才好。”然后他拿出一本书来，指着说道:“认真研读这本书，就能做帝王的老师了！过十年，天下形势有变，你就会发迹了。”老人说完就走了。

早上天亮时，张良拿出那本书来一看，原来是《太公兵法》，张良十分珍爱它，经常熟读，反复地学习、研究。

十年过去了，陈胜等人起兵反秦，张良也聚集了一百多人响应。沛公刘邦率领了几千人马，在下邳的西面攻占了一些地方，张良就归附于他，成为他的部属。从此张良经常根据《太公兵法》向沛公献计献策，沛公认为很好，常常采用他的计谋，后来他成了刘邦运筹帷幄、决胜千里的军师。刘邦称帝后，封他为留侯。

人与人交往中的初次见面最为重要，第一印象往往对彼此的进一步交往起着决定性的作用，如果在初次见面时不知礼，那么初次很可能就是最后一次了。礼貌是人们共同遵守的一种行为规范，是相互尊重、友好相处的一道桥梁。

失礼、不讲礼貌虽然不算大错，但从这种“小事”里，往往可以窥见一个人的内心世界，衡量他的道德品质和文化修养。

通常，不讲礼貌的人除了自小缺少熏陶培养外，往往在思想意识上就存在着问题，或者自私、狭隘，或者骄傲自大；与此相对，讲礼貌的人在生活与学习中多会关心集体、尊重他人。出于这种关心和尊重，讲礼貌的人不论对方是强者或弱者，领导或群众，好朋友或陌生人，有求于人或无求于人，在公共场合或无人监督的环境下都是一样的。

而真正做到这一点，我们必须具有谦逊质朴、真诚待人的品质。在这方面，周总理就是一个好榜样。总理待人接物，总是谦虚恭敬，彬彬有礼。他去理发时，服务员考虑总理工作忙，请他先理，总理总是坚守原则，按次序理发。理完发，还从不忘说声“谢谢”。在招待外宾的宴会上，不管对方国家大小、身份高低，都平等相待，礼貌有加。

在我们日常的生活礼仪中，初次见面，自我介绍是必不可少的。因此，我们有必要了解自我介绍的相关礼仪，以提升自己，给别人留下好的印象。

1. 见面前有所准备

在公共交际场合中，如果你想认识某一个人，最好预先获得一些有关他的资料，诸如性格、特长及个人兴趣等。有了这些资料，在自我介绍之后，便容易交谈沟通，使双方关系迅速融洽。

2. 面带笑容

一般对于自信的人，大家都会另眼相看，产生好感；相反，如果你畏怯和紧张，可能会使对方产生相应的情绪反应，从而对你的谈话有所保留，使彼此之间的沟通产生隔阂。

3. 重复对方的姓名

在获知对方的姓名之后，不妨口头重复一次，因为每个人都乐意听到自己的名字，这会使他产生自豪感和心理满足感。

4. 表示真诚交往的愿望

任何人都会觉得被人渴望结识是一种荣幸。如果你的态度热诚，别人也会拿自己的热诚回报你。相反，你犹如一盆冷水，大家对你的态度就可想而知。

5. 用眼神表达渴望沟通的心情

眼睛是心灵的窗户，诚恳的眼神有时会胜过千言万语，在一瞬间拉近彼此的距离。

管理一点通

一名优秀的领导干部，除了有坚定的政治信仰、积极的工作态度，还应该有良好的人格魅力，而礼仪是一个干部是否具备良好人格魅力的最重要的体现方式。因此，搞好个人的礼仪修养无疑是在培养一种个人魅力，是领导者的重要资源、无形资产，是一个成功的领导者必备的素质。

讲究礼仪、遵循规范、依礼行事、以礼待人，就会有助于开展正常工作，激发团队成员的创造活力，减少许多不必要的麻烦。俗话说：个人礼仪是人际交往的“润滑剂”，人际交往贵在有礼。加强个人礼仪修养，能使人与人之间的关系更趋融洽，使人们的生存发展环境更为宽松。所以，每个领导干部都应在所领导的部门内营造宽松和谐的小环境，要做到这一点，就必须加强领导干部的礼仪修养。

得体的称呼开启良好的沟通

热忱、充满敬意的称呼是交际的必备工具。友好的称呼不仅有助于表达友善和欢迎之意，而且还能够消除人际交往中的障碍和隔阂，打开陌生之门。

称呼并不是简单地叫别人的名字，而是指人们在日常交往应酬中所采用的彼此之间的称谓语。在人际交往中，选择正确、适当的称呼，反映了自身的教养及对对方尊敬的程度，体现着双方关系发展所达到的程度和社会风尚，因此不能随便乱用。

中国是礼仪之邦，称呼礼仪可谓丰富多彩。一般来讲，称呼可以分为以下几种：

职务性称呼：以交往对象的职务相称，以示身份有别、敬意有加，这是一种最常见的称呼。有三种情况：直接称职务，在职务前加上姓氏，在职务前加上姓名。

职称性称呼：对于具有职称者，尤其是具有高级、中级职称者，在工作中直接以其职称相称。可以只称职称，可以在职称前加上姓氏，也可以在职称前加上姓名。

行业性称呼：在工作中，有时可按行业进行称呼。对于从事某些特定行业的人，可直接称呼对方的职业，如老师、医生、会计、律师等，也可以在职业前加上姓氏、姓名。

性别性称呼：对于从事商界、服务性行业的人，一般约定俗成地按性别的不同分别称呼“小姐”、“女士”或“先生”。“小姐”称呼未婚女性，“女士”

称呼已婚女性。

姓名性称呼：在工作岗位上称呼姓名，一般限于同事、熟人之间。有三种情况：直呼其名；只呼其姓，要在姓前加上“老、大、小”等前缀；只称其名，不呼其姓，通常限于同性之间，尤其是上司称呼下级、长辈称呼晚辈，在亲友、同学、邻里之间，也可使用这种称呼。

在所有称呼当中，最令人头疼的就是职场中的称呼了。很多人都曾经被称呼困扰，尤其是职场新人。

A 小姐进入单位的第一天，领导带她认识部门同事时，她非常恭敬地称对方为老师，不少同事欣然接受。当领导带她来到一个女同事前，告诉 A 小姐将跟着这位女同事先试用时，A 小姐更加恭敬地叫了一声老师。这位女同事连忙摇头:“大家是同事，你可别叫我老师，直接叫我名字就可以了。”听女同事这么说，A 小姐不知道说什么好。可见职场称呼并不是那么随便的。

人在职场，同事和上司是职场环境的重要组成部分。不同的职场称呼可以反映出职场关系的亲疏、职场环境的优劣，甚至可以从中大致了解一家公司的企业文化和人际关系现状。该如何称呼同事和上司，很多职场中人都琢磨过。称呼得妥帖，不仅可以处理好与同事、上司之间的关系，而且还可以为自己赢得不少印象分，为职场发展营造一个好的环境。反之，则可能产生不快，为人际关系设障。

小 C 是电脑城的一个小职员，去年刚刚毕业。应聘时，由于她在考官面前太过紧张，有些发挥失常，就在她从考官眼中看出拒绝的意思而心灰意冷时，一位中年男士走进了办公室和考官耳语了几句。在他离开时，她听到人事主管小声说了句“经理慢走”。那位男士离开时从小 C 身边经过，给了她一个善意鼓励的眼神，小 C 忙起身，毕恭毕敬地对他说:“经理您好，您慢走!”后来小 C 顺利地得到了这份工作。人事主管告诉她，本来根据她那天的表现，是打算刷掉她的。但就是因为她对经理那句礼貌的称呼，让人事部门觉得她对行政客服工作还是能够胜任的，所以对她的印象有所改观，给了她这份工作。

可见，一个正确的称呼对自己的职场生涯有多么重要。

职场新人在上班之前，应该对企业文化有一个全面的了解。不同的企业有不同的称呼，在这个企业可以这么称呼，在另外一个企业也许就不行了。同事之间的称呼是企业文化的一种外在体现，一个企业以什么类型的称呼为主，与企业管理者的风格、个性有紧密关系。把握准企业文化，称呼就不容易弄错。

有些企业注重自由和宽松的环境，比如欧美企业中，无论是同事之间，还是上下级之间，一般互叫英文名字，即使是对上级甚至老板也是如此。如果用职务称呼别人，反而会让人觉得别扭。在这样的公司工作，不妨也取个英文名字，和大家保持一致。

有些企业注重传统，企业文化比较正规严肃，比如中国的国有企业，大家可能会根据习惯，彼此以“老师”称呼。这个称呼还适用于文化气氛浓厚的单位，比如报社、电视台、文艺团体、文化馆等。这个称呼能表达出对学识、能力的认可和尊重，因此受到文化单位职业人的青睐。这样的称呼适用性很广，很多人在实在拿不定主意称呼对方什么的时候，都可以叫“老师”，大多数情况下，对方不会因为你叫他老师而生你的气。

有些企业注重团队精神，等级观念比较淡，以行政职务相称的情况比一般企业要少，互称姓名的情况较多。而有些企业，比如私营企业，最好以行政职务相称，如张经理、陈总等，以表示对对方的敬重。等级观念较重的韩资、日资企业，一般也采用这类称呼。

称呼要符合企业文化的要求。新人刚到单位，正确称呼有三个原则要掌握：

1. 主动开口问

新人刚到单位，要先问问同事或者留心听听别人怎么称呼，不要冒冒失失想当然地称呼对方。如果实在不清楚该怎么称呼，可以客气地问对方：“先生/女士，我是新来的，不知道该怎么称呼您？”一般对方会把同事的习惯称呼告诉你。

2. 多动笔

进入单位的第一天，和本部门的同事认识后，一般还会去其他部门见同事，仅凭记忆不可能一下子记住所有人的名字、职位，那么日后就很容易搞错。不妨随身携带一个小记事本，大体记下同事的姓名，并在后面加上长相特征、所负责的工作等注解。

3. 表情、语气很重要

准确称呼别人，除了根据对方的职位、工作单位性质、场合、年龄、性别等把握好分寸外，感情色彩也是非常重要的。特别是称呼地位比较高的人时，眼神、表情、语音的高低及腔调等都非常关键。如果声音比较低沉、语气比较平静，对方以及在场的人士会觉得你要么没礼貌，不懂得尊重别人，要么性格内向，表现拘谨，不够大方。称呼任何人时都要注意自己的表情和声音，让在场的人感觉到你既热情大方，又不卑不亢。每个人都有被他人尊重的欲望，称呼是否得体，对人际关系有直接影响。

★★★★★★★★★★★★★★★★★★★★★★★★★★★★

管理一点通

称呼是指当面招呼对方，以表明彼此关系的名称。称呼语是交际语言中的先锋官。称呼是交际大门的通行证，是沟通人际关系的第一座桥梁。一声充满感情而得体的称呼，不仅体现出一个人待人礼貌诚恳的美德，而且使对方感到愉快、亲切，易于交融双方情感。

领导者要想顺利与下属展开交流，赢得对方的好感，首先要从得体的称呼入手，只要在称呼他人时，注意使用礼貌用语，分清交谈场合和主次关系，称呼得体不难做到。

得体地使用礼貌用语

很早以前，有位士兵骑马赶路，至黄昏时还找不到客栈。突然见前面来了位老农他便高喊：“喂，老头儿，离客栈还有多远？”老人回答：“五里！”士兵策马飞奔十多里，仍不见人烟。“五里、五里”，他猛地醒悟过来，“五里”不是“无礼”的谐音吗？于是他掉转马头赶回来亲热地叫了一声“老大爷”。话没说完，老农说：“你已经错过路头，如不嫌弃，可到我家一住。”

“良言一句三冬暖。”交际谈话中如能用礼貌语言，就会让人感到温暖，使人与人之间的感情很快地融洽起来。例如：您好，谢谢，请，对不起，别客气，再见，请多关照等。

在我国，同人打招呼常习惯问：“你吃饭了吗？你到哪里去？”这似乎太单调，也有点不雅致。在这方面，我们应丰富自己的礼貌语言。如见面时称道“早安”、“午安”、“晚安”，“你夫人（先生）好吗”、“请代问全家好”等。语言务必要温和亲切，音量适中。若粗声高嗓，或奶声奶气，别人就难有好感。运用礼貌语，还要注意仪表神态的美。当你向别人询问时，态度尤其要谦恭。挺胸腆肚，直呼其名，或用鄙称，必遭人冷眼，吃“闭门羹”。

在交往中得体地使用礼貌语言，可以给对方留下良好的印象。

你和人相见，互道“你好”，这再容易不过。可别小瞧这声问候，它传递了丰厚的信息，表示尊重、亲切和友情，显示你懂礼貌，有教养，有风度。

美国人说话爱说“请”，说话、写信、打电报都用，如请坐、请讲、请转告。传闻美国人打电报时，宁可多付电报费，也绝不省掉“请”，因此，美国电话总局每年从“请”字上就可多收入一千万美元。美国人情愿花钱买“请”字，我们与人相处，说个“请”字，既不费力，又不花钱，何乐不为呢？

英国人说话少不了“对不起”这句话，凡是请人帮助之事，他们总开口说声对不起：对不起，我要下车了；对不起，请给我一杯水；对不起，占用了您的时间。英国警察对违守司机就地处理时，先要说声“对不起，先生，您的车速超过规定”。两车相撞，大家先彼此说对不起。在这样的气氛下，双方自尊心同时获得满足，争吵自然不会发生。

成功人士说话非常注意用礼貌语言，如：你好、请、谢谢、对不起、打搅了、欢迎光临、请指教、久仰大名、失陪了、请多包涵、望赐教、请发表高见、承蒙关照，谢谢、拜托您了等。礼貌用语，令人心花怒放，满面春风。

语言是思想的衣裳，它可以表现出一个人的高雅或粗俗。如果你要接通情感的热流，使社交畅通无阻，就应得体地运用礼貌用语。

★ ★

管理一点通

语言是人们用来传达信息的工具，也是人们参与社会活动的主要方式，更是人际交往的桥梁。语言内容和表达方式能够反映出一个人道德、文化等各方面的修养。在包括工作在内的各种社会活动中，礼貌用语是很重要的礼仪形式，也是展示一个人品格的“橱窗”。

在职场中，领导者要与下属相处得好，首先就要懂得与下属相处的礼仪。把遵守礼仪作为你应该做的，形成工作中的一种日常规范。如果不懂得与下属相处的礼仪，想赢得下属的信任和好感恐怕就不是很容易的事了。

在平时和下属打交道的过程中，领导要时刻牢记使用礼貌用语，让下属感受到你对他的尊重；相反，若不对下属使用礼貌用语，则会让其觉得你缺乏修养，有损领导者的形象与魅力。此外，在礼貌用语的使用上，只有运用恰当才能让人感到舒服，因此要切忌用词不当。

记住每个人的名字

人们都渴望被他人尊重，而记住别人的名字，则会给人受尊重的感觉。因此，在交往中，记住别人的名字很容易让人对你产生好感。记住对方的名字，而且很轻易就叫出来，等于给予别人一个巧妙而有效的赞美。若是把人家的名字忘掉，或写错了，你就会处于一种非常不利的地位。一位学者曾经说过:“一种既简单又最重要的增加亲密感的方法，就是牢记别人的姓名，并且在下一次见面时喊出他的名字。”

姓名是人的标志，人们出于自尊，总是最珍爱它，同时也希望别人能尊重它。记住一个人的名字，是尊重一个人的开始，也是增加亲密感的重要一步。

两个多年未见的朋友在街头邂逅，一方能够将对方的名字脱口而出，必能使对方兴奋不已；对于即使只有一面之交的人，再次偶然相遇，你还能清楚地记得对方的名字，必能使其对你刮目相看。

拿破仑以前十有八九遗忘别人的姓名，这使他的属下和朋友十分反感。后来他把每一个相识的人的名字写在纸上，全神贯注地默记。如此一来，尽管公务缠身，他都能随口说出别人的姓名，得到众人的敬佩和爱戴。

钢铁大王安德鲁·卡内基是一个非常善于利用人们重视自己姓名的心理来与人相处的企业家。

卡内基孩提时代，有一次抓到一只兔子，那是一只母兔。他很快发现了一整窝的小兔子，但没有东西喂它们。于是他想了一个很妙的办法。他对附近的那些孩子们说，如果他们找到足够的苜蓿和蒲公英，喂饱那些兔子，他就以他们的名字来替那些兔子命名。这个方法太灵验了，结果许多孩子争着去为他寻找兔粮。

多年后，他在商业界用同样的方法，赚了好多的钱。例如，他希望把钢铁轨道卖给宾夕法尼亚铁路公司，而艾格·汤姆森正担任该公司的董事长。因此，卡内基在匹兹堡建立了一座巨大的钢铁工厂，取名为“艾格汤姆森钢铁工厂”。

当卡内基和乔治·普尔门为卧车生意而互相竞争的时候，这位钢铁大王又想起了那个兔子的经验。当时卡内基控制的中央交通公司，正在跟普尔门所控制的那家公司争夺联合太平洋铁路公司的生意，你争我夺，大杀其价，以致毫无利润可言。卡内基和普尔门都到纽约去见联合太平洋的董事。有一天晚上，在圣尼可斯饭店碰头了，卡内基说：“晚安，普尔门先生，我们争得你死我活岂不是在出自己的洋相吗？如果合作你看怎么样？”

“你这句话怎么讲？”普尔门想知道。于是卡内基把他心中的话说了出来——把他们两家公司合并起来。他把合作而不互相竞争的好处说得天花乱坠。普尔门注意地倾听着，但是他并没有完全接受。最后他问：“这个新公司要叫什么呢？”卡内基立即说：“普尔门皇宫卧车公司，当然。”普尔门的目光一亮。“到我的房间来，”他说，“我们来讨论一番”。这次的讨论改写了一页工业史。

安德鲁·卡内基这种记住以及重视朋友和商业人士名字的方式，是他领导才能的秘密之一。他以能够叫出他许多员工的名字为傲，他很得意地说，当他亲任主管的时候，他的钢铁厂未曾发生过罢工事件。

记住他人的姓名，在政治上与在商业界和社交上的重要性几乎一样。一名政治家所要学习的第一课是：“记住选民的名字就是政治才能，记不住就是心不在焉。”

罗斯福开始竞选总统前的几个月中，其助手吉姆一天要写数百封信，分发给美国西部、西北部各州的熟人、朋友。而后，他乘上火车，在19天的旅途中，走遍美国20个州，行程12000公里。他除了火车外，还用其他交通工具，像轻便马车、汽车、轮船等。吉姆每到一个城镇，都去找熟人进行一次极诚恳的谈话，接着再开始下一段的行程。当他回到东部时，立即给在各城镇的朋友每人一封信，请他们把曾经谈过话的客人名单寄来给他。那些不计其数的名单上的人，都得到了吉姆亲密而极有礼貌的复函。

吉姆早就发现，一般人对自己的姓名最感兴趣。把一个人的名字记住，很自然地叫出来，你便对他有微妙的恭维、赞赏的意味。若反过来讲，把他人的姓名忘记，或是叫错了，不但使对方难堪，而且对你自己也是一种很大的损害。

很多人忘记别人的名字，因为他们认为没有必要下工夫和精力去记别人的名字。但记住别人的名字，让其觉得自己重要，却是增加亲密感最简单、最明显、最重要的心理策略。

管理一点通

语言环境中，对一个人而言，最动听、最重要的字眼就是他的名字。戴尔·卡耐基说："一种最简单但又最重要的获取别人好感的方法，就是牢记他或她的名字。"

作为下属来说，领导能记得自己的名字，那是莫大的荣幸。叫出对方的名字，看起来是一件小事，却能获得如此珍贵的回报。看来，记住下属的名字，不仅是工作的需要，还是一种领导艺术。

注意细节是礼貌的表现

礼仪贯穿于我们日常生活的点滴之中，许多司空见惯的行为都有其一定的讲究与规矩，一些不起眼的礼仪细节往往关系事业的成败。细节是礼仪的精髓，掌握礼仪必须关注细节。很多成功的机会就存在于那些最不引人注意的礼仪细节中。

注意细节，是一种礼貌的表现。比如，要接待一位客人，可能从接客人用的车到路上谈些什么，安排在哪个酒店，甚至他喜欢抽什么烟都要细加考虑，只有这样才可能给客人留下较好的印象。有的人很少注意细节，他们将轻浮视为洒脱，将放荡不羁视为追求个性。这种认识上的错误，使他在交往时处处碰壁。

有个人在公司里上班、下班，与人见面从来不打招呼，对面来人了，赶紧将头扭向一旁。他获得了一点成绩，更加我行我素旁若无人。当他失败时，没有得到别人一点的安慰和帮助。如果他平时能放下自己那副趾高气扬、不可一世的派头，与周围的人多沟通，又怎么会落得如此狼狈的下场呢？

不要小瞧了和别人沟通这一细节。虽然与人沟通感情的最初阶段只是打招呼，但不能忘记，在人的内心里有思想和感情两个方面，心与心之间的轴要想系上轮带，最初的方法就是打招呼，从陌生到认识再到熟悉，首先刺激感情，然后才易于沟通。连最简单的如“您好”、“再见”等日常的招呼也不会的人，怎么能称得上是一个成功的社会人士呢？

人生活在社会上，得受社会环境的制约和诱导，不可能不与周围的人接触，你不拘小节，难道你周围的人也不拘小节吗？

很多人由于一些微不足道的坏习惯，成为不受欢迎的人。要想成为受欢迎的人，我们就要检点细节，戒除坏习惯。比如开关门的方式，便是一例。有的人时常或不小心“嘭”的一声把门推开或关上，发出大的响声，给人的印象不是开门或关门而是撞门，这是极不礼貌的。所以开关门用力要轻些，用力过猛，会使房门碰撞墙壁发出大的声响；但也不能用力过小，半天开不开，而给人一种畏畏缩缩、鬼鬼祟祟的坏印象。因此，从开门关门动作的轻重，可以看出一个人的修养、内涵和水平来。这也反映了一个人的精神面貌，更重要的是，直接影响到对方对自己印象的好坏。尤其现在有的房间是左右开启方式的，在开关门时如用力不合适，就会发出不好听的声响，从而影响对方对你的看法。

注意细节这是一个修养和习惯问题。即使对方是自己的老主顾或比较熟悉的受访公司，也要多加注意。一个推销员自认为公司与对方关系非常好，与对方公司的职员关系不一般，因而忽略了开门关门这类看似简单却十分重要的细节。结果给人一种不讲礼貌、粗暴的印象，严重的会得到对方直言不讳的批评。

这个推销员与中关村一家电脑公司业务往来比较多，其他方面都比较好，可就是有一个开关门不太礼貌的坏习惯。一天，他由于业务原因，进出此公司多次，终于引起了对方的批评。

“你小子，这么办事呀，有意见提嘛！你怎么开门关门那么用力，我怎么说你才能记住呢？难道非骂你一次不行吗？以后一定要注意！”这样多尴尬呀！

我们在进门与对方交谈、进行访问之前，即应想好自己开门、关门的方式与动作，尽可能礼貌些。可也不必太紧张，而表现得太过拘谨，最好是形成好的习惯。原则上不管是以何种方式开门，在打开时，以自己能自由进入的程度为宜，不要太小，也不可太大。

不懂得礼仪细节，会让你身陷困境，给你带来许多烦恼，并失去成功的机会；掌握并娴熟地应用一些必要的礼仪要求，就能够左右逢源，应付自如，让自己的人生之路更平坦。

管理一点通

对于领导者来说，了解、掌握并恰当地应用礼仪有助于完善和维护自身的领导形象，会使你在工作中左右逢源，使你的事业蒸蒸日上。

微笑具有无穷的魅力

有人做了一个有趣的实验，以证明微笑的魅力。

他给两个人分别戴上一模一样的面具，上面没有任何表情，然后，他问观众最喜欢哪一个人，答案几乎一样：一个也不喜欢，因为那两个面具都没有表情，他们无从选择。

然后，他要求两个模特儿把面具拿开，要其中一个人把手盘在胸前，愁眉不展并且一句话也不说，另一个人则面带微笑。他再问每一位观众："现在，你们对哪一个人最有兴趣?"答案也是一样：他们选择了那个面带微笑的人。

有人说，如果长得不好，就让自己有才华，如果才华也没有，那就总是微笑！任何人都不会轻易拒绝别人的一个笑脸。一个人几乎每天都会笑上几次，整天不苟言笑才是件令人受罪的事。

美国微笑之都——爱达荷州波卡特洛市有一个奇特的法令：凡在公共场所愁眉苦脸的人，一律要被送到"微笑站"进行再教育，直到学会微笑才让他离开。微笑是人们的本能，是两个人之间最短距离的表示，它具有神奇的魔力。真诚的微笑是交友的无价之宝，是社交的最高艺术，是人们交际一盏永不熄灭的灯。

服务行业则把微笑的作用夸张到了极致，他们认为"微笑服务"能使顾客盈门、生意兴隆、招财进宝。而事实也确实证明了这一点。

谚语说："一家无笑脸，不要忙开店。"世界著名的希尔顿饭店的创办人康拉德·希尔顿就非常看重微笑对于企业发展的作用。他说："我的旅馆如果只有一流的服务，而没有一流的微笑的话，那就像一家永不见温暖阳光的旅馆，又有何情趣可言呢?”

许多企业的老板宁愿雇佣一位中学未毕业却有着迷人笑容的女雇员，而不愿聘请一个满脸“尊严”的哲学博士。

南京证券交易所经纪人李特先生过去是个严肃刻薄、脾气暴戾的人。职员、顾客甚至他的太太见他都唯恐避之不及，因此他的生意非常萧条。后来，一位研究人际关系学的朋友，帮他找到了症结，因此他学会了微笑。李特先生一改旧习，无论在电梯里还是在走廊上，不论是在大门口还是在商场，逢人三分笑，像普通的职员一样真诚地与人握手。结果，不仅夫妻和睦相处，相亲相爱，而且顾客盈门，生意兴隆。从这个意义上说，微笑对于人们而言是一笔财富。

你不可以改变你的容颜，但可以改变你的微笑；你不可以改变你生命的长度，但可以改变你生命的宽度。

微笑对于热恋中的男女是爱情的升温器和催化剂。

秋香那三次甜甜的笑十分迷人，每一次笑都是对风流才子唐伯虎的心灵撞击，使他神魂颠倒，这就是恋人微笑的魔力。因微笑产生爱情，以至结成百年之好的鸳鸯佳偶俯拾即是。而没有微笑的恋爱，大都成功率极低。

一家人之间的“微笑相处”，能使感情融洽，相亲相爱。

李特先生曾深有感触地说:“我结婚 18 年了，很少向我太太微笑，甚至讲话也很少。”后来，他决定改变这种态度。他照着镜子对自己说:“你今天要把脸上的愁容一扫而光。”“你要有笑容，要微笑起来，现在就开始。”当他坐下来吃早点时，他对太太笑着打招呼:“亲爱的，早安!”他太太简直被这突如其来的微笑搞糊涂了，惊诧万分，因为李特之前根本就不会笑。他笑着对太太说:“从此以后，你会习惯我这种态度的。”

李特坚持一直做下去。两个月后，微笑发挥了作用，太太高兴极了，家庭气氛得以改变，全家人感到从未有过的和谐、幸福。

微笑的作用真的很奇妙，真的很灵验。它的作用又何止这些?

当双方之间发生摩擦和冲突并逐步升级时，微笑是灭火器，它能熄灭怒火，化干戈为玉帛；劝说者微笑式的谈心，能打开心扉；人们之间相处，微笑之花永远开在脸上，是融洽关系、增进友情的催化剂。

笑容对于生活中的每一个人都很重要。微笑不但会改变别人的心情，而且会改变你自己的心情。所以有人说，寒冬里那温馨的微笑，你就是拿整个春天来换，他都不给。脸上一直带着微笑，你自然就会拥有好人脉了。

★★★★★★★★★★★★★★★★★★★★★★★★★★★★

管理一点通

一般人们都会觉得，管理就是指令、约束、制度……都是与冷冰冰的面孔连在一起的。但是，人们忽视了管理的目的之所在。管理的目的就是让下属做好工作。

通过微笑来实施管理，会取得更好的效果。

通过微笑来实施管理，就是让管理人员用微笑面对每一位下属员工，让微笑为下属员工增添信心和力量，让其更有决心做好工作；用微笑塑造和谐融洽的氛围，让下属员工消除压抑和紧张，更乐意做好工作；用微笑来不断传递对他们的尊重、信任和关怀，让下属员工从微笑中获得价值满足，从而更积极地做好工作。

掌握让他人感到开心的秘诀

“喜欢”是一种微妙的感觉，它和爱情一样，往往没办法用言语表达出来，只能凭心灵去体会。即使是相爱中的人，要说出“我爱你”也不是件容易的事。同样的道理，一般人很少会对别人说“我喜欢你”。奇妙的是，我们心中总是清楚地知道，谁是受欢迎的人，更遗憾的是，这个人往往不是自己。

仔细想想，人们喜欢的对象，大半都具备相同的特质。不论在什么场合，某些类型的人总是特别讨人喜欢。我们会说:“他在任何地方，都能谈笑风生。”“别人总是喜欢围在他的身边。”“只要他一出现，气氛就愉快多了。”这就是人们所说的“开心果”。

小 A 就是班上的“开心果”。有一次，班上在玩传悄悄话游戏。轮到他编一句话往下传了，他编出的一句话，搞得大家开怀大笑。他编的是:“我在遥望，大盘之上，有多少股票正在自由地上涨!”真是笑死人了！还有一次，一只蜜蜂飞进了教室，把原本安安静静的课堂搞得一团糟，有的同学爬到别人的桌子底下，有的拿起书就往蜜蜂身上扔，有的还高声尖叫起来……唯独小 A 鼓起腮帮子一本正经地对老师说:“老师，这蜜蜂还没交学费、生活费呢，竟敢在我们教室上课!”老师不紧不慢地回答道:“没关系，我要看它有没有带钱，有的话就现交，没有的话放学后找它爸爸妈妈去!”这一番师生对话逗得大家哄堂大笑。还有一次，别人找小 A 打架，还没开打就虚张声势地说:“来呀！来呀！不来就是胆小鬼!”小 A 倒好，来一句:“君子动口不动手!”说完就冲着对方吐了一口口水，并且还煞有介事地解释道:“此乃动口也!”围观的人立刻捧腹大笑。

一些人生来就带有一种特质，人缘就是特别好，大家提到他时就会有不一样的反应。如果你有再好的条件，但人缘不好，也还是容易失败的。所以，要尽量培养自己身上让别人感到“开心”和“愉快”的特质。

没有什么比逗别人开心更美妙的事了！特别是你能用简单体贴的方式！下面是让别人开心的几个简单方法。保证你也会笑!

1. 写便条表示感谢

这事做起来很容易，但却意味深长。今天，就对帮助过你或为你做过某事的人写个便条表达感谢。可以是写给父母的、孩子的，同事的、朋友的，甚至还可以是当地商店里的销售助手。

加分做法：粘贴或亲手递交便条，而不仅是发个邮件。

2. 在电脑上设置有趣的屏保和桌面

如果你在办公室，为什么不趁他们不在办公桌上的时候把同事的屏保切换为有趣的东西呢？如果在家里，偷偷地溜进伴侣或父母的房间，给他们设置一个新的桌面背景。把桌面背景设成一个会让人开怀一笑的东西。

加分做法：从对方最喜欢的电视节目或电影中找一个屏保或桌面图片。

3. 给他们买最喜欢的糖果

即使我们已长大成人，糖果仍然可以让我们发笑。如果有人心情不好，给他们买点最喜欢的糖果，你可以随感谢便条一起送给他。并不需要什么昂贵的东西，一块精心挑选的巧克力棒就好。

加分做法：找到对方孩提时就中意的糖果。

4. 比便条更进一步的是送卡片

工作出色或重大生活变化（如毕业）的贺卡永远都可以让对方微笑。你可能需要一点创意，但生活总是有特殊机会让你找到理由送出卡片。

加分做法：手工制作卡片。不要担心自己不擅长工艺制作，设计简单就好。如果可能，私下给对方。

5. 为对方做中意的早餐

早餐是最常忽视的一餐，但仍有许多美味的选择。找个早上，早早起床，为家人或室友准备早餐。

加分做法：摆好餐具，让所有人一起用早餐，或者为用餐者布置特别的餐盘。

6. 包装一个令人惊喜的礼物

收到生日礼物总是有趣的，但在平常的日子里收到礼物则更是充满惊喜，买本书，碟，扑克牌或别人喜爱的小礼物。

加分：试着经常这样做，变魔术一样，也许一份小礼物就可以让对方惊喜不已哟！

7. 制作一个迷你相册

收集亲友的相片，把它们放进一个相册中。你可以试着用卡片和丝带制作自己的相册，或使用在线服务进行相片上传然后把相册打印出来。

加分做法：找到一些孩提时的老照片。

8. 给对方放假

如果你认识有小孩的朋友，主动为他们带一天小孩。对忙碌的父母来说非常难得有休息的机会，找一些有趣的事做，你也可以过上非常棒的一天！主题公园，适合儿童的博物馆，冰店或者休闲中心，都是很好的选择。

加分做法：提供看小孩服务，并送上戏票或其他活动礼物，让对方在没有小孩打扰的情况下好好享受一下。

9. 将对方成就编辑成册

这是需要规划与准备的，但也因此会成为珍贵的礼物。准备一本好的剪贴簿，贴上照片、剪报，以及其他任何能找到的有关对方生活中特别时刻、特别日子的东西。

管理一点通

让员工感到快乐，是一种快乐管理方式，其本质是让员工从工作中感到幸福。就个体而言，快乐管理不仅强调工作条件等外在因素与工作内容等内在因素的统一，而且强调工作与人的统一。就团体而言，它强调一种和谐的氛围，在这种氛围中，工作是为了获得某种心理体验，人们要获得的不仅是得到某种满足，更重要的是要在体验过程中感受到快乐。快乐管理从人的兴趣出发，使工作适应人，而不是纯粹让人去适应工作。如果说传统的管理模式考虑到人心理上的满足，那么快乐管理不仅让人从心理上，更要从情感上获得满足，而情感上的满足更为重要。快乐管理在企业中建立了一种精神契约，在这种契约中，人性得到充分肯定，个性得以充分发挥，工作与生活融为一体。任何一种管理理论都是建立在一定的人性假设基础之上的，只有认识了人，管理才有可能起到激励员工的效果。

注重培养幽默的能力

有时你在大庭广众面前，或为炫耀自己能言善辩，或为哗众取宠逗人一乐，或为表示与朋友之“亲密”，乱用尖刻词语，尽情挖苦、嘲笑、讽刺朋友或旁人，大出其洋相以博人大笑，竟不知这会大伤和气，使朋友感到人格受辱。

也许你还无所谓，会说朋友之间开个玩笑何必当真，殊不知你已伤了朋友之情。所以，朋友相处，尤其在众人面前，应和善相待，互敬、互慕、互尊，切勿乱开玩笑，用恶语伤人。

拿别人的生理缺陷开玩笑，这是故意揭别人的“疮疤”，把自己的快乐建立在别人的痛苦之上；津津乐道男女之间的隐私，绘声绘色地传播庸俗、无聊甚至下流的情节，这是在寻求感官的刺激；捕风捉影，以假乱真，把小道消息作为茶余饭后的笑料，这是不负责任的低级趣味。凡此种种，都属于格调不高、内容不健康的玩笑。开玩笑的内容一定要清新健康、风趣幽默、情调高雅，所开的玩笑要带有思想性、知识性和趣味性，使大家在开玩笑中学到知识，受到教育，得到陶冶。

会开玩笑的人，能让人在一片欢笑中记住他的风采，并对他产生亲近感。在出现意见分歧时，玩笑或许可成为紧张局面的缓冲器，使同事之间消除敌意，化干戈为玉帛。玩笑有时还可以用来委婉地拒绝同事的要求或进行善意的批评等。但玩笑要达到的目的，在于“玩”，千万不要把玩笑开得过火。如果玩笑话让人觉得受嘲弄，被“涮”了，那就过了，弄不好还会产生矛盾，造成损失。

熟人之间相处，免不了开开玩笑，这样可以融洽关系，活跃气氛，增强团结。但是，凡事都要有个分寸，开玩笑也要适度。如果过了度，做出有失礼仪的事，则其效果肯定也将适得其反。在社交中，你要让人觉得你这个人是有幽默感，而不是粗俗的，就要善于观察环境，来确定自己的策略。

比如：

1. 要根据说话的对象来确定

人的性格各不相同，有的活泼开朗，有的大度豁达，有的则谨小慎微。对于不同性格的人，开玩笑就要因人而异。对于性格开朗、宽容大度的人，稍多一点玩笑，就可使气氛活跃；对于谨慎小心的人，则应少开玩笑；对于女性，开玩笑要适度；对于老年人，开玩笑时应更多地给予对方尊重。总之，开玩笑要以不伤害对方的自尊心和让对方感到轻松、愉快为准。

2. 要根据说话对象的情绪来确定

同一个人，在不同的情况下会有不同的心境和情绪。当说话对象情绪比较低落、需要安慰和帮助时，就不要和对方开玩笑。开玩笑要选择在大家心情都比较舒畅时，或是在对方因小事而不高兴，并能通过笑话把对方的情绪扭转过来时。

3. 要按说话时的场合、环境来确定

开玩笑要讲场合、环境，当别人正在专心致志地学习或工作时，开玩笑会影响别人；在庄重的集会或重大的社会活动场合，开玩笑会冲淡庄重的气氛；在一些悲哀的环境中，更不宜开玩笑，这样会引起人们的误解。此外，在大庭广众之下，也应尽量不要打趣逗笑。

4. 开玩笑一定要注意内容健康、情调高雅

切忌拿别人的生理缺陷开玩笑，把自己的快乐建立在别人的痛苦之上。同时，还要忌开庸俗无聊、低级下流的玩笑。开玩笑的内容应带有思想性、知识性和趣味性，使大家在开玩笑中学到知识，受到教育，陶冶情操，从中收到积极的效果。

好好培养自己幽默的能力，不仅可以使生活多姿多彩，还可以带动别人进入你的幽默世界，从而建立一种很好的社会关系。

★★★★★★★★★★★★★★★★★★★★★★★★★★★★

管理一点通

学会幽默，善于幽默，是领导者提高领导艺术、改进领导方法、增强社会和谐的一个重要方面。

幽默作为生动有趣而意味深长的交际艺术，是生活中不可缺少的。古今中外许多杰出的政治家都是幽默艺术的大师，他们借助于恰到好处的幽默，在工作中收到了优化气氛、赢得人心的独特功效。尤其在处理和解决一些棘手问题时，他们不仅仅靠权力，而且辅之以适度的幽默，使工作阻力大大减少，使问题处理更为顺利。因此，作为领导要学会幽默艺术。幽默可以起到润滑剂的作用，有利于创造宽松的工作环境；幽默可以展现领导者的真诚、坦率、宽容大度以及乐观开朗、奋发向上的精神风貌；幽默可以增强凝聚力、号召力与亲和力，进而密切干部群众关系。

领导干部要学会幽默，必须加强各方面的学习，丰富自己的学识，提高自身的修养，不断发现、挖掘、提炼蕴藏于生活中的种种趣味现象，丰富自己的幽默素材，掌握幽默的技巧，在实际运用中做到常用常新、妙趣横生，让群众喜闻乐见，从而使工作更加顺利。

耐心倾听拉近彼此的情感距离

荀子曾讲:“听人以言，乐于钟鼓琴瑟。”歌德也说:“认真对待别人的述说，这是一种教养。”可见，耐心倾听反映了一个人的修养和素质，表明了对他人的理解和尊重，能够帮助我们赢得信任、拉近感情。

全国模范法官宋鱼水有一手绝活，那就是耐心倾听。有一次开庭，当事人是一位老作家，因为稿酬问题与出版社发生纠纷。庭审中，他反复十来遍就同一问题进行论述，担任审判长的宋鱼水始终神情专注，轻轻点头，目光一直没有离开正在发言的老作家。老作家最后感慨地说:“这事发生后，你是第一个完完整整听完我讲话的人，你对我尊重，我信任你，我尊重法庭的意见。”于是，双方当场达成调解。

人人皆对自己的经历和所做的事情怀着莫大的兴趣，人们最高兴的也莫过于对他人谈论这些事情。但过分地谈论这些，会使听者失去兴趣。

比如，有的人做了一个十分有趣的梦，逢人便说，不厌其烦。另外，有的人则喜欢喋喋不休地对人说一些自己以前的经历：上中学、大学时怎样，刚参加工作时怎样，后来又怎样……。其实，自己有兴趣的事情，别人不一定会像我们一样有兴趣。那些断续破碎、稀奇古怪的梦境，除了做梦者本人，别人听来是非常沉闷的。如果听者对说话者提到的那些往事、那些人、那些地方一点不熟悉，也不觉有趣，无疑不会与说话者产生共鸣。

凡此种种，不外乎证明人们对自己所经历的事情感兴趣，而对与自己毫无关系的事情索然无味。所以，我们在与他人交谈时，应把握听者的这一心理。

每个人都会做梦，但对别人那种无关大局的梦不会感兴趣；每个人也都有自己的经历，但对别人那种平淡无奇、与己无关的经历也不会关心。这一事实告诉我们，在与人交谈中，尽量少谈一些人家不感兴趣的事，不要喋喋不休地谈论自己的生活、孩子、事业等，除非对方的确感兴趣，否则，还是以谈别的话题为佳。

既然我们知道每个人最喜欢的是自己熟知的事情，那么在交谈中应尽量引导别人去说他自己感兴趣的事情。这是使对方高兴的最好方法。如果我们充满了同情和热忱去听他叙述，一定可给对方较佳的印象。

因此，要想多交朋友，要想在交际上取得成功，就应该少说别人不感兴趣的话，不要只讲自己、表现自己，而是应该耐心地去听取别人的说话。

在候机大厅里，庞克正在专心读书，忽然邻座传来一位老太太的声音:“我敢说芝加哥现在一定很冷。”“大概是吧。”庞克漫不经心地答道。“我快三年没去过芝加哥了，”老太太说，“我儿子住在那儿。”“很好。”庞克头也不抬地说。“我丈夫刚刚去世，我们结婚都有五十三年了。你知道，我不开车。他去世时是一位修女开车把我从医院送出来的。我们甚至还不是教徒呢。葬礼的主持人把我送到机场。”老太太有点忧伤地说。

此时，庞克觉得自己刚才不理老太太的行为多么令人讨厌，他终于明白：身边有一个人正在渴求别人倾听她的诉说。她求助于一个冷冰冰的陌生人，而这个人更感兴趣的是读书。

她所需要的只是一个听众，不要忠告、教诲、金钱、帮助、评价，甚至不需要同情，仅仅是乞求对方花上一两分钟来听她讲话。

庞克不再读书了，而是用心听老太太说话。老太太一直缓缓地讲着，直到他们上了飞机。

这看起来是那么矛盾：在一个拥有发达通讯设备的社会里，人们却苦于无法交流，无法找到一个听众。老太太在机舱另一边找到了她的座位。当庞克把大衣挂起来时，又听见老太太用带着哀愁的音调对着她的邻座说:“我敢说芝加哥现在一定很冷。”庞克在心里祈祷:“上帝，但愿有人听她讲。”

人都会有一种倾诉的欲望，当有人在向你喋喋不休时，耐心地倾听就是对他人最大的尊重。

★★★★★★★★★★★★★★★★★★★★★★★★★★★★

管理一点通

倾听，是一种沟通，也是一种对人尊重的表达。人与人之间要善于倾听，因为耐心听别人把话说完，是对别人的—种尊重，这样彼此间感情的距离就会拉近，在此基础上双方不仅谈得拢，道理也讲得明听得进，有利于问题的解决。

学会去耐心倾听，利于你了解事情的真实性，掌握事情的来龙去脉，而不是以势压人、主观臆断。倾听并不等于赞同，全神贯注、认认真真地倾听，给对方送去的是一股暖流，是无声的关怀。

学会引导别人

人类一个最普遍的特性——一个你和其他人都具有的特性，一个强烈的、驱使人们作出种种或好或坏事情的特征，便是渴望被承认，渴望被了解。

你愿意在人际关系中如鱼得水吗？如果是，那么，请尽量使别人意识到自身的重要性。你越使别人觉得自己重要，别人对你的回报就越多。

因此，当你与人交谈时，请选择他们感兴趣的话题。他们最感兴趣的话题是什么呢？是他们自己！当你与他们谈及他们自己时，他们就会兴致勃勃，且完全着迷，从而对你的好感油然而生。因此，在交谈中，除了吸引对方的兴趣之外，还必须学会引导对方加入交谈。

有一次，美国总统林肯在路上遇到一个行凶的歹徒。这位歹徒拿着枪对着林肯的脑袋，说："我长得很丑，总是被人瞧不起。我曾发过誓，如果有一天我发现了比我长得还丑的男人，我一定要当场打死他。"

这时候，林肯不但没有气愤或惊慌，反而很淡定地对歹徒说："你说得对，我长得比你还丑。如果你想开枪，就开吧，打死我吧。"

结果，这个歹徒觉得很高兴，不但没有开枪，还放了林肯。

以上这则故事的结果有些出人意料，但又并非完全在情理之外。实际上，林肯的耐心倾听和引导都深深地影响了对方，使得对方慢慢接受了他。可见，要想办成一件事，只要你善于表达，善于运用语言引导别人，就会柳暗花明，甚至达到事半功倍的效果。这就是引导产生的影响力。

引导，是一种或明或暗的牵引。它不是一步到位的。相反，它需要一个漫长的过程。这就要求我们在引导的过程中不仅要有一定的技巧，更要有足够的耐心和毅力。

但事实上，我们常常渴望别人的理解、关心、了解和肯定，而不愿意或者说，没有足够的兴趣和耐心去倾听别人的心声，更别谈引导他人了。这样一来，我们往往走不进引导这一环节，或者走不完引导的过程，自然也就实现不了引导的目的。

一个人有所求，必先要有所付出，不然，就是个自私的、以自我为中心的人了。这样的人，如何能赢得他人的好感，又何谈影响力呢？所以，要引导别人，提高自身的影响力，我们就要做一个有耐心、会聆听的人，做一个会说话会办事的人。

引导让我们掌握谈话的主动权，与此同时，对对方的尊重和认可也是不可缺少的。因为尊重和认可能让对方充分感受到自己的重要性，从而让对方对我们产生好感，进而心甘情愿地接受我们的影响。

比如：你的朋友失恋了，伤心欲绝。你作为一个旁观者看得很清楚，知道怎么做才是对的。如果你不管她的情绪，劈头盖脸地骂她一通，希望借此骂醒她，那么你就大错特错了，这不仅会让你的朋友更加痛苦，你还可能会失去这个朋友，她再也不会找你说心事了。如果你先从理解她的情绪、倾听她的痛苦开始，慢慢替她分析现状，一步步引导她理性地看待这个问题，她的内心会豁然开朗，之前的坏情绪也能得到释放，甚至整个人完全清醒过来。

生活中，大多数人不会对他人产生影响力，因为我们总是忙着考虑自己，谈论自己。请记住这样一个事实：你是否对谈话感兴趣不重要，重要的是你的听众是否对谈话感兴趣。所以，在交谈时要注意聆听，成为一名好听众。

无论你多么渴望一个新的话题，也不要打断说话者，直到他自己结束为止。因此，当你与人谈话时，请谈论对方，并且引导对方谈论他们自己。这样你就可以成为一名最受欢迎的谈话伙伴。

管理一点通

人们说话有许多不同的原因：得到安慰、发泄、说服、传达、需要谅解、排除紧张。倾听是了解别人必须学会的技能。如果培养了好的聆听与引导的技巧，就可以发掘双方共同的经验和看法。如果你经常找寻与他人的共同点，就会发现自己几乎可以与任何人聊天。

要有优雅适宜的举止

正确而优雅的举止可以使人显得有风度、有修养，给人以美好的印象；反之，则显得不雅，甚至失礼。

在社会交往活动中，要给对方留下美好而深刻的印象，外在的美固然重要，而优雅的举止和谈吐等内在涵养的表现，则更为人们所喜爱。这就要求我们应当从举手投足之间有意识地锻炼自己，养成良好的站、坐、行姿态，做到举止端庄、优雅得体、风度翩翩。

1. 站立姿势应给人以挺、直、高的美感

一个人站立时的标准姿势表现为：抬头，两眼平视前方，嘴唇微闭，面带微笑，下颌微收；放松双肩，稍向下压；挺胸、收腹、立腰；双臂自然下垂于身体两侧，双腿直立，膝和脚后跟要靠紧。

一个人站立时不良的姿态表现为：身体僵直，胸部外凸，板腰；垂肩，脊柱后凸；弯腰驼背，身体肌肉欠缺紧张度；胸部下凹或脊柱前凸，腹部鼓起；

胸部下凹及垂肩，脊柱侧凸。此外，缩头探脑，佝偻双肩，双腿弯曲颤抖等站姿都会给人留下不良印象。不良站姿不能显示出人的朝气及活力，所以我们平时应注意站立时的姿态。

无论男性还是女性，站立姿势应给人以挺、直、高的美感。

就男性来说，站立时身体各主要部位舒展，头不下垂，颈不扭曲，肩不耸，胸不含，背不驼，髋、膝不弯，这样就能做到“挺”。站立时脊柱与地面保持垂直，在颈、胸、腰等处保持正常的生理弯曲，颈、腰、背后肌群保持一定紧张度，这样就能做到“直”。站立时身体重心提高，并且重点放在两腿中间，这样就能做到“高”。

2. 坐姿要端正

正确的坐姿可以给人以端庄、稳重的印象，使人产生信任感。另一方面，它也可以给交谈带来方便。其实，坐姿本身就可以向对方传递信息，因此应作为一种交际手段加以注意。

一方面，正确的坐姿是：入座时要轻要稳。走到座位前，转身后，轻稳地坐下。身体上半身稍微向前倾，背部勿靠住椅背，手要端正地放在腿上，鞋跟要靠拢。如果是面对面谈话，身体要稍倾斜而坐；双膝间的距离约为一个拳头，也可以自然并拢，双腿正放或侧放，双脚并拢或交叠。坐在椅上，应至少坐满椅子的2/3，脊背轻靠椅背。

坐时不可以高跷起二郎腿，坐下后不应随意挪动椅子。不要为了表示谦虚，故意坐在椅子边上，身体蜷缩前倾，这是一种阿谀相。坐时不可以将大腿并拢，小腿分开。就坐以后，不能两腿摇晃，或者一条腿搁在另一条腿上。无论男女，都不宜把腿分得很开。

所谓坐有坐相，是指坐姿要端正。人的正常坐姿，在其身体背后没有任何依靠时，上身应正直而稍向前倾，头平正，两臂贴身自然下垂，两手随意放在自己腿上，两腿间距和肩宽大致相等，两脚自然着地。背后有依靠时，在正式社交场合，也不能随意地把头向后仰靠，显出很懒散的样子。

3. 走路要呈现出健美的姿态

人们行走的姿态——步态——是千姿百态、变化万端的，比如有消磨时间的散步、无精打采的漫步、大摇大摆的阔步、闲庭自得时的信步、节奏均匀的慢跑、风驰电掣的疾奔、老态龙钟的蹒跚、犹豫不决的徘徊、偷偷摸摸的蹑行、摇摇摆摆的跛行、姿态优雅的滑行、兴高采烈的蹦跳、心焦气躁的急走、故作姿态的扭摆，夸张行进的正步、急促小奔的碎步等。这些移动身体的步态，每个人在日常生活中都会用到其中某些部分。

正确的步态可以表现出一个人朝气蓬勃、积极向上的精神状态，呈现出一种健美的姿态，会给人留下美好的印象。

男子走路贵稳健、迅捷；女子走路贵婀娜、轻盈，但以自然合宜为好。法国心理学家简·布鲁西博士发现，人的性格与行动有着很大的关系。从一个人走路的姿势、笑的样子、说话的方式，甚至从一个完全出于无意的小动作，都可以推断出其当时的心理状态。这也就是说，即便是走路，也会反映出一个人的特点：沉着冷静的人走路时，步伐坚定沉稳；朝气蓬勃的人，则健步如飞。

管理一点通

举止是一种不说话的“语言”，能在很大程度上反映一个人的素质、受教育的程度及能够被别人信任的程度。在社会交往中，一个人的行为既体现他的道德修养、文化水平，又能表现出他与别人交往是否有诚意，更关系到一个人形象的塑造。冰冷生硬、懒散懈怠、矫揉造作的行为，无疑有损于良好的形象。相反，从容潇洒的动作，给人以清新明快的感觉；端庄含蓄的行为，给人以深沉稳健的印象；坦率自然的微笑，则使人赏心悦目。

在社会交往活动中，领导者要注意自己的姿态，有优雅适宜的举止。

第六章

做好表率以魅力感召下属

古人云：以力服人者，非心服也，力不赡也；以德服人者，心悦诚服也。现代社会，伟大的机构不是管理出来的，而是领导出来的，是那些热切追求成功的人们在不断高涨的成就感的促使下辛勤努力的结果。一个有魅力的领导者在团体中的“牵引”作用由此可见一斑。领导魅力，是领导者在与他人交往中，影响和改变他人心理行为的能力。领导魅力的强弱，直接关系到领导水平的高低。

管理者的心态很重要

领导者要具备“承受挫折能力”，所谓“承受挫折能力”，实际就是领导者对情感、情绪的自我调节能力。

心理学家说：“所有成功的故事都伴随着一些失败的故事，两者唯一的不同在于，那些最终成功的人们能在每次失败之后都重新站起来。”这就验证了“失败是成功之母”的那句俗话，既说明了承受挫折的必然性，又说明了具备承受挫折能力的必要性及其重要性。

科学研究认为，承受挫折的能力由人的心理形成规律所决定，当成功到来的时候，人的心理承受力呈现出正向发展趋势；而当挫折到来的时候，人的心理承受力呈现出负向发展趋势。因此，作为现代社会的领导者，承受成功是没有太大问题的，其承受能力体现也不会太充分；而承受挫折，才真正是对领导者心理承受能力的考验。

挫折程度越深，考验就越大，其能力强弱的反映也就越明显。承受挫折能力是领导者诸多实际能力的重要基础。

有时候，命运会故意让人接受困境的磨难，只有具备坚忍不拔的精神，经历住严峻考验的人，才能够被委以重任；而一个时刻哀叹时运不济，命运不公的领导者，面对逆境的态度，一定是退缩和放弃。

1967 年，美国篮球协会宣布：扣篮被视为犯规动作（若干年后，该规则被取消）。这对伍顿教练手下的刘易斯·小奥辛道尔（即后来的美国 NBA 传奇球星贾巴尔）来说，影响非同小可。因为扣篮可以说是他的一项制胜武器，这项规定的宣布，确实对洛杉矶分校队构成了一大损失。但伍顿教练对刘易斯说：“正是因为禁止扣篮，所以要求你去继续学习新的技巧，掌握新的制胜武器。这样，反而有助你成为一个更加优秀的球员。相信我，当你加入美国职业篮球联赛的时候，你仍然不会忘记扣篮的技巧。”这话一点没错。后来，刘易斯逐渐创造出了一招无人能敌的勾手投篮技能，刘易斯也被称为“天钩”，并在美国职业篮球联赛中取得了令人瞩目的成就。他把不利条件转化为有利因素，把劣势变成了优势。

伍顿教练说：“当事情变得困难，更大的困难也随之而来。面对困难逆境，乞求、哭泣、托辞、愤怒、情绪失控都无济于事；而应该保持镇定、平静、机敏、自信、勤奋、热情、斗志和渴望。”

我们虽然无法左右命运，但至少能够控制自己对它的态度和反应。面对命运的安排，我们应该坦然地接受它，不带丝毫的犹豫、抱怨、借口和哀叹，这种平和的心态是一个团队领导者成功的关键。智商、情商和逆商同是一个优秀领导者不可或缺的，而在现今的激烈竞争中，领导者逆商的高低直接决定了企业的抗打击能力。在充满竞争的环境中，面对厄运、挫折、困难和坎坷的态度如何，直接决定着谁将是胜利者，谁又将保持平庸。一个没有能力抵抗危难打击的企业是无法在竞争中生存的。

一个领导者要这样教育自己和整个团队：坦然接受命运，而不怨天尤人，逆境只会使你和团队变得更强大。全力以赴做好每一件事的人，就能够赢得命运之神的眷顾。

★★★★★★★★★★★★★★★★★★★★★★★★★★★★

管理一点通

作为管理者，应有一个核心思维——点灯心态。即分享一盏智慧的明灯；多点灯、不挖坑；一灯能破千年暗，一智能解万年愚。

作为管理者，应有一种水性思维。即低清意识——低姿态、高境界；为而不争——善利万物而不争；以柔克刚——柔弱生刚强。

作为管理者，应经常做到：探求自己的方向；遇到障碍时，能发挥自信力量；以自己的清洁洗净他人的污浊，有容清纳浊的宽大度量。

管理者要学会谨言慎行

领导要成就大的事业，除了要虚怀若谷之外，自己的言行举止也必须十分慎重。古语讲“论言如汗”，所谓的“论言”指一个人所说的话，“汗”指说出的话绝无挽回的余地，就像身体流出的汗一样，一旦流出来了，就不可能再回到体内。因此，一个人不得不谨言慎行。

从前，周公的儿子伯禽受封为鲁国国王时，周公曾告诫他:“我身为宰相，碰到有人来访时，即使是正在进餐也要赶紧中断，尽量不对客人失礼。尽管如此，我仍然担心有不周到的地方，或是疏忽了优秀的人才。现在你到鲁国去，即使身为一国之君，也绝不能有任何骄傲失礼的地方。”这种谦虚的态度对于一个领导者来说十分重要。

有一次，唐太宗告诉众臣:“有人说当了皇帝就可以得到最崇高的地位，没有任何畏惧。事实上，我却是常怀着畏惧之心，认真倾听臣下的批评与建议，一向以谦虚的态度处理政事。倘若因为自己是一国之君，就不肯谦恭而以自大的态度来对待臣下，那么一旦行事偏离正道时，恐怕就再没有能够指正过失的人了。”“当我想说一句话，想做一件事的时候，必定会先想一想如此一来是否顺应了天意，同时也要自问有没有违反臣民的意向。为什么呢？因为天子是那样高高在上，对底下的事一目了然，而臣民们对君王的一举一动十分注意，所以我不仅要以谦虚的态度待人，更要时时反省自己的一言一行是否顺应天意与民心。”旁边的魏征接着说:“古人说过‘靡不有初，鲜克有终’。有好的开始并不一定能有好的结束。但愿陛下常怀畏惧之心，畏惧上天及人民，且谦虚待人，严格地自我反省，如此一来，吾国必能长保社稷，而无倾覆之虞了。”保持谦虚的态度，是唐太宗受后世景仰的原因之一。

唐太宗说过："与人交谈实在是一件十分困难的事情，即使是一般百姓，在与人交谈时若稍微得罪对方，被对方牢记在心，便会遭到报复。更何况是万乘国君，在和臣下交谈时绝不容许有一点失言。因为即使是微不足道的失言，也有可能导致极重大的影响，这种影响是庶民的失言所万万及不上的，我心中一直牢记着这一点。"他还说："昔日，隋炀帝第一次进入甘泉宫时，对宫中的庭园十分中意，但是认为有一美中不足之处，即庭园中看不到萤火虫。于是隋炀帝下令捉一些萤火虫来代替灯火。负责的官吏赶紧动员数千人去捕捉萤火虫，最后捕捉了五百车的萤火虫。连这样的一件小事都能演变到这种田地，又何况是天下大事，不知道要受到多大的影响。为人君王的又怎能不谨言慎行呢？"

对于领导者来说，不能有戏言，因为他的每一句话都会对部下产生巨大的影响，甚至会影响一件事情的结局。态度谦虚，言行谨慎，不但是体现领导者修养的重要方面，也是体现个人修养的一方面。

★ ★

管理一点通

领导者对自己的言行举止必须十分慎重。《论语》中指出："其身正，不令而行；其身不正，虽令不从。"也就是说，只要自己的行为端正，就算不下任何命令，部下也会遵从，如果自己的行为不端正，那么无论制定什么政策规章。部下也不会遵从的。

这个原则不管在什么时候，领导者都必须牢记在心上。因为领导者的一举一动都会受到部下的注意，如果能在部下面前表现出适宜的态度或行动，就会提高部下的士气，如此一来，组织就会更加牢固。

学会让下属快乐地工作

领导者都希望下属能够发扬爱岗敬业的精神，快乐地工作，主动地工作，创造性地工作。但是，大部分下属的爱岗敬业精神不可能自发地形成，快乐工作的精神也不会与生俱来。在现实中，由于每个人的人生观、价值观、自身素质和行为方式不一样，领导者必须在承认差异的前提下有的放矢地对下属进行引导，并努力营造快乐的工作环境。做到以下几点，可以让下属快乐地工作，让组织充满生机。

1. 保持目标的高度一致，让下属与组织融为一体

领导者要善于将组织的目标与下属的愿望融合在一起。组织的发展如果和下属的利益毫无关系，那么下属就不可能从组织的发展中得到快乐，也不可能积极主动地投入工作。领导者应该通过调查了解下属的需求和愿望，将组织的发展目标和下属的愿望结合在一起，当组织的目标实现时，下属的愿望也有可能达成。只有当一个人真正明白为谁而做、为什么这样做时，才能发挥自己的内在潜力，把组织的使命当作自己的事业来干，在完成组织目标时，才会积极主动，心情愉快地投入工作。

2. 弘扬崇高的价值观，提升下属的使命感

要让下属知道，一个时代有一个时代的使命，一代人有一代人的历史和现实责任。每一个人的创造都是有价值的，每一个人都不要看低自己劳动的价值。有意义的工作和生活，会让人们得到精神上高层次的满足，并让人感到快乐。当然，这是一种高层次的快乐，不容易实现，但值得追求。

3. 强化被重视的感觉，让下属看到自己的价值

人人皆有自尊心，每个人都有被尊重的需要。下属在工作中的积极性受到领导者对他们的态度的影响。作为领导者，要善于观察下属的性格特点、工作能力和工作状况，根据其特点分配工作。对下属的工作成绩要公开、及时地给予赞扬和鼓励，让下属认识到自己工作的价值，从而更有信心和干劲。要关心下属的生活状态，比如住房条件、家庭状况、生活水平等。生活问题处理不好，也会影响到下属的工作积极性。

4. 营造宽松的人际环境，让下属敞开心扉

关系融洽、职责清晰、紧张有序的工作环境十分重要，它可以使下属在工作中精神愉快，努力向上，提高工作效率。领导者与下属的关系应该是平等、相互尊重、互相爱护的，下属之间的关系应该是公平竞争、精诚合作、相互支持的，整个组织应该是目标一致、团结协作、相辅相成、共同发展的。下属在组织中能够感觉到宽松的人际氛围，畅所欲言，行为自在，才能愉快地工作。

5. 制定合理的用人制度，给下属光明的未来

一个人的成长离不开所在的环境。在发展的诸要素中，用人是关键因素。用人制度要真正给下属以希望，能体现用人所长、避人所短，能者上、庸者下的原则，让大家看到干得好与干得不好就是不一样。干得好的“上”了，精神自然更加振奋；干得不好的没有“上”，也没有什么好埋怨的。

6. 为工作添加些乐趣，给下属一些新鲜感

现实中许多工作往往是重复的、单调的、繁琐的，甚至是枯燥的，容易让人产生疲劳和厌倦。所以，要不断在下属的常规性工作中注入新的内容，以此给他们增添新鲜感。

7. 进行适当的心理按摩，让下属有健康的心理

对于领导者来说，下属的心理状态是最需要关注也最不容易把握的。领导者要善于借助心理学、管理学、哲学、伦理学等学科的研究成果，适时地科学地对下属的心理状态进行调节。

8. 设立合理的薪酬制度，让下属得到应有的回报

要让下属快乐地工作，应该给予他们合理的、有效的激励，使下属的付出得到应有的回报。

当然，让下属快乐地工作并不是不要压力、不要竞争。没有压力就没有动力，但压力应该适当，过大就会成为下属工作的阻力。领导者应努力营造一种快乐的工作氛围，让下属快乐地工作，这样，组织才会充满生机、蓬勃发展。

管理一点通

良好的工作环境是员工的核心职业诉求之一。工作环境的硬件条件固然重要，但不是重点，所谓“环境留人”，重点是工作软环境——人文环境和工作氛围。

作为领导者大都希望下属能愉快并富有创造性地工作。但人生观、价值观、自身素质和行为方式的不同，使他们的做事方式和工作态度不同，在人生观、价值观和自身素质参差不齐的情况下，就需要领导根据差异为下属营造良好的工作氛围，引导下属愉快地工作。

宽松、和谐、愉快的人文环境容易使人快乐地工作。善待员工、营造良好的工作氛围、帮助员工快乐，能使下属获得一个充满快乐的人文工作环境，可谓利人又利己。

遵守时间要做好表率

说到时间，人们便会想到“时间就是金钱”等概念，可见人们对于时间的重视和珍惜。然而现实中浪费时间的现象确实很多，比如等车、等人。在这些现象中比较普遍的是开会时等人。

其实，遵守时间已经是一项国际公约，也是一项国际礼仪，更是领导者树立形象、形成个人魅力的重要时机。按时到会是很容易做到的事情，可是很多领导者却以迟到来突出自己的身份，这样不仅不利于提高领导的形象，更让与会人员厌恶，虽然他们并没有当时就离开，但是在与会人员心目中领导的形象已经大打折扣。

要想得到别人的尊重，我们至少要明白以下几点：

1. 按时到会这是最起码的礼仪，做不到这一点对自己是很大的损失。

2. 领导者守时可以起到很重要的示范和榜样作用。率先垂范可以产生巨大的影响力。

3. 领导守时可以节约与会者的时间，时间对于我们来说是稀缺资源，尤其在军队、企业、医院里，赢得时间往往就是赢得胜利、利润和生命。

我国构建节约型社会，节约时间是很重要的一项内容。节约时间往往是效率的象征，本来 30 分钟的会议，结果等待 1 个半小时，就变成 2 个小时，加上往返时间就是一上午。这种拖沓的习惯蔓延到企业就会造成生产力低下，在竞争之中落后于对手，甚至被淘汰的恶果。因此，作为领导要树立全局观念，不要只根据自己的安排或者为了显示自己的重要身份而故意浪费别人的时间，这不仅没有好处，反而有损于自己的形象。鲁迅先生曾经说过“浪费时间就是浪费生命”，作为领导者应该以身作则，节约时间，尊重别人的时间。

★ ★

管理一点通

领导者守时不仅是能力的体现，也是风度的体现。身为领导，要懂得控制和安排时间，让下属都知道领导是个重视时间的人。律人先律己，自己能够以身作则，做好表率，下属就能跟随你。作为企业的领导者，做到以身作则，就能以德服人、以力御人，才能取得他人的信赖和认可。

管理者就要以身作则

做一个优秀的领导者要以身作则，严于律己。俗话说：火车跑得快，全靠车头带。领导者的率先示范，起到很大的激励作用，可以大大振奋工作士气，提高工作效率和工作品质。严于律己，就是严格要求自己，这样才能更好地约束别人。

说写做不一致，说一套，写一套，做一套，是部分领导者常犯的错误。对上阿谀奉承，甚至阳奉阴违；对下颐指气使，甚至作威作福。开会时豪言壮语，大谈勤俭节约，努力奋斗；私下时胡言乱语，大搞奢侈腐败，安逸享乐。这些行为对一个领导者来说，都是致命的缺点，是万万要不得的。

榜样的力量是无限的，只要领导者能做好，员工也会做好。身教胜过言传，强调的就是这个道理。

例如，每年到加薪的时候，总会听到某人对加薪不满意、某某干了多年仍未升职等抱怨，导致员工士气低落、直接影响工作效率。

加薪，就如学生的考试成绩一样，人人都是靠努力争取回报的，有的人对加薪幅度不满时，就会有“另谋高就”的想法。因此，尽管你很忙，但到加薪时候，必须接见每位员工，听听他一年来的工作感受，谈谈他们的前途。千万别空谈，答应了的话必须实行。

做好下属工作，关键是要有“三真”：对下属要有真情，赢得下属的信任；对下属要有真心，真心实意听取下属的呼声，维护下属的利益，赢得下属的认同和拥护；对下属要说真话，不说空话、套话，更不能说假话。领导只有以身作则，严于律己，不说空话、大话，才能起到良好的表率作用，激励鼓舞团队成员，为达成团队目标和使命，贡献最大的力量。

★★★★★★★★★★★★★★★★★★★★★★★★★★★★

管理一点通

说一千道一万，不如扑下身子干。话说一千遍，不如带头做一件。下属最关心的是做不做、做得怎么样。这就给领导干部一个明确的信号：说话务必说到做到，不空许诺言，不乱放空炮。

说到做到是一项具体的要求。做到这一点，首先要言之可行，说话符合客观实际，不讲大话、空话、套话和废话，不作“演讲秀”，不当“口头派”。因此要深入实际，掌握第一手信息，获得充足的具体材料，避免陷入言行分离的状况。

其次要学会换位思考，经常站在下属的立场上来看待问题、理解问题、分析问题，这样才能切中要害，抓住实质，说出来的话就更有针对性，更值得做。

对领导干部而言，说到做到就是兑现承诺，就是取信于民，就是工作能力。做工作、抓落实更加务实、更加深入、更加扎实，才能做到言必信、行必果。这样，才能取信于下属，赢得大家的理解和拥护。

灵活执行管理制度

领导除了管理财力、物力，更多的是管理人力。管人是世界上最难最麻烦的一件事情。一母生九子，九子各不同。每个人都是独特的个体，都是独一无二的，各有各的脾气秉性、思维模式和处世方式。怎样去管好不同的人，让他们充分发挥自己的才华与创造力，而又能互相团结、互相帮助，的确不是一件容易的事。

我们说做人难，那么做领导更难。因为那意味着更大的责任，更重的任务，更多的考验和更大的挑战。

做领导，管理不同性格、不同社会背景、不同教育程度的员工，也应采取相对不同的、灵活的方式方法。规章制度是死的，但不应把规章制度看成死教条。要知道制定规章制度的目的是什么，是为了约束员工更好地工作。如果员工已经很卖力地工作了，规章制度的目的早已达到了，又何必探讨他们是八点到公司，还是八点零一分到公司？在美国的很多公司，上下班也要打卡，却并不规定上下班的具体时间，而是由个人掌握。但一周下来会由计算机算出每个人工作的总时间，要求是每个人一周不低于40小时。这应该是更个性化的更灵活的管理模式。

员工的贡献与创造力，并不在于他们几点几分坐在办公桌前，而在于他们是否真正用心、真正用力、真正用时地工作。表面的几点几分到公司能够用来测量他们心中真正的工作热度吗？的确工作总要有个标准，但选择一个更符合人情的标准就需要领导者的智慧了。选了标准以后，怎样适时适地、适人适事地去灵活运用，就更需要领导者的智慧了。

一刀切，看似很公平，迟到或上机签到晚了就是晚了，不管是你起床晚了，还是撞车了，送生病的路人去医院了，公司的网络出现故障了，没有某办公室的钥匙而别的计算机不能用，或机子少人太多队太长等具体原因。反正计算机上时间一卡就万事大吉了。管理人没有这么简单吧！人不是机器，管机器容易。会管机器的叫技工，会管人的才叫领导。管理不同的机器可以用同一种方法，管理不同的人应该用相对不同的方法，而且具体事情具体分析。一刀切只能用来切葱，切菜，割草，修树等。

每个公司都有规章制度，如果权力的使用只是按着那些规章制度做个评断，那么这种权力谁都会使用。这么容易办的事情我们也就不需要选举出领导，付给领导高一些的薪水了。领导是能起领导作用的、才智出众的、品德高尚且善于管理与协调的人。领导的头脑应该是最会思考的头脑；领导的耳朵应该是最会聆听的耳朵；领导的心，应该是最会理解人的心。领导手中的权力，是领导能力智力才力魅力的试金石。

作为领导，不要成为规章制度的奴隶。人是活的，规章是死的，没有必要机械地死抠字眼去办事，以免延缓工作进度。当然，照章办事是理所当然的，但应容许有某种程度的弹性。当发现某些员工的工作效率及质量比规章所规定的做得还好，那就应毫不犹豫地立刻修改规章。

★★★★★★★★★★★★★★★★★★★★★★★★★★★★

管理一点通

管理方式灵活多变，体现了管理者的谋略和灵活性。

做为管理者，难免要遇到各种性格的下属。如果能够尽量学会和各种性格的下属打交道，努力和更多的人相处好，把他们管理得服服帖帖，工作起来相互协调、密切配合，其处世之道才算高明。

制度是“死”的，而制定制度的人是活的，“活人”的发展不能被“死”的制度捆绑住。制度管理的价值取向是人文，是以人的发展为根本，为人的发展服务。当某些制度不符合企业的实际情况，不利于调动广大员工的积极性，不利于促进企业的发展，就应该对不合理的制度进行修改或废除，重新制定一些有利于调动员工的积极性，有利于促进企业发展的制度，把“情”和“法”结合起来，赋予制度管理以人文色彩，这样才有利于企业健全发展。

要勇于担负社会责任

我们的行为只有出于对社会和他人的责任时，才具有道德价值。其价值就在于它为了社会进步和他人利益而作出了牺牲，无私地坚持了正义的原则。歌德说，一个人在一生中可能会遇到各种变化，如生活条件变化、家庭关系变化、职业变化、地位变化，或者受挫、遭难，或者伤残，甚至大灾大难，但是不论什么情况，都应始终坚持正义原则，忠于自己对社会应尽的责任。作为领导，担负的社会责任则要更多、更重。

霍金士是美国亨氏食品公司的创办人，美国纯正食品的倡导者。在他的经商生涯中，始终保持着一颗强烈的社会责任心。

霍金士开始经营食品加工时，美国的《纯正食品法》还没有制定，有许多食品制造商在食品里乱加防腐剂，危害了人们的健康。按理说，为了保证食品的贮藏时间，霍金士的亨氏食品公司也可以这样做，可是有着强烈责任心的他却没有。他坚决反对这种做法，他说:“赚钱也要讲商业道德。尤其是做食品这一行，不能为了赚钱而不顾消费者的健康。为消费者供应优质的食品是我们的社会职责，不能一味在价格上做文章，在原料上做手脚。”

霍金士反对在食品中添加防腐剂的行为招到了同行的非议和围攻，这几乎使公司陷入岌岌可危的境地，但霍金士没有被打垮，他说:“凡要在食品中加入其他东西必须经过专家鉴定，证明这样做对人体健康确实无害，方可投入生产，给食品添加防腐剂也不应例外。”

经过实验证明，防腐剂对人体确实有害。霍金士看了实验报告，感到十分震惊，因为同行们几乎在所有食品中都添加防腐剂，这已经成了一种习惯，然而却没有一个人指出这样做是有害的。霍金士决定把技术专家的实验报告公之于众，此举遭到了同行的一致反对，可霍金士依然坚持己见，他说:“既然我知道了事情的真相，我就不能向大众隐瞒什么。无论结果如何，必须立即向消费者宣告，这是我应尽的社会责任。”

霍金士要求公司的技术专家做他的后盾，继续进行实验，以取得更多更可靠的证据。

这场宣扬纯正食品的运动对社会公众来说是一项值得称道的壮举，但它给亨氏公司的业务开展确实带来了较大的困难。公司的产品销量骤减，市场份额萎缩到创业后的最低点，但霍金士在公司最困难的时候没有趴下。1906 年，美国政府制定了《纯正食品法》，这部法规的设立，使美国食品在国际上声名鹊起，并大大推动了美国食品业的发展。霍金士也因此大获全胜。

就在众人祝贺亨氏公司这次胜利时，霍金士却道出了自己的心声:“我从小没学过做生意。后来之所以变成生意人，是因为我看到许多农产品因没有销路而被弃之于地，感到非常可惜。我一开始经商，就不习惯商界的虚假行为。支配我的想法是，生意人也应该像普通人一样，不能专门做损人利己的生意。生意人也应有自己的社会责任，那就是要增加大众福利、促进社会繁荣，而不是像海盗那样，只知在人们的身上榨取钱财。我们要用优质的产品获取应得的利益。”

生意人都知道担负起社会的责任，对于领导而言，应该担负起更多的社会责任和义务。因为领导要为更多的人负责，也只有负责任的领导，才能够得到更高的职位，更大的职权。职位越高，社会责任就越大。一个勇于担负社会责任的领导，才是一个优秀的、称职的领导。

★★★★★★★★★★★★★★★★★★★★★★★★★★★

管理一点通

随着企业规模的不断扩大，企业对社会生活的影响日益深入，担负更多的社会责任成为现代社会对企业的普遍期望和要求。承担社会责任，是一个组织的高层领导者发挥领导职能的一项重要的内容。它意味着一个以顾客为中心的组织并不满足于只是成为传统意义上的利润的化身，还必须具有高度的社会责任感，必须使自己的行为符合道德规范的要求，只努力做它确信是正确的事情，力争成为企业社会中的一个优秀的公民。

勇于认错是领导者的风范

勇于认错不仅是一个领导者应有的素质，也是一种难得的品德。其实，许多大公司的领导都具备这样的优良品德。

一次，一位下属因经验欠缺而使一笔货款难以收回。松下幸之助勃然大怒，在大会上狠狠地批评了这位下属。气消之后，他为自己的过激行为深感不安。因为那笔货款发放单上自己也签了字，下属只是没把好审核关而已。既然自己也应负一定的责任，那么，就不应该这么严厉地批评下属。想通之后，他马上打电话给那位下属，并诚恳地道歉。恰巧那天下属乔迁新居，松下幸之助便登门祝贺，还亲自为下属搬家具，忙得满头大汗，令下属深受感动。然而，事情并未就此结束。一年后的同一天，这位下属又收到了松下幸之助的一张明信片，上面有一行松下幸之助的亲笔字：让我们忘掉这可恶的一天吧，重新迎接新一天的到来。看了松下幸之助的亲笔信，该下属感动得热泪盈眶。从此以后，他再也未犯过错，对公司也忠心耿耿。松下幸之助向下属真诚认错成为整个日本企业界的一段佳话。

作为领导，难免会犯一些错误，犯了错误之后，如果能诚恳地认错，依然会给下属留下好印象。一旦任务失败，领导者应负起应有的责任。尽管是下属的失误，也要检讨是不是自己交代不清，或是监督不周。绝不可认为错误是下属的，自己完全没有责任。积极认错的态度则显示了领导的风范，也能够提高你的威信，令下属们信服。

春秋战国时期，秦穆公是秦国的一代仁义之君。他曾经为了向东扩张势力，派三员大将带兵偷袭郑国。由于郑国离秦国较远，当时秦国的一个谋士劝秦王说:“长途奔袭,士兵们肯定在未到郑国时就已疲惫不堪,况且,浩浩荡荡的大军去偷袭,郑国又怎能没有准备呢?”

秦穆公不听谋士的意见,坚决要进攻郑国。谋士于是号啕大哭,因为他已料到秦国必败,而他的儿子正是三员出征大将之中的一个。

果然,郑国大商人弦高在途中遇到秦军,当他得知秦军要攻打郑国时,一面派人急速报于郑国,一面犒劳秦军,并对他们说:“你们三路大军奔波这么远,浩浩荡荡,影响那么大,郑国早有准备了,你们恐怕不可能偷袭成功。”

秦军三员大将一听就犹豫,觉得弦高说的不错,以疲惫之师去攻打以逸待劳的郑国,肯定会损失惨重,于是开始撤退。但是在归途中,他们却遭到晋军的偷袭,结果秦军全军覆没,三员大将也被俘虏了。

当秦国三员大将历经千难万险,逃命回到秦国时,秦穆公披着缟素(孝衣),到郊外三十里迎接他们,哭着说:“委屈你们了,这一切都是我的过错啊!我不该不听谋士的话而坚决让你们进攻。你们哪有罪啊?”

秦穆公勇于承认自己的错误,正是一代仁君风范的表现。他这样做丝毫无损于他的威信,相反却让他的将士们更加信服他,更加愿意为他效劳。

领导也是人,肯定也会犯错的。而且有时是明显的、公开的错误。一般来说,错误无论发生在谁身上,都是一件尴尬的事情。可是如果你一味掩盖,肯定会影响到你的威信和你的形象。

在很多时候,勇于认错似乎会让更多的人知道你的过失,但这并不会把你的污点扩大,降低你的威信。相反,适当地认错,恰恰可以把污点变作亮点,提高你的威信,所谓“小错不掩大德”就是这个道理。勇敢认错,实际上正是在显示你的“大德”,显示出你作为领导的风范。下属们会这样想:领导都有犯错的时候,但他能够勇于承认,那么我们犯错的时候,只要我们敢承认,领导肯定会宽容处理,比那些死要面子的领导强多了。当然,勇于认错之后必然要改过,这是自不待言的。

★★★★★★★★★★★★★★★★★★★★★★★★★★★

管理一点通

“权威说”颇为流行,一个企业的领导者即便是错了,也不轻易低下头来承认自己错了，因为担心因此破坏自己在下属心目中高大伟岸的“领导形象”。

对有些领导者来说，认错是一件万不可为的事。妨碍领导者认错的一个重要原因是，他们认为认错会影响权威。其实这是一种误解。

领导也是人，是人就会犯错。在员工面前公开承认自己的错误是一种敢于负责任的表现。一个敢于在员工面前公开承认错误的领导不仅不会因为错误而丢失在员工心中的威信，反而会得到员工更进一步的尊敬爱戴。

懂得尊重员工不同的意见

很多领导不大爱听真话，特别是那些挑刺的“逆耳之言”。领导者应有听取逆耳之言的雅量，能够包容不同意见，择其善者而从之。

领导者乐意听取意见尤其是逆耳之言，对于科学决策、科学发展大有裨益。当下，有的领导者听不进下属的话，更不愿听到逆耳之言，究其原因：一是自视高明不想听，二是照搬上面的指示不愿听，三是高高在上被堵塞了视听，结果往往使决策违背现实情况，甚至背离科学。

作为领导，如果只愿看到奴颜婢膝的下属，只愿听到歌功颂德、唯唯诺诺的言辞，手下没有一个特立独行的人才，没有收到一条忤逆冒犯的意见，没有听到一句诚挚动人的谏言，就会走向危险。

领导以补过为中心，以求过为最急，以改过为大善，以闻过为明智。进言的人为数很多，表明领导能够与大家和睦相处；进言的人言辞真切，显示领导能够包容群言；进言的人狂傲无礼，说明领导能够宽恕别人；进言的人显露真情，彰示领导能够从谏如流。这便是领导与进言者相互补益的途径。进言的人会得到表扬和嘉奖，领导也达到了稳定局势的目的；进言的人会博得诤言劝导的名声，领导也会赢得采纳众议的名声。领导唯恐正直的言论还不够殷切，许多事情还未听到。能够如此，领导采纳建言的德行便光大了。

积极采纳别人的意见和建议，就是广开言路。言路宽广，领导就能得知自己在哪些地方存在错误，进而弥补过失，改正错误。众人乐于直言，知无不言，言无不尽，使众人的心态、众人的意见、众人的思想，都一点一滴地呈现在领导的面前，领导就可以综合分析，制订出最佳的问题解决方案。

★ ★

管理一点通

领导干部要掌握工作的主动权，力求做到站得更高点，看得更远点，想得更周全点，关键在于听取不同的意见，充分尊重不同意见的价值。如此，才有可能让自己总是抢在别人前头认识到“看不到的问题和机会”。事实上，这也正是领导干部决策智慧的表现。

泰戈尔说过这样的话：“如果你把所有的谬误关在门外，真理也将被关在外面。”此话说得耐人寻味！同理可得，你把所有的意见关在门外，那些有价值的意见也将被关在外面。

认真履行自己的职责

美国总统肯尼迪曾说过：“不要问国家能给你什么，而要问你能为国家做点什么。”持久而良好的职责观念是领导者起码的德行，也是领导者的最高荣誉，因为高姿态的领导者都必须依靠这种持久的职责观念来支撑。没有持久的职责观念，领导就会在各种各样的引诱面前把握不住自己；有了持久的职责观念，最软弱的领导也会变得坚强，在引诱面前不为所动。

华盛顿的尽职尽责精神一直是他领导美国人民走向自由的动力之源。正是这种庄严的使命感使他坚定异常、不屈不挠。当华盛顿意识到自己的职责时，他就不顾一切艰难险阻地完成人民赋予自己的崇高使命，鞠躬尽瘁，死而后已。他的努力既不是为了荣誉，也不是为了奖赏，而仅仅因为这是他应该做的正义的事业。为此，他自愿竭心尽力地将事情办好。

职责是一项不可推卸的义务，每个人都应该终其一生通过自觉的努力和决然的行动来履行自己的义务。职责是领导应尽的义务，任何不愿意败坏自己的名声、不愿意最终下台的领导都必须认真履行自己的职责。

我们每时每刻都要履行自己的职责和义务——对上司的职责和义务，对下级的职责和义务，对同事的职责和义务等。领导是人民的公仆，是员工的公仆。为了领导自己，也为了他人的幸福，领导应该利用能力来履行自己的职责。

千百年来，无数贤臣良吏、武将幕僚，都恪守尽职尽责的信条。或兢兢业业，运筹帷幄，审度天下大势；或勤勤恳恳，不辞艰辛，协理国内事务。他们的所作所为，主观上有忠心君主之愿，客观上则深富耿耿为民之妙。

汉初，相国萧何为国为民悉心操劳，至死方休。萧何为政，鞠躬尽瘁。处乱世，洞若观火，能预见天下变化之机兆；居相位，独具慧眼，有谦恭举荐奇才之胸怀；守关中，不计功利，兢兢业业事刘邦；遭猜疑，忍辱负重，不避刑罚为众生。其运筹帷幄、施政立法无不称贤于当世，成“一代之宗臣”，为历代贤臣良相争相效法。

“天下之忧”一直萦绕在范仲淹的心际，忧国忧民的忧患意识支配着他一生的行动。范仲淹 27 岁考中进士后，即出任广德军司理参军。职位虽然不高，但他却有一展宏图、为国为民效力的抱负。此后 10 余年间他一直在地方上担任小官，体察民意，在力所能及的范围内为民众做些事情。公元 1028 年，范仲淹到朝廷任秘阁校理，力劝刘太后还政仁宗，被太后贬出京城。仁宗亲政，范仲淹被朝廷召回任右司谏，专事进谏之责，后来又负责主持“庆历新政”。在范仲淹30多年的从政生涯中，“四贬四光”，当第一次被刘太后贬出朝廷时很多人为他饯行，说“此行极光”；第二次得罪宰相被贬到山西时人称“此行愈光”；第三次，绘制《百官图》，挖出宰相吕夷简排斥异己、培植亲信的真相，被贬到饶州，人称“此行尤光”；第四次，“庆历新政”的改革措施触动了大官僚阶层的利益，遭到他们的反对，新政失败，范仲淹被贬到邓州，人称“此行殊光”。虽然遭到贬斥，但范仲淹一腔报国热情没有丝毫减弱，他在《岳阳楼记》一文中，借景抒情，劝好友别计较个人的恩怨得失，以国家社稷为重，体现出他时时处处为国家和民生担忧的情怀。

名相诸葛亮忠心报国，一生历尽坎坷，多次受命于危难之际。面临困境，他却总是义无反顾，忠贞不渝。鞠躬尽瘁，就是以生命去尽职，去完成人生；死而后已，就是以死亡去尽责，去力行事业。

领导只有恪守尽职尽责的信条，才能够在领导的岗位上恪尽职守，不管遇到多大的艰难险阻，也能坚定异常、不屈不挠，做一个优秀称职的领导。

★ ★

管理一点通

一级带着一级干，一级做给一级看。下属任何时候都在盯着领导，如果领导者作风不端正，就会直接对组织带来难以估量的损害。因此，领导者都应该自觉端正作风，牢记职责，从自身做起，从现在做起，从一切能够做的事情做起，努力做干事创业的带头人和恪尽职守的模范。

首先，要有崇高的境界和全局的观念。领导一定要树立大局意识，当局部利益和大局发生冲突时，要始终从全局利益出发，勇于牺牲局部利益；当个人利益与集体利益发生矛盾时，要做到勇于牺牲个人利益，保全集体利益、顾及他人利益，始终做到胸怀全局，多谋善断，干实事，求实效。

其次，要有负责任的工作态度。恪尽职守是组织对领导干部最基本的要求。恪尽职守作为一种岗位职责要求，它是一种责任，一种境界，一种精神，是衡量一个人对工作是否尽职尽责的重要标准，也是对一个人基本的道德要求。

再次，要有求真务实的工作作风。在实际工作中，要尊重客观实际和科学规律，以实事求是的科学态度办事情、想问题、作决策，敢于坚持正确的做法，勇于修正不切实际的做法。

领导就是要负得起责任

众所周知，企业的盈利靠的是企业的高速发展。而要实现高速发展归根结底就在于人，最为关键的就在于企业的各级领导者。企业的领导要肩负起企业所赋予的重担，负起责任来，必须要做好以下 3 条：

1. 对企业全局利益高度负责

“为领导者不可一事苟且”，自觉做到恪尽职守，守“土”有责（即必须首先把自己的分内工作做好）；

2. 为事业寝食不安、居安思危

“先忧与事，故能无忧”，就是这个道理。因此，我们无论做什么，应未雨绸缪，防患于未然，才能将事情办好；

3. 雷厉风行，脚踏实地地服务

“领导就是服务”，不能只停留在口头上，还要拿出实实在在的行动。领导的“服务意识”具备了，就会在思想上、组织上、措施上狠抓落实，做好方方面面的工作，杜绝一切隐患的发生。

我们强调领导者的责任，这不仅是对每一位领导提出的迫切要求，更是对领导工作能力的一项检阅。如何才能提高领导者承担责任的能力呢？必需做好以下 4 个方面的工作：

1. 讲实话

要以对事业高度负责的精神，向上级汇报工作实事求是，反映情况实实在在；

2. 出实招

想问题、抓工作、办事情应根据企业的需要，定计划、交任务、提要求，必须考虑是否有利于企业的发展，不搞哗众取宠，要提出一些能为企业带来好处的实招；

3. 办实事

勇于面对困难，善于解决矛盾，扎扎实实地解决影响企业发展的实际问题；

4. 求实效

抓住一件件实事，锲而不舍，不能停留在讲“原则”、做“指示”上，而应对每件事一抓到底。

作为一个好的领导者，其责任感的体现，全在于如何捏合好一个团队，要做到这些需要不断地提高领导能力、亲和能力、凝聚能力，这是作为一个领导者必须具备的基本素质。

★★★★★★★★★★★★★★★★★★★★★★★★★★★★

管理一点通

责任，是工作出色的前提，是职业素质的核心。甚至可以说，领导就是责任！责任还要求领导干部时刻保持清醒的头脑，根除工作中的“懒”、“软”、“散”、“混”等突出问题，强化工作责任感、使命感、紧迫感，履行好自己的职责，以优良的工作作风多做“顺气”、“解结”、“纳言”、“化怨”的工作，集中员工的智慧，凝聚员工的力量，推动团队事业的发展！

领导的责任重于泰山

1954 年 7 月，周恩来总理出席日内瓦会议。7 月 21 日下午是最后宣言通过的日子，周总理嘱咐当时的新华社记者，下午不必去开会了，就在别墅里拿着最后宣言的初稿等通知，每通过一段就交给电台向北京发一段，会议对初稿有什么修改，就即改即发，等全文发完，就大功告成了。

记者听从总理的安排，每等来一个电话，就改正一段，然后用剪刀剪下来送往电台。由于记者的办公桌靠窗，原稿又打在极薄的纸张上，被剪成一段一段的原稿有的被风吹走了，记者没注意，以致发回北京的电文比别的通讯社少了好几段。当发现这个问题时，《人民日报》已经印了 24 万份。总理知道后，非常生气，发了很大的火。可是当记者怀着极其惶恐的、等着挨批评的心情赶到时，总理只是淡淡地说："你来了，我气也生过了，火也发过了，不想再说什么了。你到机要室去看看我给中央的电报，然后赶快补救，北京还等着呢。"

在向中央亲笔写的电报里，总理一个字也没提到记者，只说他自己"应负失职之责，请中央给予处分"。

卓越的领导者，为我们理解责任作出了最好的诠释。从组织层级构建的角度看，当领导就意味着承担责任。组织管理，就有权力和利益的划分。但世界上所有组织之所以赋予管理者权力，都是为了维护管理者所在岗位的职责。没有了职责，就不可能有权力。

对领导者的最低要求是：能够按照岗位所赋予的权利，担负起与之相对应的责任，也就是权利与责任（义务）的对等。如果做不到这点，就不具备基本的履职条件。一个优秀的管理者，不仅能够履行与自己岗位相应的责任义务，而且为了组织的利益，还能够超越自己的岗位，担负起更多的责任。

组织需要能够正确履职的领导，更需要在关键时刻、关键场合能够为了组织的利益承担更大责任的优秀领导。

当下属受领任务后，对能否实现任务要求、在执行中会出现什么意外的情况往往心中无底，他需要领导、上级为自己撑腰。每当这个时候，下级往往希望领导能够站出来为自己做主、打气："你大胆去干，出了成绩是你的，出了问题由我负责。"这样做领导，往往会受到下属的喜欢和爱戴。

一个优秀的领导，会在更高层面上得到组织的认同。不能负责的人做不了领导，一个不能承担领导责任的人是不合格的领导。

★★★★★★★★★★★★★★★★★★★★★★★★★★★★

管理一点通

不能承担个人责任是骨干常犯的错误。如果每位领导、骨干在工作中都能够认识到，下属工作没做好是自己的错，大家能力素质上不去是自己的错，计划任务不达标是自己的错，那么，这样的领导、骨干肯定会创造出优秀业绩。因为，下属出错也是领导、骨干的责任，自己没重视或交代不清，督促不严，检查不及时，落实不到位，所以下级会出错，工作才会受损失。既然是我们自己的错误和责任，今后就要在培养下属上多花些气力，在工作的各个环节上更严格要求，在督促检查上更认真细致，那么，下属自然会逐步成长起来，组织的事业也就会更加兴旺起来。

业绩是检验责任能力的标准

“领导和业绩是同义语”，这是美国工商奇才杰克·韦尔奇的一句经典名言。相信当今所有企业人士都能掂量出这句话的分量。正如《财富》杂志在评选一年一度“全球最受赞赏的公司”时，总是把业绩水平视为所有明星公司的核心要素。领导者不仅要让企业再创辉煌，更要在他领导的过程中，总结、创造出一整套行之有效的经营管理思想，为企业创造巨大的业绩和财富。因此，我们说：业绩是检验领导者责任能力的唯一标准！

一个领导者，在某个工作岗位上如果既具有渊博的知识、丰富的经验、高超的手段，又具有驾驭全局、审时度势和果断决策并致力于实施的技能，这是令人钦佩的。但所有这些最终还必须用业绩来检验他的工作，用业绩来衡量他的功过。就领导而言，即使有开拓创新的远大志向，有较高的决策指挥才能，但如果不在实际操作上下工夫，业绩上不去，任何良好的愿望都可能化为泡影。

领导者应该知道：业绩在哪里？它不在天上，不在遥远的未来，更不在别人的手中。业绩，就在自己的脚下！

企业的各级领导者肩负着把企业全面推向二十一世纪的重任，可谓担子重，责任大。要尽好责任，挑好担子，每一个领导者必须按以下要点自觉地要求自己：

1. 勤奋做事、不断创造业绩

作为一名领导，不能总想轰轰烈烈，波澜壮阔地干事业，要珍惜自己的岗位，从小事做起，从基础抓起，勿以事小而不谋，勿以事琐而不为；

2. 树立自加压力、奋发有为的进取精神

俗话说:“人无压力飘飘然。”在领导成长的过程中，组织施压是助动力，而自我加压才是原动力。“不用扬鞭自奋蹄”，这样创造出来的业绩才能更上一层楼。

3. 形成锐意改革、不断开拓的创新意识

在新的创业时期，勤奋的内涵，更包括勤于思考、勤于探索、勤于寻找和发现新规律，并大胆地付之于实践。这种意义上的业绩，才是更具有时代精神的、更高层次的业绩。

4. 时刻置身于群众之中

领导者要倾听群众的呼声，与群众同甘苦、共患难，把“个体”融入“整体”。这样，才会上下一心创造新的业绩。

5. 在企业经营活动的实践中锻炼自己

领导者要为政勤勉，廉洁奉公，洁身自爱，时时、处处、事事用是否全心全意为企业及员工的利益服务这个尺度来衡量自己。只有这样，才能获得最大的领导效能，争创一流的领导业绩。

一个领导者能做到这样才算尽职尽责，才是一个合格的领导者。因此，我们可以这样定义：领导的别名就是责任。

★★★★★★★★★★★★★★★★★★★★★★★★★★★

管理一点通

管理者，应该学会更好地管理。“更好地管理”简言之，就是将管理者的“责任、权利、义务”合理地分给每个员工，为员工创造一个更合适的发展空间，调动每个员工的激情和潜能，让每个员工合理分享“责任、权利、义务”，形成一个和谐向上的团队，通力合作，达到成功的彼岸。“成，管理者之功；败，管理者之失。”在自身权限范围之内，管理者，就是最大的责任者——无论得失成败，没有任何借口。

帮助下属高效地完成任务

下属工作不力，领导怎么办？是声色俱厉、横加呵斥，还是越俎代庖、亲力亲为？不同的人有不同的看法。其实，最明智的做法是深入调查，找准下属工作不力的原因，从而对症下药，帮助下属优质高效地完成工作任务。

下属工作不力，思想不顺、认识不高、态度不端是原因之一。有的下属对领导安排的工作不满意，或者与领导之间有矛盾，以致干起活来情绪低落、心不在焉；有的因某种原因对领导分配的工作的重要性缺乏足够的认识，尽管接受时欣然允诺，但行动起来随随便便、马马虎虎。

下属带着这种情绪和作风上阵，焉能给领导交出满意的答卷？因此，面对这种下属，领导应该头脑冷静，耐心细致地加以引导。一要放下架子，亲近下属，听取他们的意见和呼声，把准思想脉搏，缩短上下级之间的心理距离；二要帮助下属理顺思想，消除疙瘩，振奋精神；三要帮助下属正确认识自己所承担的工作的重要性，勉励其积极主动地把工作做得又快又好。

下属胆量不大、能力不强，往往也会使得工作不力。对待这样的下属，决不能轻言放弃，闲置不理。因为这些下属并非真正是天生愚钝、懦弱无能之辈，有的还很有潜力，只是缺乏培养锻炼。倘若着意雕琢，他们是完全有可能改造成才的。况且走马换将也并不容易。合适的人选短时间内难以找到，即使找到了，动起真格来也未必真行；再者，还可能严重伤害被冷落的下属。所以，对这样的下属宜“扶”不宜“弃”。

何谓“扶”？就是不断创造机会，让其在实践活动中提高素质、增强能力和胆识。具体做法是：领导在分配工作的同时，教给下属一些基本的工作方法和办事程序，使其举一反三，参透其中之道；安排品性好、能力强的下属与之共同承担某项任务，既为其减小工作难度，又为其提供学习榜样，还可以使其在实践中获得成功，找回自信，激发斗志；经过一段时间的培养锻炼，安排其独立承担工作任务，鼓励其消除顾虑，使其充满信心，放胆工作，争创佳绩。不过在安排其独立完成工作时，难度设计应该循序渐进，逐步增加，切不可急于求成，令其“一口吞下十个包子”；否则，既完不成工作任务，又达不到锻炼的目的，还可能打击其追求进步的信心。

有的下属工作不力，完全是因为惰性太强，懒散成性。这样的人往往脑子好使，行动起来爆发力强。他们之所以不能保质如期完成工作任务，主要原因是律己不严、自由散漫、工作缺少紧迫感，习惯于到“火烧眉毛”之时才认真“作答”，无奈时间所剩不多，只得糊弄几下，硬着头皮交差。调教这种下属，最有效的办法就是增加压力、加强督促、时常鞭策，一个“逼”字足矣。

怎么“逼”呢？一是从难从重下达任务，使之感到肩上担子沉重，不敢轻视；二是从高从严制定工作标准，使之不敢草率；三是从紧从急限定工作时间，使之不敢懈怠。在推进工作的过程中，要经常检查督促。发现进步，及时肯定；发现问题，及时解决。值得注意的是，改造这样的部属，不能寄希望于毕其功于一役。这种人，有的可以在短期内“脱胎换骨”；有的好过三五日，又可能“旧病复发”。对此，作为领导必须有充分的心理准备，以应对其可能出现的反复。如果真要出现了这种情况，领导应该以满腔的热情和诚挚的爱心，一如既往地予以关心和帮助。

“干不了就走人。”虽然这并非良策，但有时却情非得已，不得不给那些工作不力的下属调个岗位、换个环境。这并不是踢皮球、甩包袱，而是为之寻找更加适合的环境和舞台，使之面对新要求树立新目标，自我反省，自加压力，以适应需要。这尽管是条下策，但也不失为理智的抉择。否则，他们即使能力再强，由于长期呆在一个地方，缺少必要的流动，也会变得不思进取，像根“老油条”；或者学非所用，用非所长，工作起来一塌糊涂。

既然这样，又何必“吊死在一棵树上”呢？换一换环境和岗位，他们也许能重现生机与活力，创造非凡的业绩。“流水不腐”讲的就是这个道理。因此，在适当的时候，让下属特别是在某个岗位上工作不力的下属挪动一下，不仅必要，而且可行。只是在交流之前，一定要做好他们的思想政治工作，说明挪动的原因，征求他们的意见，决不能搞简单的行政命令。否则，既容易伤害其自尊心，又不利于其在新的岗位上重塑自我，展示自我，实现自我。

管理一点通

适当和必要的支援不是顾此失彼，而是统筹兼顾，使得整个部门的进度保持一致。所谓适当，就是资源的分配要最优化，能产生最大的效益；所谓必要，就是在下属请求支援或遇到了重大困难、不支援难以继续的时候及时地伸出援手。

主动为下属承担问题

经常有这样的领导：当某件麻烦棘手的事情发生时，不太愿意直接插手，甚至千方百计地将其推诿给下属去处理。尤其是当需要低头赔礼道歉或宣布令人不悦的消息的时候，更是避之唯恐不及。而在接手体面光彩的事情时，却又恨不得自己冲锋在前。

他们认为，管理者的任务就是要指挥下属，通过他们的工作达到部门的目标，直接去做并不是领导者的本职，领导要做也只限于处理重要的事情。

领导者是要做些重要的工作，但也不能把具体工作说成是令人讨厌的事或鸡毛蒜皮之类的事；更不能认为向客户赔礼道歉的事就不重要。作为领导，不能把一切麻烦、琐碎的工作全都推给下属，也不管其能否胜任。这种做法，必然会给手下做具体工作的人造成一些困难，从而引起下属的不信任感。

这些领导认为，既然下属是在自己的工作中出现了问题，那么，善后工作当然应该由下属自己去做。凡是有这种想法的人所持的理由是，让他本人去做善后工作，既是对他的一种实际教育，又可以警示他不要重蹈覆辙。

然而，这种做法并不正确。要是依着这种逻辑行事，也许偶尔会收到一些成效，但必须知道，这会挫伤下属的积极性，使之对今后的工作失去信心，产生恶性连锁反应。

领导把令人讨厌的麻烦事推给下属，至少也可以说明领导身上有种明哲保身、不负责任的思想。很显然，这样的领导是不会受到下属拥戴的，而毫无威信的领导又怎么谈得上对下属进行有效管理，培养人才呢？主动为下属承担麻烦的事，是在无形之中使下属受到你的“身体力行”式教育的极好领导方法。它有助于你在团队中建立起一种相互关照、遇事互不推诿的良好的工作氛围。勇于承担责任的领导，肯定能够带出一个负责任的团队。

★★★★★★★★★★★★★★★★★★★★★★★★★★★★

管理一点通

英明的领导者敢于为下属承担责任。一个把责任推卸给下属的领导，往往很难获得下属的认同和尊重。反过来讲，先主动将责任承担过来，然后再与下属共同探讨问题发生的根源，采取什么样的措施来予以根治。这样既能快速赢得下属的支持和信任；同时也会赢得上级的认同。

带头去做下属干不了的工作

在组织和部门当中，所有成员的分工都是不尽相同的，他们的能力也各不相同。每个职能机构或部门都有许多要尽的责任和必须完成的工作，因此，领导和下属根据各自的能力分担各种工作，是很正常的。

也就是说，领导和下属的关系是共同分担工作的伙伴关系。只不过这种工作分工稍稍不同于同事间的那种横向分工，是一种纵向分工。

作为领导，并不意味着你有什么了不起，而是意味着你要带头去做下属干不了的工作。

但是，有些领导却把下属干不了的事丢在一边不管，反而侵入到下属的工作领域，抢夺下属的工作，或与下属进行竞争。这样不仅无法让自己的能力得到有效地发挥，下属也不会得到成长。为避免出现此类蠢事，我们才有必要加强与下属之间“工作分工”的意识。

所谓下属“干不了”，并不是说那些下属不如自己做得好的事情，而是指那些处在下属的位置上不可能做到的事情。需要提醒注意的是，有些事情虽然下属不如自己干得好，但只要加以指导，就能做得差不多的，你都应该毫无顾忌、毫无保留地放手交给下属去做。

作为领导，不管你的能力有多强、精力有多旺盛、时间有多充裕，也不要凡事亲力亲为。对领导而言，所谓身先士卒的要义就是，在充分有效地调动大家群策群力的同时，将自己的工作重点放在纵向分担“下属干不了或做不到的工作上。”

管理一点通

很多管理者都有这样的抱怨：为什么我的下属永远不能和我步调一致？其实，没有带不好的兵，只有带不好兵的将军。遇到这种情况，管理者应该首先反省一下自己的领导方式，看看自己的问题出在哪里。

管理者要想成为一名高明的领导者，就必须深谙权力之奥秘。为了更好地统领下属，管理者不仅要行使必要的行政权力，更重要的是要建立起一种对下属的巨大影响力。管理者在权力的行使上，要做到收放自如，纲举目张，既不独揽一切，也不放任自流，合理地授权、分权，让下属在一定的监督和指导之下，自主地完成自己的工作。

第七章 聪明的管理者要懂得合理授权

领导人最重要的工作就是定战略、定制度以及定团队，其他的工作应授权给下属。只有这样，才能充分调动起下属的积极性。领导人不敢授权或者不愿授权给下属，下属的积极性就会受到很大的打击，久而久之团队的积极性与战斗性就会大幅度下滑。

有效管理需要给下属授权

与亲力亲为相对应，高明的管理者能够通过向下属授权实施有效的管理。但是，授权是一个牵一动百的系统问题，丝毫的轻率和盲动都可能造成一系列的麻烦。为此，管理者要围绕授权做好周密的思想和组织准备。

对一个给芭比娃娃设计服饰配件的人来说，如果她认为这份工作和她的价值观相符，也就是说这个工作能给成千上万名儿童带来幸福和欢乐，她就会觉得这份工作很有意义；而对另一位做同样工作的人来说，这份工作或许毫无意义。原因是他们的信念可能相悖，后者认为芭比娃娃的样子使得女性的美貌一成不变，没有意义。一个人在做有意义的工作时才有可能有被授权的感觉。

胜任，指的是个人相信他有出色地完成某项特殊任务的能力。有胜任感的员工相信在特定情况下，他们有能力满足某项工作要求。胜任感同样会让人产生被授权的感觉。

自我决策，是指个人觉得自己有权发动组织各类工作活动，尤其是当员工感到他或她能够自由选择解决某个特殊问题的最佳方法时，自我决策就变得更为高级了。自我决策同样涉及诸如工作地点和场所的选择之类的问题，一位被高度授权的员工或许会决定一改陈规，不在办公室完成一项特定工作。

在公司业务进程中，员工并非只是服从，在任何方面都插不上手，而应当有发言权，针对公司的未来前景发表自己的见解。

授权时，要挑选那些接受过培训、掌握技能、有天赋和动机的人。尽管这一原则很重要，许多主张授权的人仍认为每位员工都有被授权的天赋和渴望。只注重渴望而忽视天赋的授权会造成不良的后果。难道你愿意让一个有高度热情，技术上却笨手笨脚的人来组装你的急刹车装置吗？

在授权时经常会出现过高估计员工工作能力的现象管理者，管理者认为只要集体合作就无须专业人员的指导。授权一组有高涨热情的员工解决一个棘手的问题，不如请教一名受过高等训练、有高级技能的专业人员。因而解决问题的最佳方式，是请一名专家以内部顾问的身份加入被授权的集体之中。

克里斯勒小型运货车新生产线中挡风玻璃上的刮水器有6.5%存在瑕疵——少数的刮水器不能完全刮过挡风玻璃，因为这小小的毛病使得克里斯勒无法将这批小型运货车装船发运。这让人难以接受。员工所面临的挑战就是如何将其解决，但没人能找出其弊病所在。所有的原件都符合规格，零件的组装完全正确，工程师也找不出设计上的任何差错。为找出存在的问题，公司成立了一个联合调查小组，被授权全面发挥作用。组员包括一名生产总监，一名质量检测员，一名质量分析专家和两名工程师。在研究调查数月之后，小组无意中发现汽车驱动杆上的锯齿边带动了刮水器边，于是，一位工程师就设计了一个计量器用来测量曲柄的转度，使这一问题得以解决，全部的小型运货车才得以发运。如果小组成员中没有工程师，那么问题能否解决可能还是个问号。

授权的一条重要原则是必须契约重申。如果你想要你的授权集体高效多产，其成员必须要经过精挑细选。最富成功经验的公司往往在授权时仔细审查被授权成员的资质，被选中的员工应具备这样的素质：

1. 有职业道德；

2. 善于灵活机智地完成任务；

3. 有自我开创能力；

4. 有集体合作精神及敏锐的头脑；

5. 懂技术。

要确保被授权人掌握适当的技术，许多重大错误都是由于决策人只有权力而无技术造成的。

从员工过去的工作表现中搜寻证据，可以判断被授权人是否有冒险精神和创造性思维。

如何判断他是否能把握自己，可观察他在完成长期项目的过程中能否坚持不懈并表现毫不气馁的精神。

尤其要注意的是，一定要确保候选人能坦诚认真、一如既往地保持良好品行。如若不然，他就会趁机利用手中的权力来命令他人做一些不该做的事，这将会给企业带来灾难。

授权行为一般由三种基本要素构成，即工作指派、权力授予和责任创造，以下称为授权的三要件。

在授权过程中，工作指派向来最受主管经理的重视。不过，许多管理者和主管经理在进行工作指派时常常存在两方面的错误：其一，他们往往只让下属获悉工作性质和工作范围，而未能让下属明确他所要求的工作绩效，这一点实在是主管在授权过程中的一大败笔。因为如果下属对主管所期待的工作绩效不甚了解，他们的努力在客观上就缺乏一个目标。这同时给主管授权后的管理带来困难，因为主管无法依据事先确立的绩效标准对下属实施考核，奖优罚劣，这是一笔管理损失；其二，主管有时会把自己必须完成的工作也指派给下属。他们未曾意识到，并非主管分内的所有工作均能授权给下属来完成，这些不能授权的工作是可以由主管以一定标准做出判断的。比如，目标的确立、政策的研究与拟定、员工的考核与奖罚等，这是主管工作的“命脉”，不可假手他人。

在指派工作的同时，管理者应对下属授予履行工作所需要的权力，这是“授权”两个字的由来。“权力授予”与“工作指派”之间应是怎样的关系，权力授予的合理区域应该是什么，这是实施授权的主管最为关心的问题。主管所授予的权力应以刚好能够完成指派的工作为限度。这体现了权力授予的原则，即以完成工作为最终目的。客观上，工作任务的执行所需要的权力——这些权力用来调动完成工作所需的人、财、物、信息等组织资源，构成了权力授予的合理限度。

在权力授予中最主要的问题，也是授权管理的难点之一，即权力授予的适度问题。如果授予的权力不足以支持工作任务完成的权力需要，则指派的工作难以完成，授权因而会丧失其意义；然而，如果授予权力过度，超过了执行工作任务实际的需要，则势必导致下属滥用权力，带来较大的负面影响，同样会导致授权失败。

责任创造的含义在于，主管在进行工作指派和权力授予之后，仍然对下属所履行的工作绩效负有全部责任。这即是管理上所谓的“授权不授责”原理。这意味着，当下属真的无法完成指派的工作时，主管将要承担其后果，因为下属之缺陷将被视为上司之缺陷。许多主管在这里犯的错误是当他发现下属无法完成指派的工作时，试图将责任推卸到下属身上，他们以为责任随同权力一同下移了。而事实上却恰恰相反，权力在管理中有向下分散的趋向，而责任却有向上集中的趋向。

责任创造的第一层含义是针对主管而言的，第二层则是针对下属的。即为了确保指派的工作能顺利完成，主管在授权的同时，必须为接受权力的下属明确完成工作的责任，在主管和下属之间建立起一种连带责任关系。下属若无法圆满地执行任务，则身为授权者的主管可以对他进行问责。这当然并不妨碍主管对任务承担最终责任，尤其是当这件任务涉及本公司、本部门之外时，更是如此。

总之，授权是对权力的下放，并在这种下放中使权力最大限度地发挥作用。授权是一门学问，需要管理者细心揣摩和研究，以避免在授权的各个环节出现不应有的纰漏。

★★★★★★★★★★★★★★★★★★★★★★★★★★★★★

管理一点通

将手中的权力合理地授予下属，使下属拥有更多控制自己工作的权力，这是组织生存的唯一途径。但权力的使用向来都不是一件随随便便的事情，并不是每个下属都是权力授予的最恰当的人选，不是每个人都能够达到领导者所要求的目标。因此，选择合适的人选成为授权工作中最关键的前提条件，人选不合适，不如不授权，否则将会适得其反。

不善授权导致事务缠身

领导者面临千头万绪的工作，纵使有天大的本事，光靠自己一个人也是绝对不行的。这就要根据不同职务，授予下属以职权，使每个人都各司其职，各负其责，各行其权，各得其利，职责权利相结合。如此一来，就能使领导者摆脱烦琐事务，以更多的时间和精力解决全局性的问题，提升领导力。所以与职务相应的权力不是领导者的恩赐，不是你愿不愿给的问题，而是搞好工作的必需要求。

如何更有效地发挥下属的积极性、创造性，是现代企业管理中企业领导十分感兴趣的问题，且不少企业已进行了卓有成效的尝试。当今巴西最负盛名的企业集团——塞氏工业集团，创造出了一种旨在最大限度地发挥员工积极性、创造性的全新管理模式。

塞氏企业是一个生产多种机械设备的大型集团。几年前，理查德·塞姆勒从父亲手中接管塞氏时，它还是个传统的企业。刚开始，塞姆勒深信用有纪律的高压管理能创造效益，也能主导业务，但在一次生病后，塞姆勒的想法发生了彻底的改变。

原本在塞氏，每位新进入的员工都会收到一本 20 页的小册子，重点提醒大家用自己的常识判断解决问题。而现在，塞氏企业的员工已经可以自定生产目标，不需劳驾管理人员督促，也不需要加班费。主管们也享有相当大的自主权，可以自行决定经营策略，不必担心上级会来干预他。

最特别的是，员工可以无条件地决定自己的薪水。因为塞氏主动提供全国的薪水调查表，让员工比较在其他公司拥有相同技术和责任的人所拿的薪水数目，塞姆勒毫不担心有人会狮子大开口。员工们也可以自由取阅所有的账册，公司甚至和工会一同设计了专门的课程，教全体员工如何看各种财务报表。

每当要做重大的决定时，例如要不要兼并某公司，塞氏就会将表决权交给公司全体员工，由全公司员工的投票结果决定。塞氏没有秘书，没有特别助理，因为塞姆勒不希望公司有任何呆板的而又没有发展的职位。全公司上上下下，包括经理在内，人人都要接待访客、收传真、拨电话。

塞姆勒不像别的老板那么勤于办公。早上他多半在家里工作，因为他认为那样比较容易集中精神。他甚至还鼓励公司其他经理也像他一样在家里工作。此外，他每年至少出外旅行两个月，每次旅行都不会留下任何联络的电话号码，也不打电话回公司，因为他希望塞氏的每个人都能独立工作。

塞氏对组织进行变革后，也改变了部门之间的合作方式。比如某个部门不想利用另一个部门的服务，可以向外界购买，这种存在外界竞争的压力使每个人都不敢掉以轻心。塞氏还鼓励员工自行创业，并以优惠的价格出租公司的机器设备给创业的员工，然后再向这些员工开设的公司采购需要的产品。

当然，这些创业的员工也可以把产品卖给别人，甚至卖给塞氏的竞争对手。塞姆勒一点都不担心这样会弄垮塞氏，他说："这样做使公司反应更敏捷，也使员工能掌握自己的工作——伙计变成了企业家。"此外，塞氏还进行工作轮调制，每年他们有20%—25%的经理互相轮换。

塞姆勒认为，人的天性都是闲不住的，在同一个地方待久了，难免会觉得无聊，导致生产力下降，唯一的方法就是轮调。同时由于塞氏的各项工作速度及频率都太快了，这给员工造成了相当大的压力。塞氏非常重视专业再生充电，也就是休假制。因为这可以让员工借此机会重新检讨个人的工作与目标。令人称道的是，在经济不景气、经济政策混乱的大环境中，塞氏近12年来的增长率高达600%，生产力提高近7倍，利润上升5倍。无数应届毕业生表示自己有到塞氏工作的意愿。

★★★★★★★★★★★★★★★★★★★★★★★★★★★

管理一点通

认识到管理中存在不完美后，领导者就要学会适当地放权、授权。首先，正确授权可以减少领导者的工作负担，使领导不被细小事务缠绕导致身心疲劳，能集中精力处理更重要更大的问题。其次，正确授权是对下属的一种信任，使下属创造力得到充分发掘。再次，正确授权会调动下属的积极性，赋予下属一定的权力是对其权力欲望的满足。

授权是领导者走向成功的分身术

一个企业犹如一个小社会，政务、业务、事务样样都有，人事、生产、生活一应俱全，每天都有一大堆问题需要处理。面对这种情况，领导者如果事无巨细都亲自去处理，那样就会“捡了芝麻，丢了西瓜”，延误抓大事的时机。

企业无论大小，人员均应有所分工，然后按照分工各执其事，这样既责任明确，不至于误事，也可充分发挥各人的工作积极性。有的人工作十分繁忙，可以说是“两眼一睁，忙到熄灯”，一年三百六十五天，整天忙得四脚朝天，恨不得将自己分成几块。这种以力气解决问题的思路早就落伍了。出路在于授权，管好该管的事，放下不该自己管的事。

授权是领导者走向成功的分身术。今天，面对经济、科技和社会协调发展的复杂局势，即使是超群的领导者，也不能独揽一切。领导者尤其是高层领导，其职能已不再是做事，而在于成事了。因此作为领导，并不意味着他什么都得管，而应该大权独揽，小权分散。做到权限与权能相适应，权力与责任密切结合，这样做有许多好处：可以把领导者从琐碎的事务中解脱出来，专门处理重大问题；可以激发员工的工作热情，增强员工的责任心，提高工作效率；可以增长员工的能力和才干，有利于培养干部；可以充分发挥员工的专长，弥补领导者自身才能的不足，也更能发挥领导者的专长。

某公司一位年轻主管负责电视地区分公司的工作，开始的半年里，他每天都是“日理万机”，“百忙之中”渐渐感到力所不及，而公司的员工们并没有如他所希望的那样，以他为榜样，勤勉、主动地工作，反而精神不振，没有动力。

这种情形引起了这位主管的警觉，他感到一定是自己的管理出了什么问题，才会造成这样的状况，而这种情形如不及时得到纠正，后果将难以设想。

在经过一番思考甚至斗争之后，他开始试着把要做的所有工作按重要性、难易程度排序，把各项工作分派给适合的员工去完成，自己只负责3件事，一是布置工作，告诉员工该如何去做；二是协助员工，当员工遇到自己权力之外的困难时，出面帮助员工解决困难，否则要求员工自己想办法解决；三是工作的验收，并视员工完成工作的状况给予激励或提醒。

在这样做之后，这位主管惊奇地发现，不但自己有了被“解放”的感觉，员工们也开始表现出极强的主动工作的劲头，公司业绩明显攀升。由于自己从大量的事务性工作中解脱出来，所以有充足的时间思考公司的发展战略。他描述自己就像一个自动化工厂的工程师，每天只是在优雅的环境里走动，视察自行高效运转的流水线可能出现的问题。

领导者遇到的事有大事、有小事，领导者要全力以赴抓大事。大事就是全面性、根本性的问题。对于大事，领导者要抓准抓好，一抓到底，绝不半途而废。

★★★★★★★★★★★★★★★★★★★★★★★★★★★★

管理一点通

一个人能处理的工作量有限，一个人不可能包揽所有事务，聪明的管理者应该尽量将工作做适当的分配，这样一来即使他不在的时候，工作也能顺利进行。

此外，要让每个下属都了解自己的工作。如果故意将事情复杂化，就会产生很多问题。这种类型的管理者或许是不放心把事情交给下属去做，害怕这样一来，无形中自我存在的价值就变小了。其实管理者把事情交给下属，并不表示责任没了，他还是要时常注意工作进度。

聪明的管理者都会将一些具体的事务或工作交由下属去处理，自己则集中精力思考新的企划方案和考虑改善现状。换句话说，管理者必须做一些计划性的工作。

管理者凡事不必亲力亲为

领导者最主要的任务是去展望未来——而这种事情往往是不能授权给别人的。领导者的任务不是去忙于监督那些日常工作，更不是亲自去做那些琐事。放权是为了能有更多的时间集中精力思考那些只能由自己去做的事情！就像总统只考虑重大的宏观问题一样，领导者只思考企业的大问题和未来的方向，提出必须优先考虑的事项，制定并坚持标准。

一名领导者，不可能控制一切。领导者应该是这样一个人：协助寻找答案，但并不提供一切答案；参与解决问题，但不要求以自己为中心；运用权力，但不掌握一切；负起责任，但并不以盯人的方式来管理下属。领导者必须使下属觉得自己跟领导一样有责任关注事情的进展。把管理当做责任而不是地位和特权才是领导者能够进行真正、有效授权的基本保证。

那些事必躬亲的领导者往往会有这样的想法：他们应该主动深入到工作当中去，而不应该坐等问题的发生；或者他们应当让下属们感觉到自己不是一个爱摆架子或者高高在上的领导。这些想法确实值得肯定，而且领导者也的确应该适当干些有益于赢得人心的杂活，这是领导者提升自身形象的一种手段。但领导者不能什么事都亲力亲为，因为走向了这一极端不仅没有任何好处，还会让领导者付出很大的代价。

如果领导者有事必躬亲的倾向，那么下面几点建议或许会对其有所帮助。

1. 恰当地授权

当组织发展到一定阶段，随着事务的日益增多，领导者就无法亲自处理所有的问题了，这时候就需要授权。从某种意义上说，授权是管理最核心的问题，也是简单管理的要义，因为管理的实质就是通过其他人去完成任务。授权意味着领导者可以从繁杂的事务中解脱出来，将精力集中在管理决策、经营发展等重大问题上来。通过授权，领导者可以把下属管理得更好，让下属独立去完成某些任务，也有助于他们成长。

2. 学会置身事外

实际上，有些事务并不需要领导者参与。有时，下属们完全有能力找出有效的办法来完成任务，根本用不着领导者来指手画脚。也许你确实是出于好意，但是下属们可能不会领情。他们会觉得领导者对他们不信任，至少他们会觉得领导者的管理方法存在很大问题。当出现这种情况时，领导者应当学会置身事外。

领导者在决定对某项事务作出行动之前，可以先问自己两个问题："如果我再等等，情况会怎么样？"以及"我是否掌握了采取行动所需要的全部情况？"如果认为插手这项事务的时机还不成熟或者目前还没有必要由自己来亲自作出决定，那么领导者就应当选择沉默。在大多数情况下，事情也许根本不用领导者去费心，下属们就会主动去弥补缺漏。通过这样缜密的考虑，领导者会发现也许有时候自己的行动是不必要的。

3. 弄清楚究竟哪些事务身为领导不必亲自去做

既然明白了事必躬亲的弊端，那么下一步领导者就必须明确授权的范围，也就是说，究竟哪些事务领导者不必亲自去做。根据组织的实际情况，授权的范围肯定会有所不同。但这还是有一些规律性的。在授权时，下面几个因素值得考虑：

（1）任务的复杂性。任务越复杂，领导者本人就越难以获得充分的信息并作出有效的决策。如果复杂的任务对专业知识的要求很高，那么与此项工作有关的决策应该授权给掌握必要技术知识的人来做。

（2）责任或决策的重要性。一般说来，一项责任或者决策越重要，其利害得失对于团队或整个企业的影响越大，就越不可能授权给下属。

(3) 组织文化。如果在一个组织里，管理层对下属普遍很信任，那么就可能出现较高程度的授权。如果上级不相信下属的能力，则授权就会变得十分勉强。

(4) 下属的能力或才干。这可以说是最重要的一个因素。授权要求下属具备一定的技术和能力。如果下属缺乏某项工作的必要能力，则领导者在授权时就要慎重。

★★★★★★★★★★★★★★★★★★★★★★★★★★★

管理一点通

对于事必躬亲的管理者。下属们也许会遵从命令，但不会把这当作一种关心或者好意，反而会认为是多管闲事。在现实中，每一个员工每天都要做出很多管理者无法监控的事情。无论是多有力的管理者，都不可能管理所有的事情，也不可能掌握所有的细节。

管理者对自己管理范围内的所有事情都下决定的话，精力会很快耗尽。还有一种弊端：你什么都做了，你的下属做什么？这会扼杀下属的创造性。从管理的角度来讲，一个成功的管理者是下属的教练，更多的是教和监督下属怎么做，而不是自己做。如果一个驾驶教练总是自己掌握方向盘而不让其他人接触，能培养出合格的驾驶员吗？鉴于此，提出几点看法：

1. 作为管理者，相信你的下属

你也是老板的下属，换个位置，你的老板对你的管理工作事事都过问，你会怎样？应该会很不爽！给你的下属提供标准、方法、目标，过程让他们去完成，你只要看结果就够了。当然，在他们完成的过程中要做好监控和反馈，及时地帮助下属纠正实施过程中的问题，并积极为下属提供必要的帮助。相信下属会做好，是对下属的尊重，也是对自己的尊重。

2. 授权不等于放权，放松不等于放纵

要分清楚你的岗位职责是什么，你该做什么。哪些是你重点要做的，哪些是不太重要的，但对下属来讲是重要的，是可以授权由下属来完成的。该授权给怎样的下属，下属的能力适合授予哪些权利。就是要分清楚哪些是管理岗位必须要去做的，哪些是可以叫下属分担的；同时，自己还要承担授权过后的责任。

3. 用心培养你的下属

你想要轻松管理，就必须有一帮能不折不扣地执行你的管理思想的下属。你必须通过培训才可以将你的思想复制。当然，培训的方法有很多，见仁见智。做管理的主要工作是指导员工做好，而不是帮他做好。“授人以鱼，不如授人以渔”，就是这个道理。

4. 保持谦卑的心态

任何时候都不要认为自己是管理者，是团队里最厉害的，不要认为你是团队的领导者就必须掌握团队的一切。你越是想掌握全部，你越是掌握不了。

领导要学会放手

领导艺术是门大学问，如何当一个好的领导者，很有讲究，如何达到“治之至”很有门道。《吕氏春秋·察贤》提出了两个方法：宓子贱和巫马期先后治理单父，宓子贱治理时每天在堂上静坐弹琴，没见他做什么，就把单父治理得相当不错；巫马期则披星戴月，早出晚归，昼夜不闲，亲自处理各种政务，单父也治理得不错。两个人两种治法，一则事不躬亲，一则事必躬亲。

两种方法孰优孰劣？事不躬亲是“古之能为君者”之法，它“系于论人，而佚于官事”，是“得其经也”；事必躬亲是“不能为君者”之法，它“伤形费神愁心劳耳目”，是“不知要故也”。前者是使用人才，任人而治；后者是使用力气，伤力而治。使用人才，当然可逸四肢，全耳目，平心气，而百官以治；使用力气则不然，劳手足，烦教诏，必然辛苦。

古人的这套说法今天仍有意义，其道理仍没过时。凡有上级与下级、用人者与被用者关系存在的地方，就有领导与被领导的关系。领导的工作就是抓纲举目，抓紧大事：制定军事战略方针、作战计划是军事统帅的大事；企业的发展规模、产品的品质种类、发展远景是企业领导的大事。

第二次世界大战时，英军统帅蒙哥马利提出：身为高级指挥官的人，切不可参加细节问题的制定工作。他自己的作风是在静悄悄的气氛中“踱方步”，消磨很长时间于重大问题的深思熟虑。他感到，在激战进行中的指挥官，一定要随时冷静思考怎样才能击败敌人。对于真正有关战局的要务视而不见，对于战局影响不大的末节琐事，反倒事必躬亲。不改变这种本末倒置的作风，必将一事无成。

放手也就是放宽。不要抓住下属的小毛病不放，每个人都有缺点，不要把这些小毛病扩大化。每个人都很注重自己在上级领导心目中的形象，揪住他们的小缺点、小毛病不放，容易让他们错误地认为自己在上级领导心目中是一个不合格的主管，这样有时会使他们逐步丧失自尊心，一旦突破这个底线，会自暴自弃。

放手也是放心。管理者如果时时处于紧张的事务管理之中，就会损害自己的身体健康，而且容易不知不觉地把自己的心情带到公司事务中去，使管理过程情绪化。

放手不是放任。做到宽松有度，公司管理要宽一些，但不是让不良行为、不良现象滋生蔓延而置之不理。

放手不是放弃，放心不是松心。管理者如果只是关爱公司里的优秀职员，而放弃对落后者的关注，这必然造成公司管理上的势利眼现象。落后者是公司管理的重点与难点，对他们的教育管理是否成功是管理者能力高低的主要表现。对他们既不能“一棍子打死”（应给他们以缓冲的空间与改过上进的机会），又不能漠不关心。要对这些职员的管理做到不离不弃，不骄不躁。

放权就是公司管理中的民主；放宽是公司管理中的缓冲策略；放心就是公司管理中的平和心态。有一种爱叫做放手，有一种管理也叫做放手，因为公司管理也是对职员爱的表现。

★ ★

管理一点通

放手就是放权。个人的精力是有限的，如果事无巨细，都身体力行，那到头来肯定会身心疲惫。管理者学会把一些事情交给下面的主管，这样既能减少自己的工作压力，同时也可以营造企业民主管理的氛围，锻炼各级主管的工作能力，提高他们的积极性与责任感。当然，在选人时要有眼光，而且要与主管们经常交流，给予他们必要的指导。

放下一些权力给下属

管理者是带领下属实现目标的人，不是通过个人能力实现目标的人；管理者是最大限度挖掘和调动下属积极性的人；管理是让别人干活的艺术；领导者运营权力的最佳手段是抑制而不是放纵自己的权力，他主要是通过授权、用人、培养下属和参与式管理实现的。权力是一种管理力量，但是权力的运用应该是有法度的，而不能是公司领导者个人欲望的自我膨胀。因此，一个高明的领导者，首先要明白这一点：自己的工作是管理，而不是专制；也就是说，领导者不是监工，因为监工就是专权的化身。把自己当做监工，大权独揽，把所有的下属都看成是为自己服务的劳动者，绝对不可能成为一个好的领导。再者说，监工式的管理模式已经与现代企业“以人为本”的思想相去甚远。

领导者需要牢记一点：“以人为本”的管理会对公司领导的用人方式带来益

处，至少不会招致下属的心理抗拒，容易使双方形成平等、融洽的人际关系，从而创造一种良好的工作气氛。从另一个方面来讲，一个人只有手中有了权力才会有工作的能力。士兵有了开枪的权力，才能奋勇杀敌；推销员有了选择客户的权力，才能卖出货物。如果领导者把这些权力死死地握在手中，而不将其授予下属，那么这些权力的效力也就无法得到释放。

放下一些权力给下属，领导者才能收获一些人心，其实这是一个很简单的道理，也是一种等价交换。对一个领导者而言，彻底改变监工身份，有时候并不是嘴巴上简单地说说而已。要转变这种观念，需要用领导者自己的实际行动来体现，才能真正做到由专权到放权的角色转换。领导者要切记，不要以为专权就是手握大权，放权就是失权。相反，放权的同时可以有效地释放权力的应有效力，赢得下属的心，使下属更加尊重你的权力，使你的权力从本质上更有效应；而专权则只能是迫使下属表面服从，却赢不了下属的心。

领导者通过分权和授权，能够充分发挥下属的主观能动性，最大限度调动下属的积极性和创造性，提高工作效率。当然，领导者指派下属去做某项工作之后也不能不管不问，在适当的时候询问下属一些问题，可以防止他偏离目标。例如，问他是否需要协助，工作进度如何，是否遇到困难等。领导者应该站在客观的立场上评价下属的工作，并鼓励他们大胆去做。这样一来，领导者也就能收获下属的心，获得一群卖力工作的手下。

管理一点通

美国麻省理工学院摩文调查发现，多数成功领导都有一个共同之处：极力限定自己的工作范围。一个成功的领导者可以定义为：最大限度地利用其下属的能力的领导。也就是说，权力适当的下移，会使权力重心更接近基层，更容易激发下属人员的工作热情。这个原理有点像一个常见的玩具——不倒翁。不倒翁是根据一个简单的力学原理制造出来的：一个物体的重心越低，它的稳定性就越好，并且高出重心的部分空的成分就越大。不倒翁的不倒原理是否能给领导的合理授权一个启发呢？

大量的实践证明，领导者抑制自己的权力反而更容易使下属完成任务，同时这也是区分将才和帅才的重要标志之一。抑制权力的最直接表现是充分授权，它在企业管理过程中，所起的作用不言而喻，规模越大、产品线越复杂的企业，授权的意义就越大。

必须善于分派工作

具有非凡魔力的领袖，之所以能扭转乾坤，全赖他杰出的组织才能与有效的任务分派。可是很多企业中的管理人员，不知如何组建团队，更不知如何分配任务。他们不愿授权，喜欢单干，他们信奉"猫教老虎尚留一手，教会徒弟饿死师傅"。他们也许是个大好人，手下不干我来干，结果下属不买账，老板拉长了脸，管理无序，效率低下。在现代企业中，优秀的领导者是那些有能力使他的下属信服而不是简单地控制下属的人。这就要求，想成为优秀的领导者，必须善于分派工作，就是把一项工作托付给别人去做，下放一些权力，让别人来作些决定，或是给别人一些机会来试试像领导一样做事。

当然，有的工作并不是人人都乐意去做。这时候，领导者就应该把这些任务分派一下，承认它们或许有些令人不快，但要强调无论如何这个工作也必须完成。

这种时候，领导者千万不要装得好像给了被分派这些任务的人莫大的机会一样，一旦他们发现事实并非如此的时候，也许就会更讨厌去做这件事。这样一来，想想看，工作还能干得好吗？为什么总有些领导会觉得把工作派给别人去做是件如此困难的事情呢？下面这几点可能就是原因。

1. 如果领导者把一件可以干得很好的工作分派给下属去做了，但是也许他达不到领导者可以达到的水平，或者效率没有领导者那么高，或者做得不如领导者那么精细。这时，求全责备的思想就会使领导以为把工作派给下属去做，他不会做得像自己做得那么好；

2. 领导者害怕自己一旦把工作交给别人做了之后，就会无事可干。所以那些手握小权的领导者，哪怕是芝麻大的事也不舍得放手让别人去干；

3. 如果让别人去做领导者自己的工作，领导者可能会担心他们做得比自己好，而最终取代自己的工作；

4. 领导者没有时间去教导别人该如何接受工作；

5. 没有可以托付工作的合适人选。

其实，如果领导者确确实实想要把工作分派下去，那上面列举的这五个问题都不会成为真正的问题。因此领导者要对付的第一件事就是自己对此事所持的推诿态度。如果领导者确实有理由担心，因你的员工在工作上出了差错，领导者就会丢掉自己的工作；或者在领导者工作的地方，氛围很差，领导者担心工作不会有什么起色。这时候，领导者就有必要和自己的上司谈谈这些情况，从而在分派工作的问题上获得他的支持。

如果确实还没有可以托付工作的人选，而领导者自己又已经满负荷运转，那么，也许领导者就有必要考虑一下是不是应该再雇一个人。

当然，放权也要有个度。其中，“大权独揽，小权分散”是现代企业中实行的一项既授权，又防止权力失控的有效办法。

法国统盛·普连德公司是一个生产电子产品、家用电器，放射线和医疗方面电子仪器的大型电器工业企业。该公司下属各分公司遍布全球，为了对这个年销售额达到数十亿美元的大企业进行有效的管理，公司实行了“大权独揽，小权分散”的管理制度。

总公司紧握投资和财务方面的两大关键权力。公司所属的分公司，每年年底都要编制投资预算报告，并呈报总公司审核，总公司对预算报告进行仔细分析，如果发现有不当之处，就让各分公司拿回去进行修改。当投资预算获得批准后，各分公司都必须照办。当然，这些预算也不是不可变更的，只要在预算总额内，各分公司的主管还可以对预算内的金额进行调整。通常，分公司的经理拥有对每一个预算项目增减10%的权力，如果数目超过10%，那就必须经过高一级的主管批准。

该公司建立了一项十分有效的管理控制制度，对下属公司的生产，尤其是财务方面进行监督。这些管理控制员在执行任务时，都得到了总公司董事会的全力支持，他们对各公司的间接制造费用、存货和应收款等特别注意，一旦发现有不正常的迹象，就立即报告总公司，由总公司派人进行处理。各分公司每个月的财务报表都必须有管理控制人员签字，才能送交董事会。

我们看到，该公司在投资和财务两方面牢牢掌握住大权，但是在别的方面却实行了分权。该公司的领导者认为，大的企业，其领导者不可能事必躬亲，分权制度可以减少领导者的工作压力；即使是小企业，其领导者也不可能事无巨细，包揽每一项工作，也必须给下属分权，让下属发挥其聪明才智，为企业出谋划策，促进企业的发展。

因此，该公司的每一家分公司都自成一个利润中心，都有自己的损益报表，各事业部门的经理对其管辖的领域都享有充分的决策权，同时他们也尽量把权力授予下级，充分发挥分权制度的最佳效果。

自从实行分权管理制度后，统盛·普连德公司就成功调动了各分公司的积极性，生产蒸蒸日上，利润年年增加，获得了相当大的成功。

★★★★★★★★★★★★★★★★★★★★★★★★★★★

管理一点通

作为握有权力的管理者应该妥善分派工作，毕竟一个人的力量是有限的，众人拾柴火焰高，管理者应该重视每一个员工的积极性，多用其所长，激励士气。管理者在分派工作时，应该做到：一是经常检查个人负责的工作内容，如实估计工作的质与量，尽量做到平均分配；二是清楚完成某项工作所需的时间；三是充分考虑到每一个员工的能力，把员工的潜能挖掘出来；四是注意协调员工间的关系，避免产生矛盾。

按工作需要合理授权

有一天动物园的管理员们发现袋鼠从笼子里跑出来了，于是开会讨论，一致认为是笼子的高度过低。所以他们决定将笼子的高度由原来的十公尺加高到二十公尺。结果第二天他们发现袋鼠还是跑到外面来，所以他们又决定再将高度加高到三十公尺。没想到隔天居然又看到袋鼠全跑到外面，于是管理员们大为紧张，决定一不做二不休，将笼子的高度加高到一百公尺。一天长颈鹿和几只袋鼠们在闲聊。“你们看，这些人会不会继续加高你们的笼子？”长颈鹿问。“很难说……”袋鼠说，“如果他们再忘记关门的话！”

事有本末、轻重、缓急，关门是本，加高笼子是末，舍本而逐末，当然就不得要领了。管理是什么？管理是抓事情的本末、轻重、缓急。在任何单位的工作中，不仅有着各项重大任务，而且有许多事务性工作。有些事情非常紧急，必须当机立断，及时去办；有些事情忽然来到，不办不行，必须妥善安排；有些事情必须上下结合，共同去办。作为管理者，不可能也没有能力去总揽所有的事情。授权也是一样，必须按照急缓程度把工作交由下属去办。除此之外，还应明确授权对象和内容。

1. 确定授权对象

权力授给谁，管理者首先要考虑这个问题。而且，在做出决定之前，你必须考虑很多因素，这里着重讲的是授权对象愿不愿意接受领导者授予的权力。下级对领导者授予的权力，并非都会欣然接受。应当明白，下属也是人各有志，不可勉强。领导者勉强授权，很难取得成效。这就需要管理者把权力授予愿意接受权力的人。

管理者应注意授权对象的承接力和如何把握适合的时间策略，如果你想要授权有效并体现出成果，必须对授权对象精挑细选。被选中的员工应具备以下素质：有职业道德，善于灵活机智地完成任务，有自我开创能力及协调与合作精神，有善于思考的头脑，而且要懂得一定的传帮带技术。

2. 明确授权内容

管理者授权给下属，必须明确哪些权力可以下授，哪些权力不能下授。管理者的权力保留多少，要根据不同任务的性质、不同的环境和形势以及不同的下属而定。

一般情况下，管理者应保留以下几种权力：事关区域、部门、单位的重大决策权，直接下属和关键部门的人事任免权，监督和协调下属工作的权力，直接下属的奖惩权。这些权力属于职能责任者工作范围内的权力，不能授出。除此之外的其他权力，可根据不同情况灵活掌握。

从实际工作上衡量，凡是分散管理者精力的事务工作，上下都得支配或可分担的边际权力，以及因人因事而产生的机动权力等都可以考虑下授。但要注意事情的本末、轻重、缓急程度和授权方法。

3. 授权的 5 种方法

任何企业或组织都有自身的发展目标，这些目标的实现绝不是管理者个人所能完成的。管理者只有将组织的总目标进行必要的分解，由组织内部的各个管理层次及部门的所属成员分担一部分，并相应地赋予他们一定的责任和权力，才能使下属齐心协力，共同奋斗，努力实现组织的总目标。那么，管理者应该按照何种方法进行授权，才可以避免授权的盲目性和授权失当的现象发生呢？

（1）充分授权法。管理者在充分授权时，应允许下级决定行动的方案，并将完成任务所必须的人、财、物等权力完全交给下属，允许他们自己创造条件，克服困难，完成任务。充分授权能极大地发挥下属的积极性、主动性和创造性，并能减轻主管不必要的工作负担。

（2）不充分授权法。凡是在具体工作不符合充分授权的条件下，管理者应采用不充分授权的方法。在实行不充分授权时，应当要求下属就重要性较高的工作，在进行深入细致的调查研究的基础上，提出解决问题的全部可能的方案，或提出一整套完整的行动计划，经过上级的选择审核后，批准执行这种方案，并将执行中的部分权力授予下属。

采用不充分授权时，上级和下属双方应当在方案执行之前，就有关事项达成明确的规定，以此统一认识，保证授权的有效性和反馈性。

(3) 弹性授权法。管理者面对复杂的工作任务，或对下属的能力、水平无充分把握，或环境条件多变时，采用弹性授权法。在运用这种方法时，要掌握授权的范围和时间，并依据实际需要对授给下属的权力予以变动。例如，实行单项授权，即把解决某一特定问题的权力授予某人，随着问题的解决，权力即予以收回。或者实行定时授权，即在一定时期内将权力授给某人，到期后，权力即刻收回。

(4) 制约授权法。管理者管理幅度大，任务繁重，无足够的精力实施充分授权，即可采用制约授权的方法。制约授权是在授权之后，下属个人之间或组织之间的相互制约的一种授权方式。它是管理者将某项任务的职权，分解成若干部分并分别授权，使他们之间相互制约，以有效地防止工作中出现疏漏。

(5) 逐渐授权法。管理者要做到能动授权，就要在授权前对下级进行严格考核，全面了解下级成员的德才和能力等情况。但是当管理者对下属的能力、特点等不完全了解，或者对完成某项工作所需的权力无先例可参考时，就应采取见机行事、逐步授权的方法。如先用"勘理"、"代理"职务等非授权形式，以便对下级进行深入考察。当下属适合授权的条件时，领导者才授予他们必要的权力。这种稳妥的授权方法，并非要权责脱节，而最终是要使两者吻合并达到权责相称。

管理一点通

通过对主管的工作盘点，我们可以发现，主管80%的工作都是可以授权的。他只需做事关企业命运和前途的20%的工作即可。其中最主要的工作就是出主意，用能人。具体包括：企业战略决策、重要目标下达、人事的奖惩权、发展和培养部属等。其他可以授权的80%的工作主要有：日常事务性工作、具体业务工作、专业技术性工作、可以代表其身份出席的工作、一般客户接待等。因此，作为一个主管在授权时，必须明确自己的职责，按照责任大小把工作分类排队，自己只做最重要的工作，其他的都可以授权给下属。

学会授权的方式和技巧

杰克·韦尔奇说:“过去，我们的管理人员习惯于对员工指手画脚，指示他们做这做那。‘听话’的员工们按时按量地完成任务，但也不会自觉自愿地多做些什么。自从他们授权之后，情况是如此不同。我们常常惊讶于员工主动完成任务的积极性。有那么多的事情，管理层甚至没有想到，但是员工不仅替我们想到了，而且还默默地做完了，实现了。”

领导要使每个员工都感到自己受重视、被信任，进而使他们的责任心和参与感迸发出来。这样整个团队就能同心合作，人人都能发挥专长，组织才有新鲜的活力，事业方能蒸蒸日上。领导要掌握以下基本的授权方式和技巧。

1. 授权时要明确下属的责任

领导要明确地将权与责同时授予下属，这样既可以促使下属完成工作，又可以堵塞有权不负责或滥用权力的漏洞。首先应交代权限的范围。这样做是为了让下级正确行使自己的职权，更好地实现授权目的。领导带责授权时，要注意不授出最终权力和责任。作为领导当然要明确自己的职责范围，凡是属于自己职权范围的事，涉及组织的全局性问题，比如管理全局的集中指挥权，总的经济预算审批，决定组织的目标、任务和发展方向等，决不可轻易授权。也就是松下幸之助说的:“大事和小事由我处理。不大不小的事可以安排让别人做。”

另外，如要把同一方面或系统的工作，向两个或两个以上人员授权，记住，后果责任要落在其中一个人身上，让其中领受较高权力的那个人承担后果责任。这样可使下属各司其职，各守其位，各负其责，避免争功诿过和扯皮。

2. 授权要适当

领导对下属的授权既不能太轻，也不能太重。太轻，就无法充分调动下属的积极性；太重，又会形成大权旁落的现象，局面难以收拾。下属的权力一旦超出了合理范围，制度法规就无法顺利贯彻执行。

领导要根据下属的承受能力授权。授权者应该向被授权者明确所授事项的目标、任务、职责和范围。所授的工作量不要超过被授权者的能力、体力所能承受的范围。授权如果没有明确的目标职责，被授权者在工作中就会找不着北，无所适从，整个组织就会失去战斗力，甚至出现混乱。有的权力尽管很轻，但也不能把许许多多权力一股脑儿下放，弄得下属顾此失彼，手足无措。适当授权，还要视组织大小、任务轻重、业务性质进行授权。单位大、任务重、工作距离远、专业性强的多授权。反之，则少授权。

3. 保留控制权

授权既要适当，又要可控。权力管理的核心之一正是控制。正确的授权，不是放任不管，而是保留某种控制权。通过这种控制权，把领导与下属有机地联系起来。缺乏可控性的授权是弃权。可控性表现在两个方面：一方面，领导有主动性、灵活性，授权的范围、时间由领导灵活掌握；另一方面，虽然授权应相对稳定，但也可根据实际需要随时调整，做到能放能收，能扩大也能缩小。

美国通用电气公司在不同的时期，采用过不同的权力管理方式。1971 年，他们在原有的事业部内设立了“战略事业单位”。这种战略事业单位是一个独立的组织部门，拥有较大的权力。在事业部内它可以挑选某些产品进行单独管理，可以制定有关产品、销售、设备和组织的战略计划。它既可以与集团组织平起平坐，又可以拥有相当于分部的权力。7 年后，公司又实行“执行部制”，在原先事业部的基础上又加了一级管理，收回了一些权力，公司最高领导层牢牢把握着控制权。

4. 坚持信任原则

授权前，领导先全面了解和考察将被授权的下属，看他是否适合担负这一职权。考察的方式多种多样，如可以让他当助理或其他“代理职务”，试用一段时间，以便观察了解。然后再决定是否可以授权，避免出现授权后不合适的情况，造成不必要的损失。经考察认为可以信任者，则确认可以授权。一旦信任下属，就不要零零碎碎地授权，可以一次授予的权力，就一次授权。

干部特别是知识分子，大多有较强的自信心和自尊心，有成就感和荣誉感，有通过自己的努力去完成某项工作或某种事业的心情和愿望。领导者应充分信任他们。授权之后放手让他们在职权范围内独立地处理问题，使他们有职有权，创造性地做好工作。除了进行必要的指导和检查外，不要对他们的工作指手画脚，随意干涉。

信任人、尊重人，可以给人以巨大的精神鼓舞，激发其事业心和责任感，而且只有上级信任下级，下级才会信任上级，并产生一种向心力，使领导和被领导者和谐一致地工作。相反，当一个人的自尊心受到伤害时，他就会本能地产生一种离心力和强烈的情绪冲动，影响工作和同事关系。

授权与信任密切相关。一个领导者如果不相信下属，那么就很难授权下属，即使授权了，也形同虚设。有的领导一方面授权下属，一方面又不放心，一怕他不能胜任，二怕他以后犯错误，对有才干的人还怕他不服管。具体表现为越俎代庖，包办下属的工作；越权指挥，给中层领导造成被动感受；不懂某方面的专业知识，却干涉下属的具体业务，甚至听信谗言，公开怀疑下属等。凡此种种，都会挫伤下属的积极性，不利于下属进行创造性的工作。

5. 集中指挥权

授权的目的是为了让下属分担更多的责任。授权后，领导尽力发挥自身的综合才能，协调各方面力量，保证各部分的发展更好地服从于全局目标。领导要把最大限度地向下属授权与保证指挥全局的权力统一起来，严禁把有关全局的最后决策权、管理全局的集中指挥权、主要部门的人事任免权和财务权随意下放。否则，领导就会对整个组织系统失去控制，导致另一种失责。高明的管理能做到“大权独揽，小权分散；当断则断，不离原则”。处理大权与小权、集权与分权的关系，可以显示出领导者授权水平的高低。

6. 定期考核

领导者在权力授出后，还要留心定期对下属进行考核，对下属的用权情况做出实事求是、恰如其分的评价，并与下属的各种利益紧密联系起来。考核不能急于求成，也不能求全责备。要看工作的质量，是否扎扎实实，认真细致，是否有实效。考核既要看近期的业绩，又要看远期的业绩；既要看整体，还要看局部。不能肯定近期得实惠、长远招灾祸的工作，这是短期的行为。工作有失误，只要不是下属故意为之，就要耐心帮助下属纠正改过。

管理一点通

许多管理者在对授权的理解上存在着严重的误区：认为授权等于将这部分职权放弃。其实，授权只是一种暂时性的行为，它随着项目的完成而消失，在此过程中，管理者还可以随时收回授予出去的权力，重新安排授出。所以，授权者授权不是权力的放弃或转让，只是为了使下属能在替自己分担的工作中更好地掌握进程，暂时将部分权力让渡而已。充分了解授权的特点有助于管理者对授权行为的进一步放开，也有助于管理者在授权时更好地掌握授权尺度。

懂得把重要的事情交给下属

人才是成就一番事业的关键，无论到什么时候，人才都是立业之本。有了人，善用人，企业就会有一切；没有人，不善用人，企业就会失去一切。国内外众多企业领导人都把如何用人当作企业人力资源管理中极为重要的内容。

在进军世界500强的征程中，张瑞敏始终保持着清醒的认识：有竞争力的产品是有竞争力的人干出来的，国际化的名牌是国际化的人创造出来的。海尔总裁张瑞敏也曾说：“我管理海尔，就是用好人和拿主意。”为此，他在海尔勇敢地推出了一系列改革。

早在1998年9月8日，海尔就开始实施流程再造，即推行“SBU管理机制”。SBU是策略事业单位的意思。张瑞敏认为，如果不仅每个事业部而且每个人都是一个SBU，那么海尔总的战略就会落实到每一个员工身上。而每一个员工的策略创新又会保证集团战略的实现。

在传统的金字塔式的组织结构中，企业的部门和部门之间，员工和员工之间存在着明显的职能壁垒。海尔流程再造后，上下级关系变了，原来是职能关系，上级对下级下达指令和控制，现在是市场关系，上级为下级提供平台和资源。如，进行流程再造前，海尔各产品事业部要维修设备须层层上报，从事业部长开始层层批准，逐级分解，而且维修人员修得越多，工作效果就越好。再造后，设备事业部与生产车间之间变为市场关系，目标是零停机，设备事业部必须提前维护设备，预防问题的发生。否则，生产车间按设备停机的时间向设备事业部索赔。

海尔双动力洗衣机的设计者许升说：“流程再造后，我从一个开发人员变成型号经理，这不仅仅是名称的变化，更重要的是我的市场目标发生了本质的变化。过去领导要求开发什么产品我就开发什么产品，销售与我无关，现在则要按用户需求决定开发什么产品，市场好了，我的报酬才会多。”

海尔推行SBU机制的真正意图，就是让海尔的员工不再甘心成为其庞大企业机器里的螺丝钉。“因为这种螺丝钉精神和海尔目前的目标——让企业整个系统贴近顾客、迎合市场——存在矛盾。螺丝钉的本位意识是诱发身躯僵硬、行动迟缓的‘大企业病’的原因所在。”

把大企业做小，就是在扩大规模的前提下，提高企业对官僚主义病毒具有的免疫力，让大企业具有小企业的内在活力，对市场更敏感。用IBM前CEO郭士纳的话来说就是，如何让大象也能跳舞。

张瑞敏说：“企业不是看外表多么大，关键是看它的细胞有没有活力。搞企业的最大问题，就是如何使企业的每个细胞都是活的，而不在于活一天还是活五天，应该保持细胞的活力，如果有死掉的，再有新的出来。”为未来创造价值，为未来活着是海尔永葆活力的关键所在。可以说，海尔能够得到迅猛的发展，与他们充分发挥下属员工的积极性有着直接的关系。

现实中，也有一些单位的领导干劲很足，精力充沛，处事明快，每天忙得不亦乐乎，但他们总是大事小事一把抓，事必躬亲，即使让下属自己做一些小事，也是不放心，处处过问。这只能说明领导对下属极不信任，不敢放手让下属自己做事。这样的话，不仅限制了下属的活力，自己也孤掌难鸣，事倍功半，不会有好的成绩。

把一些重要的事情交给下属去做，以此来体现他们的能力和重要性，这一举动恰恰能表现出你对下属的信任，其他任何的方式，都不如这种领导方式来得直接、有效。而且领导人也能有精力和时间去处理更重要的事，何乐而不为呢？

与下属推心置腹。把这句话牢记于心，并时时处处体现于行动之中，这才是一个领导难得的英明之举。否则，口头上对下属如何信任，而实际上却对他们百般猜疑，那样只能是“搬起石头砸自己的脚”。

作为一个有责任心的领导，用人一定要有连贯性，即使在下属出现失误时，也要敢于用人不疑，放手让他们自己干。

管理一点通

把重要的事情交给下属，提高他们的能力，发挥他们的主观能动性，相信下属肯定能够将事情办好。不要担心会出什么事情，真正把握不准时，下属就会自动来请教了。或许，你的下属做得比你还有水平。不过不要嫉妒，你有的他们却没有。

授权要进行有效监控

有一家公司是某民营集团公司下属的一家玩具生产企业，由于集团公司业务经营规模的扩大，集团公司老板决定将玩具生产企业交由企业聘请的总经理及其经营管理层全权负责经营管理。其间，公司老板基本上不过问玩具企业的日常经营事务，同时，既没有要求玩具企业的经营管理层定期向集团公司汇报经营情况，也没有对经营管理层的经营目标作任何明确要求，只是非正式地承诺如果企业盈利了，将给企业的经营管理层奖励，至于具体的奖励金额和奖励办法也不明了。而且，企业没有制定完善的规章制度，采购、生产和销售甚至财务全部由玩具企业的总经理负责。经过两年的经营，问题出现了。

公司老板发现，玩具企业的生产管理一片混乱，账务不清，在生产中经常出现用错料、装错模、次品率过高、员工生产纪律松散等现象，甚至出现个别业务员在采购中私拿回扣，接受外企业委托，加工费不入账等问题。同时，因为账务不清，老板和企业经营管理层之间对企业是否盈利也各执一词，老板认为这两年公司投入了几千万元，而没有得到回报，属于企业经营管理不善。而企业经营管理层则认为这两年企业已经减亏增盈了，老板失信于企业的经营管理层，没有兑现其给予企业经营管理层奖励的承诺。

面对企业管理中存在的问题，老板决定将企业的经营管理权全部收回，重新由自己亲自负责企业的经营管理。于是企业原有的经营管理层一下觉得大权旁落，认为老板对自己不信任，情绪低落，在员工中有意无意散布一些对企业不利的消息，使得企业人心涣散，经营陷入困境。

授权是管理者最重要的能力之一，授权不仅是一门科学，也是一种艺术。

授权得当与否体现了一个企业管理者和领导者的管理才能。正如韩非子所说"下君尽己之能，中君尽人之力，上君尽人之智"，敢于授权并善于授权，既是一个管理者成熟的表现，又是一个管理者取得成就的基础和条件。一个企业领导者能够运用好授权艺术，发挥授权的效用，有利于与下属建立良好的信任关系，激发员工的工作积极性，提升团队的战斗力。而且，正确的授权可以使企业领导者从繁杂的事务中解脱出来，博采众长，集思广益，决策更加科学化，使集体的力量得到充分发挥，推动高绩效团队的形成。但是，如果授权管理运用失当，也可能会使下属的权力膨胀，失去控制，轻则使企业的利益受损，重则可能使企业陷入绝境，甚至导致企业破产。也就是说，授权在给企业带来利益的同时，也存在巨大的风险。

本案例中，集团公司的老板本意是想通过授权使自己能够从企业的日常经营管理活动中解脱出来，将员工特别是经营管理层的积极性调动起来，但是，事与愿违，授权不但没有达到预期的效果，反而使企业经营管理陷入困境。究其原因，主要是该集团公司的老板没有正确运用好授权管理的艺术，走入了两个极端。一个极端是在头两年，他把授权当作是放任不管，在实施授权管理的前提条件不完全具备的情况下，对企业经营管理层"授权过渡"，导致企业管理混乱，在企业经营管理的一些重要环节出现权力真空；另一个极端是在两年之后，公司老板发现企业经营管理中存在的问题后，又将企业的经营管理权全部收回，"授权不到位"束缚了企业经营管理层的手脚，挫伤了企业员工的工作积极性。

管理一点通

授权并不意味着上级放弃自己的职责，伴随授权的是领导者对下属应具备更高的指导能力及担负更大的连带责任。因此，在授权过程中，适当的管理与监控还是必不可少的，同时授权人还要有承担更多的责任与义务的心理准备。

授权不是把权力无条件地下放，授权者必须确定员工完成一项工作到底需要多大的权力，与完成任务无关的权力不应该下放。另外，在进行任务分派时就应当明确监控机制。首先要对任务完成的具体情况达成一致，而后确定进度日期，在这些时间里下属要汇报工作的进展情况和遇到的困难。控制机制还可以通过定期抽查得以补充，以确保下属没有滥用权力。

管理者要学会合理授权

现代社会竞争日益激烈，而绝大多数企业的领导者由于肩负企业发展重任，常年备受身心疲惫的煎熬，很多人因此积劳成疾，住进医院，无法正常开展工作。现实要求企业领导者必须转变观念，将主要时间和精力用于思考企业的发展战略，绝不能象孔明那样事无巨细、事必躬亲地开展工作，否则，根本不可能把企业做强做大。企业领导者必须学会使用释压法宝——合理授权。

合理授权的主要作用有：第一，可以减轻领导者的工作负担，以便于增加宏观性思考的时间和精力；第二，可以培养锻炼下属的能力；第三，扬长避短，将自己管不了的或管不好的事情交给那些能胜任的下属去管。

刘备和孙权俱是懂得授权之人。当年诸葛亮刚加盟时，如果刘备没有充分信任他，并将兵权相授，那么恐怕就没有日后的蜀国了。而孙权在曹操率百万大军入侵时，充分授权周瑜和鲁肃指挥赤壁之战，终获大胜，从而巩固了江东基业。后来打败关羽取得荆州后，刘备率军来犯，孙权又登坛拜将，授权给陆逊，说“阃以内，孤主之；阃以外，将军制之”，终于让陆逊火烧刘备七百里，进一步稳定了长江中游。

授权的主要原则有：第一，要让被授权人感到授权之事是相当重要的，要珍惜所获得的权力；第二，要明确授权人和被授权人双方的职责，便于随时检查工作的进展状况；第三，要坚持适度的原则，授权的大小要以被授权人能满足完成所承担的工作为标准；第四，根据下属的具体情况，循序渐进地授权；第五、授权不等于放任不管，要进行适当的控制。

★★★★★★★★★★★★★★★★★★★★★★★★★★★

管理一点通

现代的企业领导，没有必要事必躬亲，但必须具备使用人才、调遣人才的能力，让下属在工作中充分施展才能。这样，企业才能永远充满活力。

信任但却绝不能放任

信任下属不是一句空话，而必须付之于行动，才能看见效果。有人说，最好的企业领导是在下属中有充分信任感的人，同样，最好的下属是在企业中能引起领导和同事充分信任的人。这说明，只有双方信任，领导才愿意用你，你才愿意被用。

从某个方面讲，信任是领导对下属品质、能力的充分肯定，让他按照既定的原则自己行事，但是这绝不意味着让那些不具备良好品质和突出能力的下属任意所为，以至于破坏企业形象。因此，信任是一种理解和依赖，放任则是一种散漫和纵容，作为企业领导应当记住这一点，切忌混淆了两者的关系。因此，信任下属是必要的，但不要走上另一个极端：放任！

信任不是放任，信任能把事情做好，放任能把事情毁坏。作为领导这一点一定要明白！否则，你只能自惭形秽地面对责任和良心，失去领导者的形象。为了让部属执行值得信赖的工作，领导者该采取什么样的方式呢？主要有：

1. 切忌不管不问

领导要经常指导下属执行工作，要时常留意下属工作的状态，反复给予必要的指导。

2. 防止工作环节的疏漏

要巨细无遗地指示下属完成工作的重点与应注意的事项。例如工作的截止日期、领导者所要求报告的形式与次数等，即使相信他会遵守领导者的指示，但指示本身不明确或有疏漏，被信赖的部属出于好意，勉强执行，结果却未必会与领导者的想法百分之百吻合。只要指示能明确地表达，就可以相信对方能执行指示。

3. 力戒死搬教条

认真地接受报告情况，以变应变。虽然领导相信部属一定能巧妙地应付工作中的变化，但有时变化会超出部属的权限，与其让部属竭尽心力，不如领导者凭着本身的观察以及部门的报告来判断情况，指点迷津。

4. 不要静以待之

领导者应当掌握先机，与关系部门协调，及时解决出现的问题。

领导与下属之间只有形成良好的信任关系，才能使工作完成起来有章有法。这样再放权，才可以说是真正地信任部属。

最后，提醒诸位领导注意以下两点：其一，必须日积月累地努力建立与部属之间的信赖关系，得之不易而失之易；其二，信任部属与放任是两回事。

许多领导者常常会将信任与放任混为一谈。放任下属的后果是：不但把放权的成绩冲得一干二净，还会殃及整个企业。身为领导者不可不防！

对放任进行预防的最好办法，就是监督。一个领导，即使他有再大的精力和才干，也不可能把公司所有的职权紧抓不放而事必躬亲，他总是需要把部分职权交给部属，让大家来共同承担责任。有的领导每次向部下交代任务时总是说:“这项工作就全拜托你了，一切都由你做主，不必向我请示，只要在月底前告诉我一声就可以了。”这种授权法会让部属们感到：无论我怎么处理，老板都无所谓，可见对这项工作并不重视。就算是最后做好了，也没什么意思。老板把这样的任务交给我，分明是小看我吧？

不负责任地下放职权，不仅不会激发部属的积极性和创造性，反而会适得其反，引起他们的不满。高明的授权法是既要下放一定的权力给部下，又不能给他们以不受重视的感觉；既要检查督促部属的工作，又不能使部属感到有责无权。若想成为一名优秀的领导人，就必须深谙此道。

一手软，一手硬；一手放权，一手监督。只有这样，领导才算深谙放权之道。要做到防止放任所带来的弊害，企业领导用人应当力戒没有信任的委任，力戒没有责任的委任。

因此，唯有信任的委任，才能切实可行。

管理一点通

授权与监督是企业管理不可或缺的“两个轮子”，监督是与授权相配套的一种管理行为。监督下属，就是在确立了目标，并授权给下属之后，要注意关注其职责的履行状况，并及时发现偏离目标或要求的具体问题，采取消除偏差、纠正错误的措施，以确保下属尽职尽责和整体目标的实现。

注意防止“反授权”

有很多这样的领导，当他们把一项工作授权给下属去做的时候，下属很高兴地去处理了，结果过几天下属回来的时候，他就告诉你：“王总，你好。你安排的事情我做了，但难度很大，挑战很大，我实在搞不定，你看怎么办？”当他反过来问你怎么办的时候，这个家伙是在干一件事——反授权。如果你同意了，就是接受反授权，你就成了下属免费的助理。这也是领导为什么累的第二个原因。接受反授权，只会让下属越来越依赖你。

所谓反授权，就是指下属把自己所拥有的责任和权利授给领导，即把自己职权范围的工作问题、矛盾推给领导，“授权”领导为自己工作。这样，便使理应授权的领导反被下属牵着鼻子走，处理一些本应由下属处理的问题，使领导在某种程度和某些方面“沦落”为下属的下属。

领导者如果不对此提高警惕，不仅使领导工作陷于被动，忙于应付下属的请示、汇报，而且还会使下属养成依赖心理，从而使上下级都可能失职。出现“反授权”现象，其原因无非两大类：一是领导方面的原因；二是下属方面的原因。

首先是来自领导方面的原因：

1. 领导不善于授权，缺乏授权的经验和气度，毫无“宰相肚里能撑船”的风范。

2. 对“反授权”来者不拒。授权之后还事必躬亲，大事小事都要过问。一些怕担风险、能力平庸的下属，特别是一些善于投机、溜须拍马的下属，就喜欢事无巨细都向领导请示、汇报，以显示对领导的尊重。

3. 思想认识跟不上形势，宁肯自己多干也不愿意授权给下属；对下属不够信任，非得亲自动手心里才踏实；担心大权旁落，自己被“架空”。

4. 少数领导官僚主义严重，喜欢揽权，搞个人主义，使得下属无相应的决策权，因而不得不事事向领导请示汇报。

其次是来自下属方面的原因：

1. 某些下属抱着“不求有功，但求无过”的想法。

2. 有些员工缺乏应有的自信心和必要的工作能力。

3. 一些员工思想素质差，只求谋官，不想干事；只想讨好领导，不愿自冒风险；害怕承担风险，喜欢上交矛盾；认为搞不好责任在领导，自己可以当“太平官”。

在这里，我们看一个防止“反授权”的例子。

美国山达铁路公司年轻的技术室主任史特莱，虽然他很努力地工作，但是却不知道怎样去支配别人工作。一次，他被指派主持设计某项建筑工程。他率领3个下属，去一个低洼地方测量水的深浅，以便知道透过多深的水，才可以建筑坚固的石基。当时史特莱才 20 岁出头，资历尚浅，虽然也在各铁路测量队或工程队工作了好几年，但独当一面指挥别人工作，还是第一次。

史特莱极想为 3 个下属作出表率，以增进工作效率，在最短的时间内完成工作，所以开始的 3 天，他埋头工作并以为别人一定和他一样，共同努力。谁知这 3 个下属世故甚深，狡猾成性。他们看到年轻的领导这么努力，以为他少不更事，便假意恭顺，奉承史特莱的工作做得好，而自己却袖手旁观，几乎什么事也不干。结果工作进展得很不顺利，难以达到史特莱的期望。史特莱虽然困惑但脑子还算清醒，他回去思索了一晚，发觉是自己措施失当，知道如果自己将工作完全揽在身上，他们就会无事可做。第四天，史特莱便改正以前的错误，专力于指挥监督，不再事必躬亲，工作效率果然大有改观。

管理一点通

管理者只有通过管理思想和方法的调整，才能从根本上解决营销管理中的“反授权”问题，理顺组织秩序，各司其职，各尽其责，组织成员共同为组织目标而努力。彻底解决管理中的“反授权”问题，需要管理者认真研究，用心体察，不断总结，创新灵活，最终将整个团队打造成围绕目标高效执行的团队。

让下属了解工作的重要性

有些工作，不是下属不能做好，而是领导没有让下属了解到这件工作的重要性。通常而言，员工都有一种强烈的欲望，希望被别人重视，想多担负一些责任。担负了责任，自己就有责任感，换句话说，给了某人责任与权限，他就可以在此权限范围内有自主性，以自己的个性从事新的工作，一旦员工尝到了在重要的工作中获得成就的甘果后，就能调动自身的内在潜力和干劲，迸发出更强烈的进取欲望。

领导者要让所有的员工都明白，你希望他们能完成艰巨的工作任务，希望充分发挥他们的水平。一个人的精力虽然不是无穷无尽的，但是有时候也能发挥出超越自身极限的力量来。员工在困难中的紧张感，对自己的信心，对困难工作的坚决果断，以及坚持到底的热情，不怕苦难必须成功的毅力，这一切融合在一起的时候，就会爆发出巨大的威力，创造出原先想不到的成就。

如果员工认为自己的工作不重要，就会在很大程度上影响他的积极性。曾经有一员工说:“现在的工作分工越来越细，也越来越单调，如果长期如此，就会越干越没兴趣。”也有员工说:“我根本不知道干这份工作有什么意义，简直太乏味了！”可见，如果员工认为自己的工作并不重要，或者对工作的重要性认识不足，那他们就看不到工作的价值，也就激发不起工作的热情，更无从激发其潜力了。

工作的重要性有两重含义：一是在企业内部，全体员工公认是一项重要的工作；二是从整个社会来看是一项重要工作。

在企业内部，将工作细分之后，其个人承担工作的重要性也就削弱了。领导者要善于授权，并赋予工作以重要意义，从而增强员工的荣誉感和使命感。

一位旅馆经理吩咐一位男服务生去关一间房间的窗户，在这位男服务生可能埋怨只让他做这份本该由女服务员做的简单工作之前，经理就以一种非常慎重的态度告诉他:“那间房间的窗帘非常昂贵，你现在必须赶快把窗户关好，否则待会儿刮风下雨，窗帘一旦损坏，就会出现重大损失。”

这位男服务员听完之后，立即飞奔去关窗户了。这位饭店经理的高明之处在于，他让那位男服务生认为自己负担的责任不仅仅是关窗户而已，还要去保护价值昂贵的窗帘。

因此，领导者有必要谨记：让对方知道他必须如此做的理由；让对方知道他所担负的某项任务的重要性。一个人一旦有了成就，就会产生一种满足感，为了获得更大的满足感，他就会作出更大的成就，这就是一种良性循环。

管理一点通

要不断提高下属的工作指标，使他感觉到他的事没有那么容易做，有的员工外流不是因为你对他要求严，而是因为你对他要求太松。他说这个单位没什么可以做的，没有成就感。如果你给他的任务和标准不断地提高，使他“要跳起来才能摘得到桃子”，他反而对工作更感兴趣。

善于调动下属的积极性

有些领导喜欢在工作上大包大揽，希望每件事情都能经过自己的努力获得圆满成功，从而得到上司、同事和下属的认可。这种事事求全的愿望虽然是好的，但常常收不到好的效果。

少做一点儿得不偿失的事情，花一些力气摸摸情况，了解每个下属的特点，根据每个人的实际能力，安排适合他们的工作，调动他们的积极性，这样就能人尽其才。下面是调动下属积极性的六个方法。

1. 使员工时刻清楚自己的职责

领导要让下属明确他们的工作内容和职责，以确保他们能按照正确的方法做事情，而不是按照他们的习惯做事情。帮助他们进入“做正确的事情——得到正确的成果——得到积极的反馈——更加乐于做正确的事情”的良性循环，员工的积极性就会随之而起。另外，工作内容和工作职责其实是不一样的。大多数的领导只喜欢向下属明确工作内容，而不明确工作职责。当一个员工只知道工作内容，他们会认为自己仅仅是一个执行者，没有什么成就感；而通过沟通和促动让他们能为自己的工作职责努力，那么他们会认识到自己工作的价值，进而能从工作价值中获得激励。

2. 让下属写出书面报告

事实上，针对自己的工作写出书面报告，能帮助下属理清自己的工作状态，发现工作中的问题，也能让他找到改善的方向，再加上销售经理的促动，工作就比较容易开展。另外，每个人在写工作报告的时候，也是反思的好机会。

3. 让下属参与到重要的讨论中来

这种做法能激励他们，并且表明你很在乎他们的想法。发动下属参与到讨论中来，能让他们感受到尊重，确认自己的价值。员工积极性不高，一定是与上级存在某种沟通上的障碍。通过讨论可以消除障碍，提高员工的积极性，不失为一种双赢的做法。

4. 让下属明白做事的好处

员工努力工作，是为了得到自己想要的东西。这些东西可能是物质的回报，也可能是职位的提升，价值的体现，发展的空间。当一个人被要求做自己不喜欢做的事情时，他们往往兴致索然，无法调动自己的主观能动性。

5. 定期对下属的工作做出评估

上级及时的评价，对于员工来讲就像学生不断地得到考试成绩的反馈一样。无论是认可、表扬，还是警醒、批评，都能对下属形成有效的促动。全部由女性从业者组成的著名直销公司玫琳凯，美容顾问们没有任何工资，但是她们会因为内部的认可而感到骄傲，会为了穿上一件红色、粉色的上衣（象征不同职级）而充满热情地奋斗。这就是工作中反馈的重要性。

6. 规划未来

未来在哪里，是每个人时刻思考的问题。马云能在自己家里和那些员工们苦苦坚持，积极应对各种困境，是因为马云为他们规划了一个未来的远景。当人们为了一个属于自己的远景奋斗时，他们能忍受种种不快和逆境，而始终保持积极的态度。

管理一点通

领导们有没有觉得自己的下属明明是很有能力的，可是工作起来却是懒懒散散的；明明可以把工作做得完美，却随随便便地忽悠了事。所以如何调动员工的积极性，并通过对方的合作来成就一番事业，已成为现代社会组织形式中人们越来越关注的话题。

要想事业有成，关键是要精通用人之道，掌握行之有效的管理技巧。有些人认为给下属提职或加薪是激发员工积极性的有效方法，其实这只是诸多有效方法中的一种。

第八章 以情感关怀提升管理者的领导力

关爱下属是非常关键的，工作中下属需要你给予资源，你就要想办法给予合理要求的资源，给予支持也是一种关爱。把自己的经验告诉他们，把自己遇到的挫折告诉他们，让他们少走弯路。关爱下属和严格管理并不矛盾，有的人会认为关爱下属就很难严格管理，事实上并非如此。当然，关爱不能变质，变质了就很难严格管理，最关键的是用心关爱，而不是做样子。我们要关爱下属，同时又必须严格管理他们，只有这样下属才能不断成长，并努力为公司的发展做出贡献。

懂得把功劳让给下属

古语云:“夫唯不争，故天下莫能与之争。”在日趋激烈的市场竞争条件下，在“适者生存、弱肉强食”的生物世界中，“不争”似乎有悖“物竞天择”的自然进化规律。纵览古今中外，世间芸芸众生，谁不为“功、名、利、禄”而奔波忙碌，历朝历代王公贵族也概莫能外。这种为五斗米折腰式的竞争，一是为了生存立世，图得虚名，二是对有限资源占有权利的碰撞，是人类社会最表层的碰撞。

在人类社会中，原本没有敌人，只有同类。同类之间缘何产生难以弥合的芥蒂？这点恐怕要归咎于人性的某些弱点。但有一点是肯定的，这个世界上每一个人都有不同的优点和缺点。那么，作为一个领导，如何处理自己与上司、同事和工作伙伴之间的关系，如何安排下属的工作范围和创造良好的工作环境，是检验一个领导是否合格的重要标准。

对于上级的维护、服从和支持，对于同僚之间的平等、谦恭和礼让，对于下属的知人善任，是解决这个问题的根本方法。

透析很多企业中管理层最终分崩离析的主要原因，多为同僚之间的明争暗斗，几乎所有分离出来的人员都会或多或少抱怨在原单位碰到了窝里斗或遭了“小人”暗算。这种现象虽然普遍存在但绝不能被视为正常现象，这是该类企业文化失败的外在表现。

古语的“夫唯不争，故天下莫能与之争”的论述中，“不争”就是不争名夺利，与平等、正常、良性的激励竞争并不矛盾。对于同僚或下属，多担当责任，少争功利，是磨合工作伙伴之间关系的最好方法。

最令人无法原谅的就是企图掠夺下属功劳的领导，然而这种领导为数甚多。一见下属立了功，便急忙地向自己的上级邀功:“我的下属得到了这样的成果，完全是出自我的指导。”千万不要成为这样愚蠢的领导。

身为领导有必要将自己的功劳让与下属。你或许会认为这样损失太大而不愿意。但如果本身实力雄厚，足以建功立业，即使想吃亏也是不可能的。

当你将功劳让给下属时，千万别要求下属报恩，或者摆出威风凛凛的态度。因为下属可能会因此而闹别扭、发脾气，甚至感到自尊心受损，进而采取反抗的行动。这样一来，你反而得不偿失。

领导应该心甘情愿地把功劳让给下属，并且对其表达感谢之意。换言之，你身在一个可以使你“施惠”的公司，并且拥有值得你“相让”的下属，才能尝到满足的滋味，这一切都是值得感恩的。

若能持有这种心态，相信你所得到的喜悦将不可限量。而在如此充满和谐气氛的公司里，领导与下属也绝不会发生摩擦。

即使仅有一次类似经验的下属，也必定会将此恩惠牢记在心。在公司出问题时即可发挥作用，而在平时，下属也会体谅领导。

★★★★★★★★★★★★★★★★★★★★★★★★★★★★

管理一点通

成功领导者的秘密，是他们懂得与下属一起分享功劳，有时候他们会故意把属于自己的功劳推让给下属。这样不仅能够激励下属充分发挥自己的才能，而且还能够让他们融入到公司的文化之中，影响其他的下属，从而营造出可信的、积极向上的组织氛围。对此，亨利·福特在他的自传中这样写道:“一个喜欢抢夺下属功劳的领导是不可能成功的，他得到了近利，却忽视了远利。反之，一个不与下属抢功劳的领导才有可能成功。”

用情感消除距离

深受皇帝信赖的刘伯温返乡归养，在归乡的日子里，皇帝始终派人关照他的生活起居，只要刘伯温需要什么，皇帝总会派人送到家门口。刘伯温天天坐立不安、茶饭不思，最后不得不决定再次回到京城，返回朝廷。他儿子非常不解，问父亲，才回乡 9 天，为什么又要返回京城？刘伯温对天长叹：皇帝的恩即是威，威即是恩，威能杀死人，恩也能杀死人啊！虽然明太祖作为封建帝制朝代中最高统领者，有着万人之上的权利，但他也深知，皇帝拥有的权威是所有子民不得违抗的，尽管他的臣子们表面上看来都毫无怨言地服从，他却无法让人从内心深处真正归顺。但是，明太祖能用人性化的影响力来感召他的臣子。他恩准了刘伯温的归养，又派人安排好他所有的衣食住行，当刘伯温返朝时，他笑着说:“咱还有足够的耐性，等你回来。2 年、3 年，咱觉得你总会回到咱身边的。”

明太祖使用的手段可被认为是“软硬兼施”，他虽然有权力，但是他知道要让下属甘心效力，只用权力是不行的，还要“恩威并施”。通常，我们都认为领导者是权力的拥有者。凭借权力的控制力和影响力，领导者在企业中通常都被员工认为拥有“生杀大权”。影响力人人都有，但是一个企业中，一般员工的影响力和领导者的影响力相比，后者更具有举足轻重的作用。

当一个企业的管理者需要员工都能积极投入到工作中，为企业创造最大效益时，除了给员工创造一个良好的工作条件，包括有竞争力的工资福利体系、具有激励作用的考核机制、充满和谐的工作氛围外，领导者的影响力也不容忽视，因为只有一个具有较高影响力的领导者才能更好地带领团队，愉快、高效、正确地完成各项任务。

非权力影响力更多地属于自然性影响力，它没有正式的规范，也不会在制度上规定惩罚与奖赏，它更多地强调顺从与依赖。我们经常说的领导者的人格魅力就属于非权力性影响力。

领导者拥有优秀的品格会给领导者带来巨大的影响力，使人产生敬爱感。领导者言行之中优秀的道德、品行、人格、作风等能促使员工去模仿。我们常说榜样的力量是无穷的，领导者实际上时刻都在起着榜样的作用，是员工的精神支柱和行为楷模。作为一名领导者应该懂得，要求下属做到一分，自己起码要做到十分，否则，这一分要求也会落空。无论职位多高的领导者，倘若在品格上出了问题，那么他的影响力就会荡然无存。

另外，领导者的才能会给企业带来成功的希望，使员工产生敬佩感。一个没有能力，只会指手画脚的领导，怎么可能让下属员工接受任务安排时做到真正的“心服口服”呢？一位领导者具有丰富的知识，会使下属对其产生信赖感。领导者有着丰富的业务知识和正确处理问题的能力，这会使下属感到满意，并在下属中产生影响力。这种影响力是超越于职权之外的，但却赋予这位领导者一种威信，在行使职权时会使下属员工有信赖感，因此能自觉服从与执行领导者的命令与指挥。如果相反，下属就不会敬服和信赖他了。

感情因素是领导者与下属员工消除权力距离的最有效的因素之一。领导者与下属建立了良好的感情关系，便能产生亲切感。有亲切感的人与人之间，相互吸引力大，影响力也大。

领导者平时待人和蔼可亲，时时体贴关心下属，与员工关系十分融洽，那么他的影响力也会比较大，他所带领团队的凝聚力、向心力也会较强，工作效率自然就高。当然在缩小感情距离时，领导者要注意“原则性”和“平衡性”，因为感情因素而在工作时放弃了原则，或者当感情程度过于亲密时，都会让领导者失去原有的威信，使影响力降低。

在企业管理中，我们并非完全强调领导者的非权力性影响力而摒弃权力性影响力，只有善于将两者合理、综合运用，领导者才能令下属员工心悦诚服、甘为所用。

人与人之间的关系，本来就是十分微妙的，尤其是在有利害冲突的同事之间，如果双方都盛气凌人，就很容易发生大大小小的纷争。

管理一点通

成功的领导，其关键在于99%的个人影响力，以及1%的权力行使。可见，影响力是一种独特的魅力，时时刻刻影响着周围的人，并且给予对方一种神奇的力量，甚至可以影响身边的人的一生。

政治家运用影响力赢得选举，企业家运用影响力赢得市场，明星运用影响力打动观众，推销员运用影响力让你乖乖地掏腰包。

“领导力就是影响力”，对于风靡全球的“领导力”这个概念，保罗·赫塞用简单精确的一句话进行了概括。在竞争日渐激烈的今天，领导者的影响力越来越为人们所重视。

在走动管理中与下属共创业绩

优秀的领导身上最明显的一个特质就是：他们有能力引起其他人的注意——他们会传达出格外专注的、奉献的信息，因而吸引人们的注意。我们要让下属永远跟随，就要时时注意他们，并让他们注意到我们。

过去也许可以坐在办公桌后面来领导下属，现在可不行了。领导必须离开办公桌，走进下属的工作场所，亲自视察，因为这是激发员工工作热情，增强领导魅力的最佳途径之一。这项技巧被称为“走动式管理”。

走动式管理是世界上流行的一种新型管理方式，它主要是指企业主管身先士卒，深入基层，体察民意，了解真情，与部属打成一片，共创业绩。

走动管理的概念起源于美国管理学者彼得思与瓦特门在一九八二年出版的名著《追求卓越》一书。书中提到，表现卓越的知名企业中，高阶主管不是成天待在豪华的办公室中，等候部属的报告，而是在日理万机之余，仍能经常到各个单位或部门走动走动。该书的作者因此建议，高阶主管应该至少有一半以上的时间要走出办公室，了解员工的工作状况，并为其加油打气。

你到美国沃尔玛百货的主管办公室找人，很可能会扑个空。因为，他们的主管都是马不停蹄地在各家分店造访视察。山姆·沃尔顿早年在潘尼百货当实习雇员的时候，就已经深深体会到主管视察对员工的影响。沃尔顿说他在潘尼百货服务的时候，有一天最高主管潘尼本人大驾光临。他走到沃尔顿跟前和他谈话，教他如何用“最少的绳子和最少的纸”做精美的包装。沃尔顿觉得潘尼的一举一动都流露出对员工的关心。这次的相遇深刻影响到沃尔顿日后的领导理念。

沃尔顿自创业开始，就下决心要亲自到各家分店走动和视察，注意别人，也让别人注意到他的存在和对他们的关心。沃尔顿本人常夸口说，他每年都会亲自造访数百家的分店（沃尔玛百货大约有1700家，山姆俱乐部约200家）。他觉得视察每家分店其乐无穷，并且因为他的亲自造访，各个分店经理不得不早一点发现问题并予以解决，以免酿成危机。

走动管理不是到各个部门走走而已，而是要搜集最直接的信息，以弥补正式沟通渠道的不足。正式的沟通渠道透过行政体系逐级上传或下达，容易因为过滤作用以及缺乏完整信息而产生缺点。过滤作用经常发生在三个层级以上的正式沟通渠道中，不论是由上而下还是由下而上的信息传达，在经过层层转达之后，不是原意尽失就是上情没有下达还是下情没有上达；另外，透过正式沟通渠道搜集到的信息，缺乏实际情境的辅助，不易让主管作出正确的判断，往往会失去解决问题的先机。走动管理就是要上层主管勤于搜集最新信息，并配合情境作出最佳的判断，以尽早发现问题并解决问题。

敏锐的观察力是走动管理成功的要素。在走动的过程中，主管必须敏锐地观察工作的情境与人员，及其所透露出的信息。同时也要透过询问、回答、肢体语言等，对信息作出及时的回应。主管的态度也很重要，如果让员工或同仁有被视察的感觉，主管就很难获得想要获得的信息；如果来去匆匆，也难达成预期的效果。同时，主管也不必期望每次都能获得新的信息，只要有机会获得最新信息，就有机会防患于未然，不必等到事发之后再焦头烂额地处理。

走动管理最适用于离第一线比较远的高阶主管，组织比较庞大的单位由于层级较多，高阶主管更需勤于走动，协助单位做好政策性的决定。至于其他层级的主管离工作现场比较接近，平时就应该透过敏锐的观察，搜集必要的信息。走动管理是一种方法或技术，不是一种理论，强调高阶主管应及时搜集第一手的信息，至于其他经营管理事项，则仍应采取其他适当的方法或技术。

实施“走动式管理”，很显然会受到下属的大力支持和赞许。所以成功的领导者像传教士一样，经常在人群中露面。

管理一点通

“与群众打成一片”有着很丰富的内涵，用一个管理学上的名词，可以把它称作“走动式管理”。

对员工士气的有效激励是企业管理的主要环节，走动式管理是发挥激励作用的有效手段。这样的管理者显然能给员工树立身体力行的榜样，并且也表达了希望与大家沟通和交流的意愿。这实际上形成了一种很好的信息沟通渠道，能将报表上无法反映的情况反馈给管理者，使许多管理上的问题处理起来事半功倍。

一名成功的董事长在退休时把职位委托给一个年轻人，继任者向他请教管理的秘诀，他指着大班椅说：“去走动吧，告诉你，这张椅子我很少去坐。”

处事不公难以服人

有意无意之中，领导在处理与下级的关系时，会受到外界或个人情绪的影响，出现厚此薄彼的现象。领导与爱好相似、脾气相近的下级建立亲密关系的同时，无形中会冷落另一部分下级。

这样最直接的后果，就是挫伤了那部分被冷落的下属的积极性。下属都很聪明，明明知道领导偏心眼，但大都不会直说，心知肚明罢了。但在工作中他们可能就会“当一天和尚撞一天钟”，而且对那些被领导亲近的同事，自然而然产生一种排斥心理，形成一个又一个“小圈子”，人为地造成不安定的因素。

《吕氏春秋·贵公》中说:“阴阳气候，甘露时雨，不择物而变，不私物而降，这才是公的气象。”刘宝楠解释说:“治天下必先公正、公平、公开，公则使老百姓高兴。公则天下太平，太平来自公。成事在公平，失事在偏私。”

世间最可怕的事，就是不公平。成事在于以公平服人，不公平就难以服人。作为领导，如何调解下属之间的纠纷，实在是个棘手的问题。问题如果处理不当，公事之争变成私人恩怨，恐怕在日后的工作中就会形成难以解开的疙瘩。俗话说“明枪易躲，暗箭难防”，即使有人向你发一支明箭，也足以让你头痛不已。如果对下属间的矛盾处理不当，极有可能使下属对你心存怨恨，这也就等于埋下了一颗定时炸弹。

比如某个下属一向表现平平，你对他也没有什么特别的印象，可就是这位下属，某一天竟向你的顶头上司告状，表示对你的不满，尤其是指责你工作分配不均。发生这种情况，很可能是你平时对下属间的矛盾纠纷处置不当造成的。

作为领导，有许多事情需要去处理，有些还是相当棘手的事情，这其中除了公事，还包括一些私事，比如下属闹情绪、同事间关系不和等。

在调解这些问题时一定要做到公正，不偏不倚。要学会“和稀泥”，做个“好好先生”。在有些事情上没有必要去追查来龙去脉，只要“睁一只眼闭一只眼”就可以了。有些事情很可能是“公说公有理，婆说婆有理”，作为领导，你所要做的就是把矛盾化解，告诉双方“一切到此为止”。同时你还必须指出问题所在，例如某个下属的态度要改变，某个下属应该以公事为重。

在处理完这些事情以后，就不要在任何人面前再提起了，如果有好事者再次“点燃战火”，事情就会复杂起来。领导只需留意下属的表现，看他们的关系是否有所改善就够了。要是两人态度都很强硬，那么你就要考虑把他们分开。

同事之间可能为了争权夺利而明争暗斗。如果领导能够巧妙地处理，以“和事佬”的身份出现，便可以收到较好的效果。一个有控制局势能力的领导，总是善于在派系林立、矛盾纷争的局面中寻求平衡，他往往以“和事佬”的姿态出现来化解矛盾，凝聚人心。这样的领导自然会得到下属的爱戴和尊敬。

俗话说，“城隍爷不能与小鬼称兄弟”。想想这其间有着几分道理。领导在处理与下级的关系时，要“一碗水端平”，一视同仁，同等对待，不分彼此，不分亲疏。不能因外界或个人情绪的影响，表现得厚此薄彼、时冷时热。

管理一点通

人与人之间的冲突都是不可避免的，而处理下属的冲突是一个企业领导常常会碰到的事情。企业的领导人是部下冲突的最后仲裁者。这个仲裁者要想保持权威，就必须以公平的形象出现。他在别人的心目中，应该成为公正的化身，正义的代表，如果过于偏袒一方，被偏袒者自然会拥护你，可是在另一方心里，你将不再有权威性，对你的裁决也会产生成见。所以，一碗水要端平，这是领导人在处理下属冲突时最起码的原则，尤其是调节利益冲突时，更需要如此。

心灵管理是最高境界

管理界有这样几句话，知识不如能力，能力不如素质，素质不如觉悟。心灵管理就是让员工和管理者不断提高自己的觉悟。心灵管理是管理的最高境界。

心灵管理就是要不断提高员工和管理者的觉悟，让员工和管理者爱自己、爱自己的家庭、爱单位、爱社会。心灵管理的目标是构建个人、家庭、单位和社会的美好与和谐。心灵管理的本质就是创造爱的环境。只有人的心灵充满爱时，人的行为才会表现出对他人的关心，对家庭、单位、社会的关心。只有人的心灵充满爱时，人们才会对家庭、单位、社会充满责任心，对工作和生活中的任务和困难有决心和耐心。只有人的心灵充满爱时，员工和管理者才会产生有价值的战略思想，才会产生为实现企业美好的远景目标而不断奋斗的事业心和敬业精神。并且能使企业的文化、企业的规章制度都变成自觉的行为。

1960 年的时候，京都陶瓷的工人还只是拿工资。他们与京陶十几个创业的干部不同，创业者在公司人人都有股份，可以参与公司的分红，而他们则是纯粹的打工仔。但是，在工作负荷上，稻盛和夫总是让他们拼命工作到深夜，稍有迟滞或失败，稻盛就毫不留情地责骂。久而久之，工人们怨声载道，日积月累的不满情绪终于发展成抗争，11 名员工突然向稻盛递交抗议书，并向公司提出减时、加薪、增发奖金等要求，否则将集体辞职。

这时，稻盛和夫有两种选择：一是先答应加薪要求，留下骨干，再各个击破；一是让他们走人，但公司会因此受到极大的伤害。在这种情况下，稻盛和夫没有乱方寸，他对大家说:“要公司保证你们将来的薪水，我不能打保票。在录用你们时，我曾经说过，公司刚刚成立，让我们共同努力。今后公司的前景如何我也没有把握，拿不清楚的东西向你们保证，那是骗人的。”“但是，”他又接着说，“虽然不能保证，但以后我一定会为大家的利益尽力而为。”

稻盛和夫的说服工作一直进行了三天三夜，他没有空许愿，而是讲道理，终于使得大多数员工回心转意了。但还有一个人坚持，说大丈夫一言既出，驷马难追，说过辞职就不能反悔。稻盛和夫说:“我要是骗你的话你拿匕首来刺我好了，想要和我决斗也可以。”老板的话，落地有声，终于感动了员工，他们纷纷收回了自己的辞呈。

通过这次事件，稻盛和夫悟出了企业和企业家的真谛。以前自己忽视了员工，把员工当成了生产产品的工具和机器。正确的观念应是，当自己招进一个员工时，就意味着承担了他甚至他家人一生的经济保障和身心幸福的责任。

经过了这样的反思之后，稻盛和夫把京都陶瓷公司的经营理念确定为：在追求全体员工物质和身心两方面都幸福的同时，为人类的发展做出贡献。因此，稻盛和夫建立了自己的经营哲学：心灵经营。

何谓“心灵经营”? 稻盛和夫解释:“是‘以心为本’的经营。换句话说，我的经营就是围绕着‘怎样在企业内去建立一种牢固的、相互信任的人与人之间的关系’这么一个中心点进行的。”

作为心灵经营的直接实践者，稻盛和夫开展了企业内部的联谊活动。活动以聚餐会形式每年举办 2～4 次，有重大庆贺项目时另有增加。联谊会上，领导与员工相互斟酒，互诉心声。每次，稻盛和夫总是持杯走到大家中间，向大家询问工作情况、存在的问题，并坦诚地说出自己的看法，努力找到解决问题的方法。同时，联谊会也可以谈家事、谈人生。员工在平等和友爱的氛围中得到关怀和感化，并化解了许多矛盾。

心灵经营的关键是如何对待员工。稻盛和夫把全体员工视为同志和合作伙伴，让所有的员工都分到了京陶股份。曾经有两次，他把自己所得的上亿日元的股票，无偿赠送给某些持股少的工人。

★★★★★★★★★★★★★★★★★★★★★★★★★★★★

管理一点通

爱是企业的粘和剂，它能让员工们爱岗敬业，对企业忠诚，并能产生强大的凝聚力。爱是企业的催化剂，它能让员工们在生产经营过程中，提高效率，发挥主观能动性，并能整合企业的各种资源，发挥出企业的最大潜力。

恰到好处地运用激励艺术

企业员工的士气低落是最常遇到的问题，这也是如何提高员工的工作热情的问题，针对这个问题常用的方法是激励与考核。企业有大有小，解决问题的方法也有所差异。小企业其实可以叫老板参与进来，有时候老板的一个表情、一句话、一个动作就可以达到提升员工士气的目的。一个企业应以责任来激励激发员工的工作热情。

一个人的工作业绩与其工作动机被激发的程度直接相关，作为企业主管，在赋予下属责任时要层层都有激励点，检查下属责任时步步都给新激励，追究下属责任时处处都留暗激励。

在企业的运作过程中，不仅能力相同的人常常会做出不同的成绩，而且能力差的人往往还可能比能力强的人工作得更好。为什么呢？这就是一个企业领导者、管理者对下属的责任激励的问题。一个人的工作业绩不仅取决于他的工作能力，而且要看他的工作动机被激发的程度。在诸多的激励举措中，责任激励对激发人的工作热情更为有效。因此，企业主管如果能恰到好处地运用责任激励艺术，往往就会收到意想不到的激励效果。

安瑞在一家公司情报室从事资料收集整理工作。她每天穿着白色上衣黑色短裙上班，给人的第一感觉就是一个标准的职业女性。她在情报室已经工作了很久。每天她都熟练地剪报，编辑、粘贴各种资料，她工作的熟练程度令人佩服。表面看来她无比热爱这份工作，可是，很少有人知道她心里早已厌倦了剪刀加糨糊的单调重复的工作。

每天，当安瑞看到剪刀和糨糊时，她就满腔怒火，可是为了不失去这份工作，她只好每天都忍耐着。后来有一天，她终于忍不住了，她冲进经理的办公室，怒气冲冲地说："我不是为干这种剪报纸、刷糨糊的工作才来到公司的！"

经理对她的举动并没有感到吃惊，他微笑地看着她，安瑞接着说："我想做更有意义更有价值的工作，我要证明自己的才干和能力。请您把我调到另一个有趣的工作部门吧。"事实上，她的经理不知已经历过多少类似的事情。他甚至无法统计有多少员工曾经用这种口气向他倾诉过。每一次，他都耐心地劝解开导他们，这次当然也不例外。

于是经理说："如果你不喜欢这种工作，我也没有办法。但是，你为什么不想办法使枯燥平淡的工作变得有价值、有趣味呢？"安瑞万万没想到经理会这样说，以前她只知道埋头苦干，从来就没想到过这种每天和剪刀、糨糊打交道的剪报工作也可能变得有意义、有价值。安瑞回到自己的办公桌前，陷入了沉思。

过了几天，安瑞终于想出了一个绝妙的办法。她想到，可以用丰富的颜色来改变枯燥的"黑白世界"，她首先选用不同颜色的纸制成小册子，每个册子分别粘贴不同的内容。

举个例子来说，红册子专门粘贴关于金融方面的报道，白册子专门粘贴关于销售利润方面的报道……这样，安瑞觉得自己的工作似乎完全改变了，每天都处于五彩缤纷的纸张之中，工作的氛围变得轻松活泼，日子也不像以前那么难过了。而且这样做还有一个好处，只要看看小册子的颜色，就可明了其中的内容，她觉得自己的工作效率比以前提高了许多。查找资料信息时，又快又准，她为自己的发明感到无比的骄傲，她再也不觉得工作无趣了。

安瑞觉得这种做法很有效，于是她再次找到经理，向他说明了这一切，建议经理在公司的各个情报部门推广这种方法。经理亲自观看了她的“表演”后，很赞同她的看法，当场表示:“很有意义，马上实施，奖励你一万美元。”安瑞高兴极了，从此以后，她做什么事都很有信心。这件事对她的影响很大，也为公司的其他员工树立了榜样。

不要把工作看成是为了五斗米折腰的事情，要善于从单调、周而复始的工作中找到乐趣、尊严和成就感。热情是实现愿望最有效的工作方式。热情能够创造奇迹。作为企业的领导者不仅要善于鼓动、激发员工内心的热情，而且要对员工的工作热情给予肯定和赏识。因为热情永远是员工情绪的加油站。

★★★★★★★★★★★★★★★★★★★★★★★★★★★

管理一点通

管理者是否能够善用责任激励，一个重要的标志就是在交代责任的过程中是否善于运用语言的艺术性，适当地提升员工的责任意识。比如，有意识地放慢说话的速度，运用气平声沉的谈话语气，增加谈话的严肃性，使对方感受到你所言之重要，从而认真掂量其所担职责之分量。再比如，谈话中注意运用理性分析，深刻阐述责任人所负之责对组织、对全局的影响和意义，让对方产生深受信任和器重之感。

让下属感受到亲情的温暖

从企业管理的变革来看，企业正朝着人性化管理的趋势发展，而亲情化管理就是要造就一个人性化的组织。深化亲情化管理就是根据人的需求进行管理，从关心人的细节小事做起，依靠员工、尊重员工、凝聚员工、发展员工；其实质是“以人为本”，遵循“人本”理念，实现“人本”目的。其策略是从平等的角度出发，与员工进行心与心的沟通，开展心与心的交流；加强与员工的情感沟通，实行员工自主管理，营造良好的企业亲情文化；其目的是提高员工的自身素质，提升企业的凝聚力，增强企业的竞争力，使企业发展壮大。

企业亲情化管理的实质可从两个方面理解：一是就员工个人而言，首先是领导对员工的包容，员工之间的关心，激发起员工对自身“人”的发现，对人性的自我唤醒，员工增强了归属感，把自己视作企业大家庭的主体，努力改变被动者的角色，积极主动参与企业管理，是“人性化”的一个方面；二是亲情化管理模式高度重视“人”的作用，将“人”的因素放在管理各因素之首，在管理中实行以理服人，以情动人。

实行亲情化管理，关键在于企业领导与员工之间、员工与员工之间建立起一种亲善友好、和谐融洽的亲情关系。企业倡导员工之间互帮互助、互谅互让的同事关系，并注意及时化解工作中的矛盾。亲情化管理增强了企业的亲和力和凝聚力，牢固树立了员工与企业心连心、共命运的共存共荣观念，使优秀员工留得住，并尽心尽力为企业做贡献。

然而，企业与员工之间的情感沟通绝不是简单的三言两语或浮于表面的交流，而是要善于走入员工的内心世界，以心交心，以情导情，以诚待诚。那么，如何以心交心呢?

作为企业的管理者必须从心里真正认识到我们企业的发展是靠全体员工的共同努力，要感谢他们为企业所做的一切。尊重、包容、欣赏员工是企业情感沟通的重要前提。尊重、理解、宽容、欣赏是人际交往的重要内容，也是人类精神需求的要素。“尊重”被认为是人的一种基本需求，人的这种渴望尊重的需求是否得到满足，将直接影响一个人的发展。因此，企业要尊重员工的个性，尊重员工的人格，理解员工的思想感情，宽容员工的过失，员工一有成绩就表扬鼓励，树立他们的自信心。欣赏员工的进步，关注员工的需要，对于有创造发明的员工，不但在物质上有所奖励，在精神上也给予鼓励。如以该员工的名字命名该项发明，这比物质奖励更能激励人，因为声誉的延续比物质激励更诱人。激励员工为企业创新，让员工拥有安全感、归属感，信任感、责任感，让员工感觉到企业需要他，周围的人需要他的帮助，企业的发展需要他的贡献。而他们的发展，愿景的实现离不开企业这个平台。情感是沟通的重要内容，领导在与员工交流中要有那种发自内心的信任感，让对方感觉到双方是平等的，领导不是居高临下的。只有这样，管理者才能真正深入员工的心灵深处，了解员工的心理需要、工作动机和发展需求，才能建立和谐关系，达到情感沟通的良好效果。如果信任出现问题，将会使员工关上他们的心门。

团队学习是亲情化管理中的一个重要内容，在企业中营造一种团队学习的环境非常重要，只有人人都愿意学习、善于学习，企业才会不断发展。团队学习应以习为主，如中心组学习，每月班组经验体会分享，党小组学习，师傅带徒弟，业务技术的讲课，知识竞赛，技术比武，对口劳动竞赛，QC 小组，“我的安全我主持”活动，“做一天安全员”等，下一步考虑“我当一天班长”的体验，这让员工从反思的角度去体验，去感触，使员工在反思中得到锻炼成长，使他们的自信度更高，达到调动大家学技术、学理论的积极性，使他们更加爱岗敬业。

企业管理者都希望自己的企业有一整套严格的规章制度。可是现在的员工，单纯用“鞭子”难以“抽出”效益。员工是企业存在的支撑，人心是最宝贵的财富，赢得员工的心，就赢得企业。为实现以人为本的亲情化管理理念，对于常年工作、生活在外的员工，企业要开展一系列亲情化活动。一方面根据施工班组实情，制定相应的培训计划，鼓励员工学习文化知识；另一方面对现场职工，采取多种方法和途径解决一些实际问题。特别是对参加国外工程建设的员工，工会要常和他们的家庭保持联系，及时解决后顾之忧。节假日里，工会组织员工送温情，如促膝长谈的“茶话会”等形式，让每位员工深知自己在团队中的重要作用。在日常工作之余，及时掌握员工的思想动态，帮助员工解决实际困难。员工过生日送上蛋糕，员工生病住院及时组织慰问，用一片真心爱护、温暖和理解每一位员工，让大家切身感受到团队的和谐和大家庭的温暖。这样，既增强了员工以工地为家的工作热情，提高了专业技能水平和自身素质，又为安全文明施工打下了良好的基础，从而引导员工在“比、学、赶、帮、超”的氛围中，不断开拓创新、与时俱进。

企业应对核心人才实施无微不至的亲情化管理，就像长辈对待自己的小孩一样，悉心照料、精心培育，而受惠的核心人才也会知恩图报。

一方面，企业要关心核心人才的健康状况。由于核心人才的工作压力较大，缺乏应有的锻炼和娱乐，长期如此，健康状况会受到威胁。微软公司近来连续发生的核心员工英年早逝的现象就说明了这个问题。在这方面，中国企业可以向 IBM、宝洁公司学习，它们对核心人才的健康状况十分关心，不仅每年都安排员工体检，而且每年还组织 1～2 次的度假。另一方面，企业要关心核心人才的家庭生活状况，要尽力帮助核心人才达到工作和家庭的相互平衡。3M 公司在这方面就做得非常成功。为了方便员工处理一些生活事务，公司将一部分场所租给了银行、洗衣店、汽修公司、旅游公司等服务性企业。这样，公司员工就可以很方便地干完“私事”，从而有更多的时间、更集中的精力从事工作。3M 公司还邀请家庭成员参加高层员工的培训，向他们解释这些员工工作的艰辛，并希望得到他们的理解和支持。这些措施促进了核心人才个人乃至其家庭对企业的忠诚。

要主动给员工减压。理解员工的心理压力，是企业管理者管理工作中很重要的一部分。现代社会中，工作竞争越来越激烈，员工们所承受的压力也越来越重。虽说员工们外表看来似乎都是一副无所谓的样子，实则内心孤独、烦闷、压抑。

企业的管理人员要善于给员工减压。例如对他们说:“其实你很不错，只是你自己没有发觉，你以前曾做过某某事，那时你表现真是太好了。”或者:“‘吃一堑，长一智’嘛！何必愁眉苦脸的，来，加油了，我相信你能行的。”要让对目标执行不如意的下属发泄心中的不满。员工的苦衷，有时包含对该公司或负责人的不满及怨恨，这时管理者不妨做一位倾听者，让他们把心中的不平与不满发泄出来。

如果你耐心地将员工的话听完，员工绷紧的心必然会渐渐放松下来，而且心中必然会如此认为：你既然能够把我的话听完，我也愿意听听你的看法。这时，管理者不妨趁此机会提出自己的看法。如果管理者能这样做，就可以把员工的不满情绪消除了，而且也能有效地掌握员工的心。

要帮助员工恢复自信。也许，由于某种原因，员工不能把事情办好，心里必然产生挫折感。这时，管理者应设法恢复他的自信心，多给予鼓励和称赞，用心去挖掘他们不易被人觉察的长处。

★★★★★★★★★★★★★★★★★★★★★★★★★★★★

管理一点通

感动管理实施对管理人员综合素质要求很高。管理者必须做到：身先士卒，身体力行，以良好的行为来感动员工；以身作则，勇于承担责任，以责任意识来感动员工；注重细节、体贴入微，从细节上制造感动；尊重员工，了解需要，从需求和价值实现上做到以人为本；体现亲和、建立愿景，培养良好的家庭情感。

感动一个人其实很容易，给予他足够的关爱就可以了。正所谓“士为知己者死，女为悦己者容”，受到感动的员工，你完全可以放心地把任何工作交给他。

管理者要懂一点幽默

管理者要学会幽默，幽默可以让员工更加有效率地工作。美国的一些企业曾经做过实验，证明幽默确实能够提高生产力，提升士气，并有助于团队合作。某些企业甚至让员工接受幽默训练，想尽办法增加员工的幽默感。在科罗拉多州的迪吉多公司，有 20 位中级经理参加过幽默训练，他们在九个月内使公司的生产量增加 15%，员工病假次数减少了一半。

运用幽默进行管理，管理者往往可以取得很好的效果。一项针对 1160 名管理者的调查显示：77%的人在员工会议上以讲笑话来打破僵局，52%的人认为幽默有助于其开展业务；50%的人认为企业应该考虑聘请一名“幽默顾问”来帮助员工放松；39%的人提倡员工“开怀大笑”。一些著名的跨国公司，上至总裁下到一般部门经理，已经开始将幽默融入到日常的管理活动当中，并把它作为一种崭新的培训手段。

美国荷治克罗宁和伙伴公司，是一家猎头公司，对 737 名主要的高级管理人员就他们选择员工的标准进行了采访。在这些接受调查的主要高级管理人员中，98%的人说与古板的工人相比，他们更会雇用一个具有良好幽默感的人。同样，如果一个人有幽默感，他或她就更加有可能被提升到经理的职位。

工作的第一前提是：绝不呆板、无聊，而应该是好玩。若不好玩，你就在浪费生命。请你以身作则，认真对待工作，轻松对待自己，为工作环境营造出幽默气氛。席伯特是 JC 培尼公司前任总执行长和董事长，他曾说过：“几乎我认识的每一位在组织内属高层的人士以及执行总裁，都有极高的幽默感。我见识过多家公司几千次会议，谈的都是严肃的主题，但是将它们贯穿起来会觉得很幽默。有幽默感，可以帮助你在处理纯粹技术性的资讯，或是在情况不甚明朗需要做决策时，保持清醒的头脑。”

幽默是一种人生态度，也是一种生存的技巧，幽默能产生一股力量，以对抗周围不如意的境况。幽默能使人放松心情，减轻压力。除此之外，凡是具有幽默感的人，通常在生活满意度、生产效率、创造力以及工作士气等方面都胜过那些没有幽默感的人。

国外有一种“幽默感训练”，但是一个人的幽默感不一定完全可以训练出来，顶多只是观念的启发，恐怕无法传授技巧。因为幽默“感”本来强调的就是一种“感觉”，这是很个人、主观的东西，必须靠自己去修行。不过，如果你自认为没有什么幽默感，也不必沮丧，只需记住一个原则：历史上所有的最荒谬的事，只有人类做得出来。你只要经常到人多的地方，保证随时都可以看到笑料。一旦你觉得好笑，就大声地笑出来吧。

幽默与天生的性格有关，但也可以培养。有一句话:“能每天对着镜子微笑的人，就会有幽默感。”幽默感应该是日常生活的积累，多看有趣的书，听有趣的事，接近有趣的人。你可以常常利用散步和搭乘公车的时候观察他人的表情，有着急的，有忧愁的，有无奈的，有若有所思的，也有面无表情的。同时你也可以猜猜他们可能发生了什么事，这样自己忍不住就会笑起来！

幽默必须言之有物，不能光耍嘴皮子，那叫做刻薄。刻薄的人总是拿着剑去刺伤别人，却不检讨自己。这种人十分惹人厌恶，应该送到地狱去拔舌。幽默的人，给别人的感觉是温暖、仁慈、敦厚，说出来的话能让人哭、让人笑、让人反省、回味无穷。即使是讲笑话，除了令人发笑之外，也要讲究深度，如果只是为了开玩笑而已，那会令人倒尽胃口。

懂得幽默可以增进两个人的感情。学会幽默，更要学会开得起玩笑。拿捏幽默要有分寸，不然很有可能笑话说不好，还把下属给得罪了，那就实在不可取了。幽默不要拘泥于自我意识之中，也不要生搬硬套别人的幽默，领导者应该发掘自身的幽默话题，并将幽默的谈吐不断地向更高层次升华，这样就一定会成为一个具有幽默感的人。

领导者应该以认真严肃的态度做事，但是不能不苟言笑。我们也许不会嘲笑公事上的错误，但是在纠正错误的时候，也不能让它阻碍公事的正常运转，如果我们实施工作方案是为了成功，就应该维持乐观的气氛，这时领导者应该自己先表现出乐观的态度，继而带动你的团队。

因为销售额的下降而在脸上显示出愁云的销售领导，将发现：他的悲观具有感染性。摇头叹息并不能激励别人，也不能感动正在谋求改进的上司。然而乐观加上切实的努力，却能产生一种美妙的组合，有时你会被这种奇妙的力量所感动。这可以激励和引导下属。下属喜欢替那种不把失望当作一回事，只会卷起袖子朝前努力的领导者做事。

领导行为和领导风格理论从另一个方面证明了幽默对领导行为有效性的影响，它们主要分析有效的领导是否取决于领导者的行为或风格特征，比如执著、幽默、正直和诚信等。领导使用幽默主要有三个目的：

第一，减轻工作场所的压力；

第二，帮助员工明白领导者的意图；

第三，激励员工。

一个好的领导要善于识别使用幽默的机会。正如幽默领导的提倡者乔尔·古德曼先生认为的那样，领导者应该认识到这样一个事实，幽默不只是儿童之间嬉戏的工具，开心的欢笑与提高生产效率是相辅相成的。

第二次世界大战胜利前夕的一次主攻战役期间，艾森豪威尔在莱茵河畔散步，这时迎面走来一个神情很沮丧的士兵。士兵见到将军，一时紧张地不知道说什么才好，而艾森豪威尔笑容可掬地问这个士兵："大兵，你感觉怎样？"士兵如实相告："将军，我特别特别紧张。"

"哦，"艾森豪威尔将军答道，"那我们可是一对了，我也同样如此，所以也走出来散步。"他的几句话就使那个士兵放松了下来，并明白了将军的意图，所以两人很自然地聊起天来。艾森豪威尔将军并没有直接对这个士兵的紧张做出批评，他知道大战前夕士兵紧张是很正常的事，所以他幽默地转换角度，说自己也同样紧张，以此来消除士兵的紧张感。

在南部非洲发展共同体首脑会议上，南非前总统曼德拉获得了“卡马勋章”。在获奖感言的开场白中，他幽默地说：“这个讲台是为总统们设立的，我这个退休老人今天上台讲话，抢了总统的镜头，我们的总统一定很不高兴。”话音一落，笑声四起。

笑声过后，曼德拉正式发言。当讲到一半时，他发现讲稿的页次乱了，不得不停下来整理。这本来是件有些尴尬的事情，但他却不以为然，一边整理一边脱口而出：“我把讲稿的次序弄乱了，你们要原谅一个老人。不过，我知道在座的一位总统，在一次演讲的时候也曾把讲稿的次序弄乱了，但他却不知道，照样往下念。”整个会场哄堂大笑。你看这位政治家面对尴尬和窘迫还用如此机智和风趣的方式自我解嘲，曼德拉的这种风趣便是我们常说的幽默。在我们的生活中，幽默能使人放松，放松能让人从容，从容才可能做出正确选择。这就是幽默的力量。

在企业管理方面也有许多关于幽默的案例。科罗拉多州宾馆员工们观看幽默录像并参加幽默计划的活动后，情绪低落的时间减少了 30%，而工作满意度提高了 75%。欧文斯大酒店解雇了 40%的员工，在人心动荡之际向麦特尔卡夫求助，他在 2 个月内对 1600 多名员工施行了幽默计划，开展了各项幽默活动，从而使酒店顺利渡过了危机。所以说，幽默管理在企业是大有用武之地的，随着社会的进步，幽默管理也将会有大的发展。

当然，对于领导者来说，幽默感亦要有所节制。它必须让别人知道是幽默，而不是轻薄，也就是说幽默也要适度。总之，如果你想成为一个受欢迎的领导者，如果你想增添自己的魅力，如果你想让自己变得轻松快乐，那就多一点幽默，做一个充满幽默的管理者吧。

★★★★★★★★★★★★★★★★★★★★★★★★★★★★

管理一点通

有经验的管理者都知道，要使身边的员工能够和自己齐心合作，就有必要通过幽默使自己的形象人性化。然而什么事都要有个度，“过犹不及”，当你在“幽他一默”之时也一定要把握住幽默的限度，领会其必需的技巧。

不要随意幽默。幽默并不是随时随地都可以运用的，应在某些特定的场合和条件下发挥幽默。例如：在一个正式的会议上，当你的员工在发言时，你突然冒出一两句逗人的话，也许大家都被你的幽默逗笑了，但发言的那位员工心里肯定认为你不尊重他，对他的发言不感兴趣。

幽默要高雅才好。在生活中，有不少人在开玩笑时往往把握不住分寸，结果弄得大家不欢而散，影响了彼此的感情。当你在与员工沟通时，幽默要高雅才好，把员工的缺陷作为笑料是一种最不明智的行为。

幽默要适时表现才会发生作用。比如说，当员工疲劳快进入睡眠状态时，上司若能适时幽人一默，整个沉闷气氛都会为之改观；还有在开会或聊天时，有人因口无遮拦伤害了他人，此时你不妨以幽默转变话题，这样可以帮大家脱离窘境。

对下属要懂得人情投资

在领导艺术上，有一种不需要金钱的投资，其效果有时候远比金钱的作用大，这就是感情上的投资。在人际交往中，感情是必不可少的因素，感情是相互间建立良好关系的润滑剂。聪明的领导者都十分注重感情投资，也许不能马上见效果，但如果相互信赖的人情关系建立起来，对事业发展有着不可估量的价值。

在一个单位集体里，作为一名领导者，要想让下属理解、尊重并支持自己，首先必须得关心、爱护他们，这是人情投资首先应该注意的。只有这样，下属与领导者之间的心才会贴得更近，下属对待工作才会更加热爱和支持，如果仅在需要员工奉献时才临时抱佛脚，或者总是希望下属感恩戴德，从私人利益方面来求得报答，那就大错特错了。在这里，有以下几个观点仅供参考：

1. 感情投资不是摆花架子

对于感情投资，必须有一个正确的认识，不能只做表面文章，只保持三分钟热度。“路遥知马力，日久见人心”，以情动人贵在真诚持久。人与人之间的理解与信赖需要一个过程。大多的人情投资需要较长的时间才能结出果实。人是各种各样的，对事物的反应方式也不尽相同，有的时候，你对下属百般关心，他们却横眉冷对。但你应当坚信，“人非草本，孰能无情”，“精诚所至，金石为开”，只要功夫到了，误会消除了，下属总会理解并支持你。

2. 感情投资不能急功近利

如果领导能长期注重人情方面的投资，与下属平等相待，以诚相见，感情相通，必会结出相应的果实。对先进人物和骨干分子需要进行这种“投资”，对后进人物和犯错误的下属更需要这种“投资”。长此以往，必定能吸引和留住那些最好的员工并激发他们的工作热情。

人情投资的重要性虽已被领导者所重视，但还应当避免其中的一些误区。应以“长线投资”代替“短线投资”，这是凝聚人气，有效使用人情资本的重要理念。作为一个领导者，想在事业上或人品上多得，就要学会多给、多舍。持之以恒地给予，那样你才会有意想不到的收获。这也是“舍得”二字的真谛。

古代有“积德行善得福报”之说，今天也有许多这样的例子。某公司的王总经理十几年来都非常关心职工的生活冷暖。有位姓徐的工人父亲患重病急需一笔医疗费。这对本来并不富裕的徐某来说无疑是雪上加霜。他六神无主地哭着找到了王总经理。王总经理了解情况后，马上就让财务预支了 5 万元钱，嘱咐他别有思想包袱，救人要紧。虽然事后徐某的父亲因病情加重去世了，但徐某却对王总经理感激不尽。后来，由于市场竞争激烈，王总的鞋业公司也不好过，只剩下空架子维持着。就在这时，徐某在新加坡的舅舅要来大陆投资办厂，听了外甥的介绍后，老人决定把钱投在人品信得过的王总经营的鞋业公司上，并且还带来了大批新式鞋样、成套设备和订单。王总经理的公司在外资的帮衬下又起死回生，并越做越大，事业搞得红红火火。

3. 感情投资必须以心换心，以情动情

感情作为联系人际关系不可缺少的纽带，存在于领导者与被领导者之间，这种感情是互相影响的。想让下属理解、尊重、信任和支持你，首先你应懂得怎样理解、信任、关心和爱护他们。有投入才会有产出，有耕耘才会有收获，不行春风，哪得春雨？所以，作为一名领导者，一定要对自己的下属以心换心，以情动情，因为人人都有这种需要。

马斯洛的“需求层次说”认为，凡是人都希望别人能尊敬和重视自己，关心体贴自己，理解信任自己。这种需要是属于心理上和精神上的，是比生理需要和物质需要更高级的需要。物质只能给人以饱暖，精神才能给人以力量。如果当领导的能够对自己的同事和下属平等相待，以诚相见，感情相通，心心相印，从思想上理解他们，从生活上关心和爱护他们，在工作上信任支持他们，使他们的精神需要得到满足，这些下属就会焕发出高昂的热情，奉献出无私的力量，就会把工作做得更好。

领导对待下属要以心换心、以情动情这个道理，许多古代政治家都懂得。刘邦的“信而爱人”，唐太宗的“以诚信天下”，都是颇为感动下属的领导行为。每个人都需要别人特别是领导者的同情、尊重、理解和信任。如果领导者能够注意这一点，并身体力行，那么单位或公司里就会出现亲切、和谐、融洽的气氛，内耗就会减少，凝聚力和向心力就会大大增强。

中国民谚里关于以心换心，以情动情的话比比皆是。如，“投之以桃，报之以李”，“你敬我一尺，我敬你一丈”等。

管理一点通

当今管理学上有个“换心效应”：上级给一尺，下级还一丈。作为管理者，如果你能先将你的“仁慈”之心交给下属，下属可能会以十倍的热情和诚心回报给你。

未来的竞争，就是“人心”的竞争。一个企业若想取得长足的发展，在激烈的市场竞争中立于不败之地，首先就应该注重争取“人心”，进行有效的“情感投资”。

真心体贴地对待下属

一些成功的上司关心体贴自己的下属，有时做得可以说无微不至，以至于让下属感激涕零、心悦诚服。这样的上司无疑会在下属的心目中产生强大的影响力和号召力，使公司上下成为一个非常友好的团队，下属的工作效率也会明显地提高。

第二次世界大战时，利维在美国经营一家影片进出口公司，他的下属弗兰克是一个行家，专业技能出众，但脾气暴躁，动不动就与人争吵，利维也劝说不了。

一天，为了一个实验问题，弗兰克同研制组的一位助手争执不下。他大动肝火，又拍桌子又扔东西，利维过去劝阻，仍无法使弗兰克恢复平静。这时，弗兰克的小女儿安妮看见她爸爸那副怒发冲冠的样子，吓得哭了起来。弗兰克见状，再也不同别人争吵，赶快跑过去，赔着笑脸哄逗她。看到这一情景，利维眼前一亮，他发现弗兰克虽然看谁都不顺眼，但对留在他身边的小女儿却是百依百顺，视为掌上明珠，不难看出小女儿对他是多么重要。为了使弗兰克有充实的精神生活，利维在公司附近为他租了一幢非常漂亮的房子，好让他和他的小女儿生活在一起。

弗兰克知道利维的资金十分紧张，还为他租房，心里很是过意不去。因此，尽管利维再三动员他搬进新居，但他仍坚持不搬。

利维说："安妮非常同意搬入新居，她说你心情不好，经常发脾气，这对身体不好，如果她能住在附近陪着你，你就不会发脾气了。小安妮还说：'我爸爸多可怜呀，我不能再让他忍受孤独了！'"

听完了这番话，弗兰克的眼里充满了泪水，他最终听从了利维的安排，搬进了新居。在以后的工作中，弗兰克很少发火，他尽心尽力地为利维公司工作，使利维的公司迎来了一个又一个的辉煌的成就。利维在资金状况窘困的时刻，仍然把弗兰克的生活看得比金钱更重要，这使弗兰克深受感动，甘为利维效劳。

这个故事中，利维没有怪罪弗兰克的坏脾气，而是给予全然的理解，并设法帮助他改善心情。遇到这样的好上司，哪个下属不乐意为之竭尽全力呢?

作为上司，为了赢得下属的心，有必要做到以下几件事：

1. 用自己的"心"去交下属之"心"

只有拿出自己的"心"，你才能笼络住下属的心，得到下属的衷心拥戴。当年的"楚霸王"，其英勇可以说无人能比：纵横无敌，城必攻、敌必克。结果，还是自刎乌江。我们不能说他不勇敢，也不能说他武艺不精，问题就出在他的信条上："以力征经营天下。"很难想象，一个只有智商没有情商的人怎么会取得成功。不仅他的敌人会拼命制造障碍，他的下属也不会为之披肝沥胆、努力征战。

作为上司，要多用"心力"，在下属有困难的时候，应该体恤下属的难处，关心下属，并给予他们你所能提供的最大帮助。人心都是肉长的，他们将不胜感激，并用实际行动来回报你，从而促进你在事业上的发展。

2. 真心替下属着想

松下幸之助有个令事业急速成长的秘诀：遇事替下属着想。他曾经讲过这样一件事："我在生意场上曾与人发生纠纷，当时有人出面劝和说：'松下先生，这件事你就认输好了，要赢是可以赢的，但你应考虑到你的属下。为了自己的属下，你可以输掉这场纠纷。'当时我很感动：他说得很有道理。"

对领导者来说，下属的事就是头等大事，为了下属，应该受得起辛苦、经得起委屈，并以下属的利益为优先考虑目标。

3. 多些有人情味的关爱

法国作家拉封丹写过一则寓言：北风和南风比威力，看谁能把行人身上的大衣脱掉。北风首先吹得人寒冷刺骨，结果行人为了抵御北风的侵袭，便把大衣裹得更紧。南风则徐徐吹动，顿时风和日丽，行人觉得温暖如春，随之开始解开纽扣，继而脱掉大衣，最终南风获得了胜利。

温暖胜严寒、柔性胜刚性，在工作中，上司要谨记这个法则，对员工多一些有“人情味”的关爱，少点官架子，尽力解决员工日常生活中的实际困难，使员工真正感觉到领导者给予的温暖，从而激发他们工作的积极性。

大家都知道“老干妈”的创始人陶华碧，没有读过书，一字不识，却把企业管理得很好。为什么？用她自己的话说，她用的方法只是“感情投资”。

在员工的福利待遇上，陶华碧舍得“花血本”，一直坚持对员工包吃包住，而且工资、福利在贵阳都是“顶尖”的。除此之外，陶华碧还一直坚持她的一些“土原则”：隔三岔五地跑到员工家串门；每个员工的生日到了，都能收到她送的礼物和一碗长寿面加两个荷包蛋；有员工出差，她像送儿女远行一样亲手为他们煮上几个鸡蛋，一直送到他们出厂坐上车后才转身回去；贵州过年过节时，有吃狗肉的习俗，陶华碧特地建了个养狗场，长年累月养着 80 多条狗，每到冬至和春节就杀狗供全公司员工会餐……在公司里，没有人叫她董事长，全都亲切地喊她“老干妈”。她的“干妈式管理”也许不能算是一种世界先进的管理模式，却产生了强大的凝聚力，也正是这股力量推动着企业的迅速发展。

人非草木，孰能无情，有了这样“爱兵如子”的领导，下属能不竭诚效力吗？

★ ★

管理一点通

作为上司，只有和下属搞好关系，赢得下属的拥戴，才能调动起下属的积极性，从而促使他们尽心尽力地工作。俗话说“将心比心”，你想要别人怎样对待自己，那么自己就要先那样对待别人。只有先付出爱和真情，才能收到一呼百应的效果。

上司对下属体贴入微的态度，能给下属最大的满足，甚至会使他们产生受宠若惊的感觉，因而感恩戴德，更加忠心耿耿地为其效劳。有些人只是一味地向欲拉拢的一方施以恩惠，特别是对那些自己以为将要用到的人，更是如此。其实，收拢人心，最重要的是要针对对方的心理，给地位卑贱者以尊重，给贫穷者以财物，给落难者以援助等，这才是收拢人心最有效的方式。

比如，现代人都习惯祝贺生日，生日这一天，一般都是家人或知心朋友在一起庆祝，聪明的上司则会使自己成为庆祝的一员。有些上司惯用此招，每次都能给下属留下难忘的印象。或许下属当时体味不出来，而一旦换了上司有了差异，他自然而然地就会想到你的好处。

管理中的“霍桑效应”

20 世纪二三十年代，美国研究人员在芝加哥西方电力公司霍桑工厂进行的工作条件、社会因素和生产效益关系实验中发现了实验者效应，称霍桑效应。

实验的第一阶段是从 1924 年 11 月开始的工作条件和生产效益的关系，设为实验组和控制组。结果不管增加照明度或控制照明度不变，实验组和控制组的产量都会增加。另外，又试验了工资报酬、工间休息时间、每日工作长度和每周工作天数等因素，也看不出这些工作条件对生产效益有何直接影响。

第二阶段的实验是由美国哈佛大学教授梅奥领导的，着重研究社会因素与生产效率的关系，结果发现生产效率的提高主要是由于被实验者在精神方面发生了巨大的变化。参加实验的工人被置于专门的实验室并由研究人员领导，其社会状况发生了变化，受到各方面的关注，形成了参与实验的感觉，觉得自己是公司中重要的一部分，从而使工人从社会角度方面被激励，促进产量上升。

这一系列实验研究的中心课题是生产效率与工作物质条件之间的关系。这一系列实验研究中有一个“谈话实验”，即用两年多的时间，专家们找工人个别谈话两万余人次，并规定在谈话的过程中，要耐心倾听工人们对厂方的各种意见和不满，并做详细记录，对工人的不满意见不准反驳和训斥。

这一“谈话实验”收到了意想不到的效果：霍桑工厂的产量大幅度提高。这是由于工人长期以来对工厂的各种管理制度和方法有诸多不满，无处发泄，“谈话实验”使他们的这些不满都发泄出来，从而使他们感到心情舒畅，干劲倍增。社会心理学家将这种奇妙的现象称为“霍桑效应”。

霍桑实验的初衷是试图通过改善工作条件与环境等外在因素，从而提高劳动生产效率。但是，通过试验，人们发现，影响生产效率的根本因素不是外因，而是内因，即工人自身。因此，要想提高生产效率，就要在激发员工积极性上下工夫，要让员工把心中的不满一吐为快。霍桑工厂的“谈话实验”之所以会提高工作效率，主要原因就是它正好切合了的某些潜在的心理特点：

1. 渴望被重视是一种普遍存在的心理需求

在霍桑工厂，工人感到在做实验的这一刻自己是特殊人物，引起了厂方的极大重视，因而感到愉快。工人们产生愉快心理后，周遭的一切都变成了他们喜欢的东西，生产条件也变成次要的了。他们会尽自己最大努力按照老板希望的那样去做，尽管他们想的与老板想的并不相同，但他们知道提高劳动效率是人们共同关注的目标。

2. 人不能被动工作，必须激发他们的积极性

通过实验我们可以看出，影响生产效率的最重要因素不是金钱，而是工作中工人们自动自发的责任感。要培养工人高度的责任感，必须向工人提出高标准的劳动要求。实践表明，低标准只会抑制工人的劳动积极性。而高标准也并不是标准越高越好，而是合情合理，经过一定的努力就可以达到。这样，工人为回报厂方对自己的能力的信任，就会尽力完成制定的目标。

3. 工人的满意度，在决定生产效率的诸多因素中居于首位

工作效益与制度的人性化和员工的良性情绪有关系。员工心情舒畅，干劲才会倍增。如果管理者只是根据效率要求来刻板管理，而忽略工人的心理感受，必然会造成双方情绪的不快，影响生产率的提高和目标的实现。所以，提高工人的满意度是企业管理中最重要的一项内容。

当管理者们深切地领悟了“霍桑效应”的妙处之后，就要不失时机地应用到自己的管理中。比如，设立“牢骚室”，让人们在宣泄完抱怨和意见后，全身心地投入到工作中，从而使工作效率大大提高。日本的一些企业做得更绝，他们在企业中设立“特种员工室”。在“特种员工室”里陈设有经理、车间主管、班组长的人偶像及木棒数根，工人对某管理人员不满，可以用木棒打自己所憎恨的人偶，以泄愤懑。

近年来，法国还出现了一个新兴行业——运动消气中心，仅巴黎就有上百个。出此创意的人大都是学运动心理专业的，他们认为运动可以解决人们的心理问题，尤其是心情积郁等诸多问题。每个运动中心都聘请专业人士做教练，指导人们如何通过喊叫、拧毛巾、打枕头、捶沙发等行为进行发泄。也有的通过心理治疗，先找出“气源”，再用语言开导，并让“受训者”做大运动量的“消气操”。这种“消气操”也是专门为这项运动设计的。

无独有偶，近几年来在美国也诞生了各种专供人在受了委屈后发泄的“泄气中心”。在这里，有的医生采用发泄疗法对病人施治，具体形式为：召集病人围坐在一起，让大家毫无顾忌地发怨气、“倒苦水”。

既然“发泄怨气”都成了商机，可见“霍桑效应”已经引起了人们的足够重视。

不仅在管理领域如此，霍桑效应应用到其他领域也会收到事半功倍的效果。比如在学校教育中，当学生产生不良情绪时，教师如果能耐心地引导学生尽情地“说”，说出自己生活、学习中的困惑，说出自己对老师、对同学或者对班级工作、学校管理的不满，然后再以热情、诚恳、民主的态度和学生共同探讨改进的办法，真正做到师生心灵沟通，就会使老师成为学生的知心朋友，使学生的心理向积极健康的方向发展。

但是，如果运用不当，“霍桑效应”也会产生负面影响。仍以学校教育为例，有的中小学校根据学生的成绩分班，以便能让成绩好的那一部分学生得到特别的关注，使得他们对学习更有信心，更加努力。可是，学校却没有想到，这样的做法对于那些没有受到关注的同学来说简直就是伤害，这些学生受到这样的待遇难免会产生自卑感，丧失自信心，甚至“破罐子破摔”。从这一点来说，“霍桑效应”的应用一定要讲究条件，注意方式方法，否则，可能功过相抵，甚至产生不良的后果。

★★★★★★★★★★★★★★★★★★★★★★★★★★★

管理一点通

在企业的日常管理中，管理层要知道下属真正需要的是什么，物质的还是精神的，对应采取激励措施（包括物质的、精神的，哪怕是一种关心的话语或注视的眼神），反过来下属也要对管理层的期望多些理解。

情感管理拉近彼此间的距离

按照二八原则，公司中20%的员工创造了80%的价值，所以大多数公司都会这样做：最高管理层只关注那些职位高或者价值高的中层干部，中层干部也只关注那些骨干员工，对于那些在基层岗位上做着普通工作的员工可能就没有人顾及。而基层员工是活跃在公司中最大的群体，他们承担了公司中最多的工作量，如果对他们失去关注，将会直接影响到公司的长远发展。

情感管理可以拉近你和员工的心理距离，让你与员工在无拘无束的交流中相互激发灵感、热情与信任。管理者要在公司内建立一种亲密感，这种亲密感不是靠给予物质利益或由公司提供社会福利，来使员工与公司互依互赖。

这种亲密感要建立在相互尊重、彼此独立以及相互关切上。这种亲密感就像成熟的婚姻——既不会给人压迫感，又不会叫人觉得郁闷无聊。而这正是情感激励。忘却绝对的理性，以情动人、以情励人是最富成效的员工激励方式，可以在企业中形成凝聚力和归属感，提高整体绩效。

圣诞节快要到了。朗力公司行政主管凯维尔悄悄吩咐秘书去定做一批纯金的西服别针，并要求在圣诞节前夕将做好的西服别针分别寄到朗力公司每位员工的配偶手中。公司的老门卫托玛逊的太太在圣诞节的前几天收到了一枚纯金别针。

有人问老门卫你拿到这枚别针时是什么感觉，老门卫说："那是圣诞节的前几天，我像往常一样下班回到家。一开门，没想到我的妻子从房间里冲了过来，搂着我就是几个狂吻，并大声说：'汤姆，你真棒！'她的眼睛里闪动着泪花。

"我不明白发生了什么事，妻子激动地说：'汤姆，你看看桌子上是什么！'我看到桌子上放着一个精致的小盒子，盒子里摆放着一枚金光闪闪的别针。"

老门卫还在盒子里发现一张小纸条，上面写道：

"尊敬的托玛逊太太：

感谢您一年来对托玛逊先生工作的全力支持，使得朗力公司的工作取得了很大成就。我谨代表我个人向您表示衷心的谢意。

——杨·凯维尔"

公司领导的信任与尊重，极大地激励了托玛逊，收到别针的那天晚上，他和妻子一边喝着酒，一边聊着天，他们的话题就是明年该怎样做才能不辜负总裁的期望。托玛逊决定只要公司一天不辞退他，他就尽最大的努力做好自己的工作。

凯维尔是一位善用情感激励的高手，他知道通过与员工家属建立融洽的亲情关系激励员工是最自然的。也许是英雄所见略同，斯特松公司的管理者也很注意抓住员工的心。

斯特松公司是美国最老的制帽厂之一，1987 年时公司的情况非常糟糕：产量低、品质差，劳资关系极度紧张。新上任的公司行政主管通过调查发现员工们对管理层、工会缺乏信任，这主要是上任主管的偏激作风。言语辱骂和不关心员工等恶劣的行为造成的。于是新任主管开始实施一套全新的情感管理方法，他开始主动聆听员工的心声。

奇迹出现了。在 4 个月之后，不但员工憎恨责难的心态瓦解，同时他们开始展现出团队精神，工作绩效也有所提高。感恩节前夕，这位主管亲手赠送火鸡给全体员工。隔天他收到员工们回赠的像一张报纸那么大的签名卡，上面写着：谢谢把我们当人看！

美国著名管理学家托马斯·彼得斯曾大声疾呼："你怎么能一边歧视和贬低员工，一边又期待他们去关心质量和不断提高工作绩效呢！"请忘记绝对的理性，用一颗滚烫的心去关怀员工，真正实现与员工的心灵交融，从而实现管理上的高效。

情感管理在现代快节奏、高压力的职业环境中越来越重要。管理者要真正地了解员工心中所想，为他们排忧解难，从而从内心深处激发员工的积极性。可以从下述两个方面入手：

1. 创造一种沟通无限的工作氛围

在公司里营造一种自由开放、分享信息、人人平等的氛围，除公司制度化的交流途径之外，公司要鼓励各种自发、非正式的交流沟通渠道。无论是娓娓道来的谈心，还是头脑风暴式的讨论，都将减少员工之间、部门之间的误解和隔阂，形成一种积极而和谐的人际关系，增强企业的凝聚力和创新能力。

2. 要尊重和认同员工

尊重和认同是员工情感管理中最重要的部分。按照马斯洛的需求理论，人到了一定的阶段就有了被尊重和认同的需要。现代企业中员工的素质普遍都比较高，因此要求被尊重和认同成为他们工作快乐的最基本要素。现在好多企业都在企业文化中强调"以人为本"，其实以人为本就是要把所有的人都视作公司大家庭中的一员，要公平地对待他们，要爱他们，要让员工感觉到被重视。

管理一点通

作为管理者，无论多忙，你都要每周或每月抽出时间和一线的员工沟通，你可以召集一些员工中午和你一起吃盒饭或者喝个下午茶，你也可以采取一对一、面对面的方式去和他们沟通，只要你用心了，该关心的关心了，说不定你会有意想不到的收获，了解到很多你想知道的事情，开阔你的工作思路。

第九章

管理者要拥有用人御人智慧

用人是领导活动艺术化的重要特征，是一个领导是否高效的重要衡量标准。一个不懂得用人的领导要想成为好领导是难以想象的。用人作为一门艺术，一门技巧，对领导者事业的成败起着关键的作用。尤其是现代企业的竞争，说到底是人才的竞争。善用人者，不仅会留住身边的人才，还能吸引飞来的凤凰。

在绝大多数情况下，企业经营失败并不是因为缺乏合格的人才，而是因为企业领导不能很好地使用人才。人力资源浪费是企业最大的浪费，善于用人不仅是对管理者的基本要求，也是其基本责任。

让组织充满活力

领导要想掌控好下属的潜在势能，必须关注年轻下属这个非常强大的工作群体。在年轻人眼中，工作即是效益，或者说，工作即是价值。领导正是根据年轻人求职、任职的工作观念，充分激发年轻人所具备的才思与热情，使得他们形成一个有凝聚力的“工作族”。有了这一群“工作族”，企业就会充满活力，加速企业目标的推进；如果“工作族”能够与经验丰富的员工融为一体，那么，企业就会形成强大的竞争力。因此，领导力戒以所谓缺乏经验、身心不安、疏忽大意等理由，轻视年轻下属的潜在势能，否则就会失去最有活力的人力资源。

年轻下属通常可分为 3 类：

1. 充满求胜的欲望；

2. 做事得过且过，常想着要自立门户；

3. 随波逐流、唯命是从，只要求有份工作，不知理想为何物。

无论属于哪一类型，他们都拥有一股干劲，只是不懂得如何自我发挥，或根本不愿意发挥。

身为他们的上司，引导他们发挥干劲，是不可逃避的责任。

1. 压担子

许多上司习惯指派某些下属做重要的工作，却不了解其他下属能否担当同类工作。这样演变下去，造成有些人忙得透不过气，有些却投闲置散的局面。

2. 座右铭

有些下属过分急进，把冲动误以为干劲。面对这类年轻人，应赠予一些处事技巧的隽语给他们，让他们知道凡事按部就班，瞄准机会，不应乱冲乱撞，坏了大事。

3. 少贬多褒

事业心强的年轻下属，都会把自己的想法提出来，期望得到上司的认同，从而肯定自己的才能。遇到这种类型的年轻下属，领导有福了；因为这等于得到了一个宝藏，只要懂得开采，其利无穷。

上司应对年轻下属有步骤地进行指导，包括效率与素质并重的处事方法，以及鼓励他们多学、多想、多实践。

鼓励年轻下属学习不是单凭说话，而是要实际行动：例如亲自传授一些心得，开办一些短期课程、聘请专业人士授课、定期或不定期的演讲等，使年轻下属了解上司是一个言行一致的人。

领导应根据下属年龄的不同而采用不同的方法。其中，年轻的下属最难用；但是用得好，他们又往往能使出最大的劲，为企业作出最大的贡献。所以，切记不要忽视对年轻下属的任用。用好了年轻下属，将会使团队的活力与希望倍增。

★★★★★★★★★★★★★★★★★★★★★★★★★★★

管理一点通

年轻人年富力强，有工作热情，是企业的中坚力量。领导者如果能够把握年轻员工的特点，善加引导，妙用手段，可以使其焕发无穷的创造力，使你的企业一日千里。

用人关键是要选对人

凤凰卫视从默默无闻到大行其道，这一切不平凡的业绩从根本上来说，是缘于凤凰卫视独有的管理文化，特有的选人原则。

凤凰卫视的高层管理者认为，决定一个人潜力大小的往往不单纯是他的知识和技能，还包括他的品德与个性。因此，凤凰卫视偏爱那些品质优秀、具有执著个性的员工。具体来说，主要包括以下几个方面：

1. 强烈的进取心

进取心是成功的起点。具有强烈进取心的人，不管遇到什么挑战，都能挺身而出；不管需要做什么，都会努力去做。具有强烈进取心的员工会不屈不挠地把思想付诸行动，会影响和带动周围的人去工作，由这样的员工组成的团队才可能在竞争中立于不败之地。

2. 热爱事业

没有事业追求的人，别到凤凰卫视来；抱着“得过且过，何必玩命”念头的人别到凤凰卫视来；满脑子都是“混饭吃”的“打工仔”想法的人，别到凤凰卫视来。凤凰卫视需要的是热爱传媒工作的人，是理解传媒工作价值的人，是具有高度职业道德的人，是能在工作中全身心投入、无条件付出的人。

3. 人品优秀

凤凰卫视选人的第一条标准就是：人品好、诚实、有责任心。有才无德者不是“慎用”，而是根本“不用”。

4. 较强的学习能力

只有像海绵一样不断吸取和学习新知识才能在这个变化迅速、信息密集的行业里不落伍。所以，一个优秀的员工必须具备学习能力和知识更新的能力。

5. 一切从头开始

来到凤凰卫视，不管你是已经取得辉煌成就的业内高手，还是名不见经传的新手，不管你过去是什么人，做过什么事，都必须从“零”开始。这是凤凰卫视给每个英雄或者准英雄上的第一课：“归零”，放下“过去”的包袱，轻松上阵。

正是凭借着以上的选人原则，凤凰卫视迅速升腾，事业不断发展壮大。所以，坚持什么样的选人原则，是一个领导能否选准人的关键所在。

★ ★

管理一点通

优秀员工就如同优秀士兵一样，他们具有一些共同的特质：他们是具有责任感、团队精神的典范；他们积极主动，富有创造力；他们没有任何借口。每一个进入西点学校的学员的心中，都埋藏着一个当将军的梦想，若非如此，他们就不可能成为优秀的士兵；同样的，进入企业的员工，都希望成为公司的骨干、精英，成为企业的优秀员工，他们是企业宝贵的财富。

从辩论中考察下属的才能

要识别真正的人才，和下属辩论是一个好的途径。通过辩论，领导能判断出一个人才学的高低和真假。言为心声，从辩论的技巧中，可以看出各种不同才能的人。

1. 善于钻研的下属

有的下属与人交谈时，如果大家见解一致，就如溪水流向大河，彼此和谐融洽；如果意见相反，争执了几句就离开，或者模棱两可，谈得不冷不热，对话渐渐地因尴尬而止。这是不善与人交谈的人。这种人说话被动，别人问一句答一句。但当说到他感兴趣的话题时，他立刻就像换了一个人似的，侃侃而谈，语若滚珠，甚至会激动起来，仿佛于寂寞山中遇到知音。

这种人对生活有激情，苦苦钻研自己的兴趣所在，会成为某一领域的专家。他们不喜欢热闹的地方，而爱清静自处，生活欲望也比较清淡，适合于搞研究工作。

2. 做事稳健的下属

有的下属在辩论时，总是摆事实，讲道理，事实摆得清清楚楚，道理讲得一条是一条，说得人心服口服。这种人稳健大方，思路清晰，反应也快，看问题能抓住本质，而且态度从容，不紧不慢，为人做事有理有据有节，可托付重任。

3. 头脑敏锐的下属

有一种下属，在辩论中说得别人哑口无言，甚至说得别人拂袖而去，不愿再跟他辩论。从这个意义上说，他是胜利者，但他是依靠犀利的言辞战胜对方的。这种人目光尖锐，头脑敏锐，能迅速抓住他人讲话的漏洞而伺机反驳，一张巧舌能把黑说成白，把错说成对。尽管对方明知他无理，却在一时之间找不出确切的话语来驳倒他。他们是业务、外交、法律界好手，但要注意他轻浮不稳的毛病，当心聪明反被聪明误。

管理一点通

俗话所:“言为心声。”了解下属的直接方法就是和他交谈。平时，领导要多接触下属，多与下属交谈，有意识地询问下属一些他们关心的和正在思考的问题，从下属的谈吐中判断他们的观念、才学和品性。

用人不能纠结细枝末节

用人与做事要抓住重点，不要因为一点细枝末节的小事而妨碍了事业的发展。金无足赤，人无完人，我们要用的是一个人的才能，不是他的过失。

战国时卫国的苟变，很有军事才能，可说有大将之才。子思到卫国，会见卫侯时向他推荐苟变，卫侯说他知道苟变这人有将才，可是，他当税务官时白白吃了农民的两个鸡蛋，所以不用他。子思听了，要他千万别说出去，不然，各国诸侯听到了会闹笑话。子思认为，用人要像木匠用木一样，“取其所长，去其所短”。今处于战国之世，正需要军事人才，怎能因白吃两个鸡蛋的小事而不用一员大将呢？因子思的话说到了点子上，卫侯的思想这才转过弯来，同意用苟变为将。如果没有子思的推荐和教导，有大将之才的苟变就会因白吃两个鸡蛋而被卫侯弃置不用了。

办大事的人，要不计较小事；成就大功业的人，不要追究琐事。

赵国有个人家中老鼠成患，就到中山国去讨了一只猫回来。这只猫会捕老鼠，但也爱咬鸡。过了一段时间赵国人家中的老鼠被捕尽了，不再有鼠害，但家中的鸡也全被那只猫咬死了。赵国人的儿子于是问他:“为什么不把这只猫赶走呢?”赵国人回答说:“这你就不懂了。我们家最大的祸害在于有老鼠，不在于没有鸡。有了老鼠，它们偷吃咱家的粮食，咬坏了我们的衣服，穿通了我们房子的墙壁，毁坏了我们的家具器皿，我们就得挨饿受冻，不除老鼠怎么行呢?没有鸡最多不吃鸡肉，赶走了猫，老鼠又为患，那将怎么办呢?”

任何事情有好的一面，自然也有存在问题的一面，但是我们应该看主流，不能只盯住存在问题的一面。如果领导者因为一点错事就对下属弃之不用，那么恐怕什么事情都干不成了。

★★★★★★★★★★★★★★★★★★★★★★★★★★★★

管理一点通

世界上没有十全十美的人，任何人都有缺点、有错误、有毛病，作为管理者，用人要抓大放小、不拘小节，不能纠缠于鸡毛蒜皮的小事。如果光看缺点的话，用人的范围会变得非常窄。而且管理者需要给对方一些犯错误的机会，只要不涉及原则性问题都可以宽容一些。对管理者而言，在这方面必须有清醒的认识，否则就会患得患失，进退两难，无比纠结了。

用人首先是要懂得信任

日本松下的一位总裁曾说：“用他，就要信任他；不信任他，就不要用他。这样才能让下属全力以赴。”

崇祯是用人多疑的失败典型。众所周知的袁崇焕就是最大的牺牲品。

不仅仅如此，为剿流寇，崇祯先用杨鹤主抚，后用洪承畴，再用曹文诏，再用陈奇瑜，复用洪承畴，再用卢象升，再用杨嗣昌，再用熊文灿，又用杨嗣昌，十三年中频繁更换围剿农民军的负责人。这其中除熊文灿外，其他都表现出了出色的才干。然皆功亏一篑。“闯王”李自成数次大难不死，后往河南聚众发展。

史学家对崇祯的评价：明朝的灭亡是因为天灾瘟疫和崇祯多疑，和士大夫无关。明思宗崇祯求治心切，生性多疑，刚愎自用，因此在朝政中屡铸大错：前期铲除专权宦官，后期又重用宦官；之后中金反间计，自毁长城，冤杀袁崇焕。思宗的性格相当复杂，在除魏忠贤时，崇祯表现得极为机智，但在处理袁崇焕一事时，却又表现得相当愚蠢。

可以这么说，如果崇祯用人不疑，李自成很可能被杨鹤、洪承畴、曹文诏、陈奇瑜、卢象升、杨嗣昌等将领剿灭；如果崇祯用人不疑也不会冤杀袁崇焕；如果崇祯用人不疑、用好洪承畴，也不会导致洪承畴最终降清。

管理者都知道信任别人会对工作有所帮助，但是却不容易做到。上司在交代下属做事时总会存在许多疑虑，譬如“这么重要的事情交给他一个人去处理，能负担得来吗?”或者“像这种敏感度很高，需要保密的事，会不会泄露出去呢?”管理者通常会有这种微妙的矛盾心理。而更微妙的是，当上司以怀疑的眼光去对待下属时，就好像戴着有色眼镜，一定会有所偏差，一件很平常的事也会疑虑丛生。

用人固然有技巧，但最重要的就是要用人不疑，疑人不用。通常受上司信任、能放手做事的人，都会有较强的责任感，所以无论上司交代什么事，都会全力以赴。

如果上司不信任下属，动不动就指手画脚，使下属觉得自己只不过是奉命行事的机器，事情成败与他的能力高低无关，他们就会对上司交办的任务抱着交差的心态去完成。

以坦诚的态度面对下属，就会发现对方有很多可靠的长处。信任与怀疑之间，就有这么大的差别。

人与人之间普遍缺乏互信互敬的胸怀，因此导致许多意识上的差异，甚至行为上的争执，造成秩序的混乱。管理者如果有信任别人的度量，不但可以提高办事效率，还可以为缺乏信任的人际关系增添许多光明与和谐的成分。

因此对待要用之人，首先就要依赖，并且要抱着“宁要对方负我，我也不负对方”的想法，如此才能赢得下属的忠诚。

对于工作，放手让下属去做，放手让他们履行自己的职责。当然，在工作的过程中，管理者有督导的责任，这样下属们才能在实际工作中，慢慢成长起来，胜任工作，完成任务。

对那些好像什么都干不好的下属，管理者们又该怎么办呢?

(1) 看下属的优点和长处。在这个世界上，没有一无是处的下属，只有看不到下属特长与优点的管理者。回想一下，当初自己看中了他哪方面的实力而将他招聘进来的；反思一下，自己是否尽到了上司的职责，对下属进行了有针对性的培养和提携呢。

如果这样做却没效果的话，还可以尝试将他们调出自己的部门，推荐他们到力所能及的岗位上去。

(2) 让下属忙起来。哪怕暂时没任务，也要给下属们找事做，让他们忙起来。比如，市场部的负责人可以在下属们的“闲暇期”安排他们做渠道、消费市场、竞争者等方面的调研，可以让他们提出产品开发、市场整改等方面的建议报告，还可以让他们跟着销售部的同事，去市场上感受一下市场一线更真实的气氛和环境。

在这样的安排中，我们还可以在时间上、在具体的工作内容上、在对工作过程及结果的检查上、在与薪酬挂钩的考核上，给下属们提出相应的指标。

让下属随时处在任务当中，并忙碌起来，就是为了提高他们的作战能力，让他们贡献自己所应尽的力量，实现更大的价值，同时，也是在解放管理者自己。

★★★★★★★★★★★★★★★★★★★★★★★★★★★★

管理一点通

企业在用人方面有许多做法，但要使人才充分发挥自己的聪明才智，信任是最为重要的。有位大企业的老总在谈到用人时说:“信任是我用人的第一标准。”这句话很有见地。

用人不疑，疑人不用。既然你选择了他，便不应怀疑，不应处处不放心。既然你怀疑他，你便不要用他好了。用而怀疑，实际上是最失策的。

松下幸之助对此颇有见解。他认为，起用某个人，只有充分信任他的时候，他才会一心一意为企业卖命。而索尼公司的创始人盛田昭夫更绝，为了表示自己对人才的信任，他将所录用的人的人事档案烧掉，只看行动，不问过去如何。

要充分相信下属的能力

一位中国主管看见美国调色师正在调口红的颜色，走过去随便说了一句："这口红好看吗?"美国调色师站起来说："第一，亲爱的李副总（美国人通常都是叫名字的，叫了头衔就表示心中不太愉快了），这个口红的颜色还没有完全定案，定案以后我会拿给你看，你现在不必那么担心。第二，李副总，我是一个专业的调色师，我有我的专业，如果你觉得你调得比较好，下个礼拜开始你可以调。第三，亲爱的李副总，我这个口红是给女人擦的，而你是个男人。如果所有的女人都喜欢擦，而你不喜欢没有关系；如果你喜欢，别的女人却不喜欢，完了"。"Sorry，Sorry……"主管知道自己的问话有些不妥，连声道歉。

其实，下属本来就想好好干的，经过你不必要的一再强调，他们的心会凉下来，觉得兴趣索然，他们的反应反而是："今天休假一天算了。"

领导要了解人的心理，就是每个人都有想工作也想玩乐的天性。如果有人对你说："玩吧，不要工作了。"虽然一时会觉得轻松高兴，但是随着时间的流逝，大部分的人会觉得百无聊赖起来。作为一个负责人，该说的话应该要说，但要特别留心说话的方式，不要干扰他们的工作。

领导要相信下属，过分怀疑下属不但会伤了下属，也会影响到自己。如果一个人总认为自己很真诚，却误以为他人都是做表面文章的伪君子，那么他必然为"天下人皆负我"的理念所禁锢，而变得自傲自恋，无视他人的长处。如果更进一步地时时吹捧自我，诋毁他人，那么他必定会变成心胸狭隘的小人。

当然，员工中可能会有不忠于公司的人。但全部用好人来工作，世界上哪有那么幸运的事情。有些事情你要是想通了，对原来认为不可原谅的人，你也会产生宽恕他的想法。这样，你就会大胆地用人，而不再担忧了。

身为领导，如果总觉得员工这里不行，那里不行，以鸡蛋里挑骨头的态度来观察部属，不但部属不好做事，而且久而久之，他会发现周围没有一个可用的人。我们知道，如果一个人动辄得咎，总是挨骂，他的情绪一定会大受挫折，信心也会在不知不觉中丧失殆尽。一旦整个人在精神上萎靡不振之后，就算有高超的智慧、才能，也将难以发挥。所以，领导者如果能用欣赏的眼光来观察部属的优点，那他的部下将因受人尊重而振奋，对上司交付的工作，也能愉快地完成。如此，才能让工作效率得到提高。

当然，下属的能力有限，全部的工作不能任由部属自由自在地去做，但只要有一半以上的可能，就应该信赖部下，用“你要做啊，你一定能做得好”的话去鼓舞部下，放手让他去做。在工作的过程中，如果你的部属有失误，完全可以不客气地但以不伤他的自尊心为原则提醒他。

管理一点通

有很多领导都热衷于程序化（等级化）管理，习惯于向下延伸，经常到基层指导工作是他们的职业习惯。

要相信下属的能力，管理者的重要职责是：多为下属的工作提供服务，给予便利，少指手画脚。过多地干涉下属的工作，会影响下属的情绪，干扰下属的创意，束缚下属的行动。

一定要选用能力适合的人

有一句话说:“适合的就是最好的。”意思就是说，要以公司总体经营政策为前提，选用能力适合的人。能力优异的员工虽然工作做得很出色，但往往会抱怨:“这么无聊的工作，一点乐趣也没有。”但才能平庸的人，就常会心存感谢，满意自己担任的职务和工作环境而认真工作。所以有时雇用能力优异的员工反而不好。在这方面，松下公司自有自己的一套用人观点，那就是放着超一流的人才不用，乐于聘用中等人才。

在松下公司创业初始时，雇用的职员很少有高中生，大多是小学毕业，直到 1934 年，松下才第一次聘用了两名专科毕业生。当时，松下电器制造厂生产电灯插座和脚踏车灯。固然当时的教育提供不出那么多的高学历人才，但松下绝对要求员工聪明、肯干、有责任心，适合于做某项工作，这成了松下用人的标准之一。

为什么松下公司会有这样的用人标准呢？松下分析了人才市场紧缺的原因，其中一个人才紧缺的原因，是大家都一味地寻求高、精、尖的人物，大家一拥而上，争夺抢占，乃至造成了恶性竞争。

因此，松下公司招兵买马的第一条，就是不往高、精、尖的老路上挤。松下认为，那些具有 70%才气的人，往往更能安心工作，发挥才干，当然也能愉快地胜任工作。选用“顶尖”的人才有什么错吗？松下以为，“顶尖”的、“一流”的人才，自负感强，因此，他们容易抱怨环境影响自己的发挥，自负的人，一般说来，会缺乏责任心和工作热忱，干起工作来未必会出色。他有才能，但思想包袱影响了其才能的发挥，而能力仅及他 70%的人，因为没有了一流人才的傲气，才能得以全部发挥，两者成果是相当的，甚至后者还可能好于前者。那些中等的、才能仅及“顶尖”人才70%的人，自视不高，也容易满足，甚至有一股子偏要与“一流”人才较较劲，比一比谁干得好的劲头。他们重视公司给予的职位，会努力把自己的工作干得漂亮一些。

松下先生经常讲这样的话：“世上没有十分圆满的事情，只要公司能雇用到六七十分的中等人才，说不定反而是公司的福气，何必非找一百分的人才不可呢？”松下本人连小学都没有毕业，他不是也干得挺好吗？松下自己就不认为自己是“一流”的人才，他给自己打的分数也是70分。

有些企业越来越多地采用让B级人干A级事的用人模式。

所谓B级人就是指那些具有丰富的知识、充沛的精力和强烈的进取心，但因工作时间较短而缺少经验的年轻人。虽然B级人在经验上稍差一点，但他们受过良好的教育，知识面广泛，接受能力强，更重要的是，他们有着年轻人独有的本钱——做事热情有冲劲，积极向上有信心。所谓A级人则指那些已经具有一定经验，工作上比较稳重的中年人。他们有经验，但瞻前顾后，工作热情及信心显然不如年轻人。

放手让B级人干A级事，不但能激发B级人的上进心，发挥他们的潜在能力，而且降低了企业管理成本。一位高层管理人士认为，让B级人干A级事，成绩为79分，让A级人自己来干，成绩为85分，但A级人的成本要90分，而B级人则仅要60分。用30分补足6分的差距，显然是绰绰有余的。放手使用B级人，能调动他们的积极性，充分发挥他们的聪明才智，为企业创造更大的效益，而且能促使B级人更快地成长为A级人，以解决企业内部人才断层的现象，同时节省了培养人才的大笔费用。

企业的B级人干A级事的用人模式与松下的用人模式有异曲同工之妙。他们的用人之道讲究的都是“人尽其用”，只要员工把自己的才干发挥出来，虽然不是最好的员工，但一定可以把工作做得很出色。

管理一点通

俗话说，鞋子好不好，只有自己的脚知道。聪明人买鞋不去挑价钱贵的，也不会挑最流行的，而是最合适自己脚、穿着舒服的。若把穿鞋的道理用在人们的事业中，就是一个有效的原则，叫做“合适的才是最好的”。使用人才也是同样的道理。

敢于使用比自己强的人

嫉妒心理是一种严重束缚领导者手脚、阻碍领导者创新以及影响正常领导活动的思想情绪。领导提拔人才应当不拘一格，不能因为一个人有这样或那样的缺点就将其忽略，打入冷宫或束之高阁。是金子就该让它发光，是人才就该人尽其才。

卡内基之所以能成为钢铁大王，并非由于他本人有什么了不起的能力，而是因为他敢用比自己强的人。他曾说：“把我的厂房、机器、资金全部拿走，只要留下我的人，四年以后我又是个钢铁大王。”这句话，已成为世人皆知的名言。

贝尔是电话的发明人，还是美国著名大公司贝尔电话公司的创始人。贝尔的成功也在于敢用比自己强的人。他深知自己在经营管理方面并非强手。

1897 年 7 月 1 日，他聘请西奥多·维尔出任贝尔公司的总经理。维尔的经营管理是非常出色的。维尔主张，要达到自己的目标，必须争取群众，公司能否稳定发展，关键在于接班人和领导层的素质。他把精力放在对下属的训练和培养上，只在制定战略决策时才插手，其他的就放手让他人去干。他心胸宽广，从不计较个人的名利，对反对过他的人，也总是宽厚相待；他不摆架子，总能认真地听取别人的意见，与下属共商大计，鼓励他们提出不同的意见。在维尔的出色领导下，贝尔公司击败西部联合公司的进攻，资本由 1878 年的 85 万美元变为 1885 年的 6000 万美元。如果不用维尔这样的强手，贝尔公司的命运也许就是另一种情况了。

当领导有嫉妒之念时，就应该有意识地自我反省，用理智使心理求得平衡，并用目标转移法，将自己的注意力转移到有益的活动上。要记住切勿以己之长比人之短，也勿以人之长比己之短，要正确地对待别人和自己的长处。通过发挥、发掘自己的长处，可以充实内心世界，消除出现的心理落差；或者善于取人之长，补己之短，设法提高自己，赶上并超过对方，把不良的嫉妒转化为前进的动力；或者秉持公心，唯才是举，以高尚的品德赢得赞誉，补偿自己才能的不足。

管理一点通

古今中外，凡成大事者，无一不是敢于使用比自己能力强的一流人才。刘邦使用张良、韩信、萧何，刘备三请诸葛亮，这都是高明的举动，管理者敢于大胆提携一个能力胜过自己的人，在你的周围很快就会聚集一群能人，形成一个以你为核心的人才群体。

敢不敢用比自己强的人，这是管理者在用人上对自己的最大考验。能否做到这一点，取决于管理者的心胸、态度、胆识和魄力。若能大胆起用比自己能力强的人，被起用者得到的是机会，是锻炼，是信任，他们就会努力工作，追求卓越，使组织、团队更好地发展。

熟悉每位下属的特点

作为领导，你到底对自己的下属认识有多深？即使曾在同一单位相处五六年之久，有时也会突然发现竟然不晓得对方的真面目，尤其是下属对他的工作有怎样的想法，或者下属究竟想做些什么，这些恐怕你都不甚清楚吧！结婚很久的夫妻，有时也难免彼此有所误解，所以，一位领导对他的下属未能充分了解，实在不是意外的事。作为领导，应时刻不忘提醒自己对部属“毫无所知”，怀有这种态度，才能不忘处处观察部属的言行举止，才能真正了解他。

“士为知己者死”，充分了解部属，成为他的“知己”，可使部属尽全力工作。如果领导能够做到这一点，那么，无论是在工作或人际关系上，都是一流的领导。

作为领导，理智地认识下属，对每位下属的特点了然于心，才有可能做到不出现大的用人失误。

当然，领导对每一名职员都很了解有点不大可能，但起码要做到对高、中级管理人员非常熟悉。同时领导也应要求手下的高、中级管理人员对下属多加了解。

了解下属可以分为三个阶段。

假设你自认为已经了解下属的一切的话，那么你只是在初级阶段而已。

下属的出身、学历、经验、家庭环境和背景、兴趣、爱好、专长等，对你而言是非常重要的。如果你连这些都不知道，那么连初级阶段也未达到。

了解下属的真正意义在于要弄清下属的内心所想。领导若能在这些方面与下属产生共鸣，下属就会产生“他对我真了解”的感觉。

达到第一阶段，充其量只是了解下属的一面而已。当下属遭遇困难时，如果你能事先预测他的行动，并给予适当支持的话，这就是更进一步的了解，算是完成了第二阶段。

第三阶段是要知人善任，使下属能在工作上发挥最大的潜力。俗话说:“置之死地而后生。”给他足以检验其能力的艰巨工作，而在其面临某种困境时给予适当的指示，引导他走出困境。

能否善解人意，是衡量领导是否从心理上打动下属的一个重要方面，唯有如此，领导才能深入下属的心灵深处，真真切切地把下属当做一个普通人使用。

唯有善解人意，才能用人至深。

管理一点通

一场激烈的足球比赛，球员的个人能力和运气固然是影响比赛胜负的重要因素，但教练的排兵布阵和战术思想也是非常关键的。那么教练凭什么来进行这种工作呢？他要深入了解每位球员的技术特点，甚至比赛前球员的身体状况和心理、情绪等，只有这样才能避免排兵布阵中的基本失误。

作为领导，理智地认识下属，对每位下属的特点了然于心，才有可能做到不出现大的用人失误。

我们有许多领导整日忙于工作，以为抓住了“事”就抓住了“人”，这实际上是本末倒置。吉姆·柯林斯在《从优秀到卓越》中曾经提到过“先人后事”的观点，他认为领导是从“造人”而不是“做事”开始的。作为一个领导，越是处于高层，越应该把更多的精力放在“人”上，而不是“事”上。你只有把“人”看明白了，你才可以把“事”放心地交给他。

选用人才要不拘一格

荀子说：“对于那些有才能的人，不应按照常规的升职次序提拔，而应破格选用；对于那些软弱无能不称其职的人则要立即罢免。”只有这样，领导才能避免优劣混杂，做到是非不乱。

IBM用人是不拘一格，并且强调多元化。IBM认为人才不分教育背景、年龄、性别和种族，IBM 希望可以组成一个多元化的团队来支持客户多元化的需求。每年 IBM 招到的一部分人是有经验的，而另外一部分人是刚毕业的。这也是人才多元化的一种体现。

IBM 不在乎应聘者是哪个大学毕业，学的是什么专业，而是在培训和考核的过程中，看应聘者是否适合公司的文化。IBM 首先看重的是一个人的适应能力和学习能力，要了解应聘者是否可以在 IBM 的环境下生存下来，是否能像海绵一样不断吸收周围的东西，比如资源、技能和技巧。另外，IBM 特别重视一个人的团队合作素质。还很看重一个人是否勇于承担责任。IBM 希望员工能承担责任，不断给自己设立更高的标准，追求卓越。

吸引外面的人才来 IBM 工作，保留住 IBM 想要留住的人才，IBM 称之为打造纯蓝雇主品牌。IBM 区别于其他公司的独特之处在于：提倡多元化，提供学习发展的资源，提倡高绩效文化，以及领导力的发展和灵活的雇佣制度。也就是说把整体的公司资源与个人的长处和职业发展目标相结合。公司员工对公司的业绩目标有承诺绩效，绩效也与薪酬和回报挂钩，公司每一个管理层人员都像一个火种可以带动周围的人。

很多人都认为 IBM 的企业文化是很吸引人的，愿意顺着这个文化去改变自己，这个过程被称为“染蓝”，大家都变成蓝色文化的一分子，让血液中都有 IBM 价值观的 DNA 存在。员工要融在公司的文化里，融在公司的氛围里，每天都愿意来上班，因为能感到工作带来的成就感。

IBM 在挑选人才的时候遵循几个步骤：首先是在网站上筛选简历。因为大学生可能没有太多的工作经历，这没有关系，学习的经历、社会实习或者做过学生干部的经历都非常重要。尤其是有教授或实习过单位的推荐或者证明的应聘者，IBM 非常欢迎，因为这些都可以综合体现出一个人是否具有主动走进社会的心态。其次，简历被筛选上以后，应聘者需要参加一轮笔试。笔试看的是一个人的分析、判断能力和逻辑思维能力。随后的面试是由用人的具体部门进行的，一般会有两三次，一方面 IBM 要考察应聘者简历中的信息是否真实可靠，IBM 会让应聘者讲述自己过去的经历，以考察他的相关能力。当然，面试本身也可以很好地了解一个人的沟通能力。

IBM之所以发展成为全球知名的大公司，与他们不拘一格的用人之道不无关系。有魄力的领导不仅可以做到大才大用，甚至可以做到小材大用。

原东方希望集团董事长刘永行认为，人的才能有潜力系数。狭义讲，人的潜力系数是指人的有效工作时间；广义讲是指人的智能开发程度。这个开发程度与给他的条件（发展机会、压力等）成正比。给他的压力大，发展机会多，他的潜能就会得到更好的开发。因此，他在用人上大胆地小材大用，把一些好像不能胜任要职，但有潜能的人推上领导岗位。实践证明，他们的这种做法成功者多，失败者少。能做到大才大用固然好，但小才也可大用，只是看给不给他锻炼、发展的机会，这与领导者有没有用人的魄力很有关系。

管理一点通

事业是人才的依托，岗位是成才的舞台，领导干部在发现和使用人才方面，要不拘一格，大胆任用。千里马不常遛也会长膘跑不快，人才不使用也会钝化沦为平庸之辈。但对人才，我们也要辩证地看，天才在有些方面却可能是笨蛋。俗话说，人无完人，金无足赤。因此，对人才的赏识，就要求我们在使用时不求全责备，要学会知人善任，用其所长。因此，要打破论资排辈、求全、平衡的束缚，适时“起用”，真正把想干事、能干事的人才选上来。

身为领导，对部下首先要有透彻的了解，让合适的人做合适的事，以达到人事相宜的效果。一个公司只有做到人尽其才、物尽其用，才能“人得其位，位得其人”。作为一个领导者，对员工的才能、兴趣了然于胸，才能针对某项特定的工作选择适合的人选，追求人与事的统一。

“没有平庸的人，只有平庸的管理。”知人善任，让自己的下属去做他们适合的事情，这样才能充分发挥他们的工作潜能，实现人力资源的有效利用。

必须要学会“借”术

荀子曰：“假舆马者，非利足也，而致千里；假舟楫者，非能水也，而绝江河。君子生非异也，善假于物也。”领导工作承上启下、协调内外、沟通左右，地位特殊，作用关键。领导要有所作为、有大作为，仅靠自身力量是不够的，必须学会“借”术，借势、借机、借题、借力，善于利用外部资源，整合各方力量，变他势为我所乘，变他机为我所用，变他题为我所借，变他力为我所使，以小谋大，以局部带动全局。

领导活动，实际上就是领导与外界各种人、各种关系的相互作用，这是一种社会力。它是人的力量，包括权力、财力、脑力、压力等。领导要会借用外力，是说领导利用自身条件之外的其他一切力量，来达到自己的目的。因为一个组织、领导、个体的力量毕竟是有限的，那么要想完成预定的目标，做出更加卓著的成绩，就不能局限于狭小的个体范围，而必须走出个人天地，开阔眼界，抓住时机，创造条件，借助一切可以利用的“外力”，取长补短，以新更旧，争取用最小的投入取得最大的产出。

借用外力，实际上是一种技巧，是手段而不是目的，本身是同善与恶毫不相关的。但由于使用者的立场、观点和达到的目的不同而呈现出不同的方式和效果。因此，领导者掌握和运用外力的原则，一定要采取辩证的观点，能够区分正反面，把外界一切有用的东西为我所用。为此，借力时应注意以下几点：

1. 省力性

确实掌握他人的能力特长，依靠他力或借助他人一起去实现目标，这样比仅靠自己的力量省时省力，而且能以较小的代价，取得较高的收益。

2. 互利性

领导者“借才引技”可以解决自己资金、技术上的难题，“借米下锅”则可以缓解人财的不足和矛盾，但善借外力不能只顾及自己的小集团利益，损人利己、损公肥私，必须兼顾他人利益、互利互惠，合理公正地兼顾社会效益和经济效益。

3. 防止受控于人

有些下属依仗自己有靠山，狐假虎威，领导者对此应谨慎借力，千万不可受制于人，处于被动。如果他们确实有能力，工作完成得很出色，可以借助其威力来发挥作用，促进自己的工作；如果工作成绩平平，没有任何突出成效，且趾高气扬、目中无人、屡犯条文，就不能迁就，而应采取措施，让他们安分守己，兢兢业业做好本职工作。因此，对这两种特殊的部下可以和他们保持密切的关系，但不能过分亲切，以免影响团结和带来不应有的后果。

如果什么都是自己干，就不能说自己是个“有才能的领导者”，凡是有作为的领导者都把“借力”作为谋略而广泛地加以运用。

管理一点通

一个人不管学识有多渊博、能力有多强，在面对各式各样的社会问题时，个人能力终是有限的，总有力不从心的时候，这就需要领导干部善“借力”。

这并不是说，该领导干部不能胜任其职务，而是因为在复杂多元的环境下，各种问题层出不穷，不可避免地会遇到一些新问题、难题，领导干部极有可能遇到自己从未涉略的领域或项目，同时，每个人都不可避免地会遭遇知识老化、观念陈旧等弊病。在这种情况下，唯有“借力”。善于“借力”才能帮助我们解决问题，也是一种能力。

作为领导干部，能力主要涉及决策能力、执行能力和监督能力，不能只考虑领导身体力行干事方面的能力，还要集思广益，广泛征求大家的意见和建议，运用大家共同的智慧，全面、细致、妥善解决好事情。这在很大程度上弥补了领导干部个人决策能力的不足，同时，又加强了团结，凝聚了人心。

消除恃才傲物者的傲气

大凡恃才傲物的下属都有以下共同特性：高傲自大，目中无人。自以为本事大，有一种至高无上的优越感。常常说话硬中带刺，做事我行我素。自命清高，实则眼高手低、好高骛远，自己做不来，别人做的又瞧不起。孤芳自赏，固执己见。性格孤僻，喜欢自我欣赏，听不进也不愿听别人的意见。

与这种下属相处，领导者必须有的放矢，采取适当的措施和办法。

首先，要用其所长，切忌压制打击。

一般来讲，恃才傲物的人大都怀有一技之长。否则，无才可“恃”，便无“傲”之本。所以，领导者在与这种下属相处时要有耐心，要视其所长而用之，绝不能采取冷处理的办法，为了压其傲气而将其撂在一边不予重用。应正确疏导，发挥其长处，让他心情舒畅，然后再慢慢纠正他的行为。

其次，要有意用短，善于挫其傲气。

俗话说“金无足赤，人无完人”，恃才傲物者也并非万事皆通。因此，领导者欲消除恃才傲物者的傲气，就要设法让他们能够认识自己的不足，最好是在无他人的场合下，给他安排一两件使他做起来比较吃力而且比较陌生的工作，并且要求限时完成任务。他完成这些任务就必须付出更大的努力，即使勉强完成了任务，也会深感做好一件自己不熟悉的工作是相当艰难的。也许他经过努力仍完不成任务，这时，作为领导就应该私下与其和风细雨地促膝交谈，使下属清醒地认识到自己的不足，其傲气便会自然消除。

再次，要敢担担子，以大度容傲才。

由于有些恃才傲物的下属自命清高、眼高手低，干什么工作都掉以轻心，即使对待再重要、再紧迫的事情，他们也会表现得漫不经心。所以，常常会因其疏忽大意而误事。在这种情况下，作为领导者切不可落井下石、一推了之，要勇于站出来替部下担担子，使他感到在大祸即将临头时，领导能一言解危。

最后，要提高素质，达到以才服人。

一般来讲，大凡下属都瞧不起外行领导者。一个满口外行话、尽干外行事的领导，下属是不会任你摆布的，恃才傲物的下属更是如此。所以，领导者要与恃才傲物的下属和谐相处，提高专业素质和能力是至关重要的。业务水平提高了，工作就有主见，拍板就能切实可行，领导就能在下属中一呼百应，领导的形象就能在下属心目中高高树立，使那些恃才傲物的下属叹服。

管理一点通

下属中恃才傲物者自古有之，如果仅仅是为了维护自己所谓的自尊心而炒了下属的鱿鱼，那么你便在无形中失去了一个难得的人才，这种将到手的宝贝拱手送人的蠢事最好少发生一点。

领导者管理这种下属，要有耐心，要视其所长而用之，绝不能采取冷处理的办法，为了压其傲气，将其撂在一边不予重用，须知，这样做不仅不能使下属正确地认识自己的不足之处，相反，会使其产生一种越“压”越不服气的逆反心理。

给有能力的下属提供上升空间

有些领导，很不愿意让有能力的下属调走。一旦把有能力的下属调走，他们就说负不了工作责任，这完全是一种莫名其妙的荒唐至极的逻辑。然而却有不少人惯用这样的逻辑来胁持人事部门的工作。乍听起来，说这种话的人似乎责任心很强，完全合乎情理，其实却是不负责任，包藏私心。

Aimee 精明强干，且是个最靠得住的人物，最初的经理丝毫没有让他调动的想法。第二任经理在走马上任时，人事部门也曾提出过调动 Aimee 的建议，然而，新任经理却不同意马上调走他，经过三个月的考虑，他气势汹汹地答复人事部门：Aimee 是他工作的得力助手，如果把他调走，势必要给自己的工作带来很大困难，如果因此造成工作损失他是不会负责任的。结果，Aimee 无法调动，只能在原部门委屈工作。

作为一个部门领导难道非得配齐精明强干的下属，否则就不能开展工作吗？看看其他各部门，即使没有出类拔萃的人才，领导者不也在认真履行自己的职责，设法完成自己的工作吗？

不错，领导者身边拥有精明强干的下属，工作确实会轻松得多，然而为了怕付出更多的精力和代价培养新人，而阻止富有经验的下属的调动，却正是领导自己想图安逸、怕担责任的表现。这样做，不但不利于人才培养，而且对富有经验的老下属也是一种极不负责的行为。

舍不得有才能的下属上调的领导，说到底就是本位主义者。这样的领导者不仅是无能的而且也是不负责任的。当然在部门人才分布上，可能有的部门根本就见不到大家所公认的精明强干的人才，的确，人才济济不会成为各个部门都有的现象。一旦看到本部门人才缺乏，便认为自己是受害者，这样的想法难免会有些自私。

虽然上调一个有才能的人要使领导者花费相当的精力和代价去培养新人，但如果把有才能的下属抽调到其他部门，不仅会让他在更高层次上发挥他的聪明才智，得到更多的锻炼，其他下属也会因他的提拔而激发干劲，做出更多更好的贡献。这种有利于整体的事情，不是比利于领导一个人要好得多吗？

管理一点通

领导的重要工作就是管好人才、发现人才、培养人才、输送人才，一旦身边有精明强干的下属脱颖而出，就应该推荐他去担当更为重要的岗位。怎能存有压抑下属成长或偷懒的心思呢？要让有潜力的下属去向未曾实践过的新工作挑战，自己则重点指导、帮助对工作尚缺乏热心和技能不强的下属，把他们早日培养成为富有开拓能力的人，这才是领导者最应该做的事情。

让下属做一个挑战者

长期从事同一种工作，所有工作都变成了程式化的东西，简直熟得不能再熟，那么他们往往就会像井底之蛙那样认为自己不可一世。

韩国有一家工厂曾尝试过一日厂长制。一日厂长如真的厂长一样，拥有处理厂内一切公务的权力。当一日厂长对工厂有意见时，就详细地记录在工作日记上，并让各部门员工传阅。各部门主任要依据批评意见，随时改正自己工作中的不足。实行一日厂长制后，这个工厂大部分当过“一日厂长”的职工对工厂的向心力大为增强。更为重要的是，这种方式增强了他们对公司经营的参与意识，使他们的积极性得以极大的发挥。结果，这个工厂的管理收到了显著成效，节省生产成本 200 多万美元。厂方把部分资金发给全厂职工，全体职工皆大欢喜，同业望尘莫及。

实行一日管理，便可使那些平时绝少有机会相互交流的员工、中层管理人员以及工会领导等都能有机会参与企业的管理，使之确立自己的价值，满足自我实现的需要，从而为企业尽心竭力，创造更多的财富。

让你的下属不断接受挑战，不断更新工作内容，给下属必要的新的刺激，让下属的心里产生不安的危机意识，从而变得谦虚好学，能够悉心听取他人的意见，学习新知识新技能。无论是成功的体验或是失败的教训，都是提高能力所不可缺少的过程。

★★★★★★★★★★★★★★★★★★★★★★★★★★★★

管理一点通

工作中不断接受新的挑战是非常重要的，它能够激发一个人的工作热情，坚定信心，追求事业的成功。

第十章

构建影响力需要人脉的支撑

你已经通过努力和天分，在手中握有不少的人脉资源了。那么，你终于已经为开向成功的小车完成了检查、加油等准备工作，可以上路了。但是在成功之路上能走多远，很大程度取决于你的发动机。人脉圈里的影响力中心，就是你的发动机。正如你需要一个可靠的供应商来提供发动机一样，你的影响力中心最好也要牢牢把握在你手里，或者干脆，把自己变成影响力的中心。

人脉资源是成功的砝码

有这样一句流行语:“一个人能否成功，不在于你知道什么，而是在于你认识谁。”还有这样一句俗话，“在家靠父母，出门靠朋友”。这都是说，一个人要想改变自己的命运，获得成功，就必须有足够的人际资源。

有一次，美国人乔·吉拉德去参加一个葬礼，按惯例他向所有人发了自己的名片，大约发出了250张。

回到家里，他躺在沙发上闭目养神，忽然灵光一闪，想起自己以前参加过的几个葬礼，每次发出的名片数量竟然惊人地相似，都在250张左右。

吉拉德由此得出结论：每个葬礼上的人数都在250人左右，也就是说，一般情况下，一个人一生中真正有影响的交往人数大约是250人。

得出这个结论后，吉拉德又用它来总结自己的推销工作。他认为，如果自己得罪了一位顾客，那么失去的将是250个潜在客户。反之，如果自己获得了一名顾客的好评，同时也就获得了250名潜在的客户。

从此，吉拉德对每一个顾客都不敢稍有轻视，人缘好了，他的汽车自然也就越卖越多。吉拉德创下了一年卖出1425辆的纪录，这一记录被收入《吉尼斯世界大全》，他也因此被誉为世界上最伟大的推销员。

后来，人们把这一现象归纳为“超级二百五定律”。

有的人做起事来，左右逢源，要风得风、要雨得雨；而有的人却处处碰壁，举目四顾一片茫然。两种不同的际遇，很大程度上是由自己的人际关系所决定的。

任何人都有一定的“熟人”圈子，也就是常人说的“人脉指数”或人际资源。在市场经济条件下，人们更加体会到人际交往和人际关系的重要性。

“超级二百五定律”说明，一个人的生存质量，与人际关系的融洽程度有很大关系。

没有良好的人际关系和人际交往，人的内心往往是痛苦的。发生在美国校园的枪击案的凶手赵承熙就是一个例证，他极度孤独，没有一个朋友，女朋友也没有，因此极度痛苦。最终他承受不了内心的痛苦而杀死 32 人，后开枪自杀。

英国经济学家不久前公布了亲情友情关系对个人感受影响的一个实验结果，结果认为：经常与有良好关系的亲友见面，一年中积蓄下来的“快乐”价值大约为 8.5 万英镑，约合 17 万美元的加薪感受。这种感受的价值在我们国家没有人去测量过也很难测定，但它带给人的快乐、幸福的感受是肯定的。

不管对陌生人还是熟悉的人，不管出于什么目的，任何时候都不要轻易去伤害他人，伤害别人的感情。

伤害别人时，一方面在不知不觉在伤害朋友，把自己隔绝在朋友圈之外，甚至给自己营建了一个庞大的使自己时时可能受到打击的对立面；另一方面，在不知不觉中培养着自己的攻击性人格，不管事情对不对，只要不合自己心意就随便攻击他人，天长日久，养成习惯，实际上是一步一步地把自己逼向人生倒霉的歧途。

★★★★★★★★★★★★★★★★★★★★★★★★★★★

管理一点通

有很多人都有过这样的认识，自己能力足够，知识全面，技术也过硬，但是在创业的路上却走得相当艰辛。究其原因，我们或许发现，他们忽略了创业中的一个因素，那就是人际关系。成功创业来自于70%的人际关系+30%的知识。

可见，在创业资源中，人际关系占了很大一部分。所以想创业，你就必须广交朋友，积累各方面的资源。一个创业的过程就像是一个“人物链”，你会与不同的客户打交道，如果你在创业的过程中，遇到困难，你可以立刻利用这些资源来解决！

每一个人都习惯被动，很少人喜欢到一个场合主动交朋友。可是那些主动交朋友的人，他会交到更多的朋友。所以一个有经验的领导者凡事必须主动出击，主动联络一些关系户，以扩大你的资源网。

不断扩展自己的人脉

在这个竞争异常激烈的社会，没有人不渴望成功，不追求成功。在通往成功的路上，我们可以没有知识、没有背景、没有机会……但是不能没有人脉。

在当今这个充满竞争和压力的社会，为什么有的人做起事来能够左右逢源，呼风唤雨，纵横捭阖；而有的人却处处碰壁，举目四顾，希望渺茫，一片荒凉呢？这两种不同的际遇，很大程度上是由各自的人脉决定的。古往今来，很多人改变命运往往靠的就是自己的人脉。

相比而言，当今社会关系更为复杂，仅凭一人之力，单枪匹马，要成大事，很难。个人的力量毕竟是有限的，如果能获得朋友们的帮助，那么成功的机会就会更多，概率就会更大。甚至可以说，在这个竞争激烈的社会，要想发挥自身的影响力，并且不断提高自身的影响力，我们就应该从现在开始积累人脉，建立自己的人脉，并且不断地扩展自己的人脉。只有这样，我们才能拥有影响他人的机会，才能有加速自己成功的资本。

所以，我们要多认识朋友，越多越好。在我们的人生中，认识的每个人都可能对我们未来的发展起到至关重要的作用。假如我们把人际关系比作大脑的神经网络，那么其中的每个人就是一个神经元。神经元越多，其间的联系就越紧密，头脑就越灵敏。同样，人脉越广，我们就越具备影响力，越容易走向成功。

实践证明，一个人没有良好的人际网络很难产生重大的影响力，很难取得成功。不管在日常生活中，还是平常的工作事业上，人脉都是十分重要的资源，它不仅是生活的润滑剂，更会成为我们未来事业成功的催化剂。

很多成功的商界人士都深深意识到了人脉资源对自己事业成功的重要性。美国钢铁大王及成功学大师卡耐基经过长期研究得出结论说："专业知识在一个人成功中的作用只占15%，而其余的85%则取决于人际关系。"所以说，无论你从事什么职业，学会处理人际关系，掌握并拥有丰厚的人脉资源，你就在成功路上走了85%的路程，在个人幸福的路上走了99%的路程了。由此可见，积累和经营人脉对于个人事业发展是何等重要，那么，我们应该怎样积累和经营自己的人脉呢?

1. 熟人介绍

熟人介绍是一种事半功倍的人脉资源扩展方法，它具有倍增的力量。一个人的能力再强，他的精力和时间也是固定的、有限的。一位营销人员，要想在短时间内开发出大量的客户资源，只有利用转介绍的机制，才能产生一生二，二生三，三生万物的几何指数的倍增效应。人脉资源的拓展也是如此。

2. 善用名片

世界推销大师乔·吉拉德非常重视名片的作用，他认为，递名片的行为就像是农民在播种，播完种后，农民就会收获他所付出的劳动。乔·吉拉德常常提着1万多张名片去看棒球赛或足球赛。当进球或者比赛进入到高潮的时候，他就会站起来，大把大把地将名片撒向空中，让自己的名片在空中漫天飞舞，这为他销售出更多的汽车创造了更多的机会。当他去餐厅吃饭付账的时候，通常会多付一些小费给服务生，然后给他一盒自己的名片，让服务生帮助自己送给其他用餐的顾客。每当他寄送电话或网费账单的时候，也夹两张名片，人们打开信封就会了解到他的产品和服务。乔·吉拉德说："我在不断地推销自己，我没有将自己藏起来。我要告诉我认识的每个人，我是谁，我在做什么，我在卖什么，我要让所有想买车的人都知道应该和我联系。我坚信推销无时无刻不在进行，但是很多销售人员往往意识不到这一点。"

3. 人脉经营：二八原理

企业经营管理中有一个著名的“二八”理论，通常的意义是说，在企业中20%的产品在创造着企业80%的利润，20%的顾客为企业带来80%的收入，20%的骨干在创造着80%的财富，80%的质量瑕疵是由20%的原因造成的等。二八原理告诉我们，要抓住那些决定事物命运和本质的关键的少数。

经营人脉资源也是如此。也许，对你一生的前途命运起重大影响和决定作用的，也就是那么几个重要人物，甚至只是一个人。所以，我们不能平均使用我们的时间、精力和资源，我们必须区别对待，我们必须对影响或可能影响我们前途和命运的20%的“贵人”另眼相看，我们必须在他们身上花费80%的时间、精力和资源。这是科学经营人脉资源的原则，与我们的人品与道德是两码事。

正如美国的一句流行语所说:“一个人能否成功，不在于你知道什么（what you know），而是在于你认识谁（whom you know）。”有人总结说：对于个人，二十岁到三十岁时，一个人靠专业、体力赚钱；三十岁到四十岁时，则靠朋友、关系赚钱；四十岁到五十岁时，靠钱赚钱。由此可知人脉竞争力是如何在一个人的成就里扮演着重要的角色。

人脉是一个人通往财富、成功的入门票。两百年前，胡雪岩因为擅长经营人脉，而得以从一个倒夜壶的小差，翻身成为清朝的红顶商人。两百年后的今天，检视政界商界成功人物的成长轨迹，他们正因为拥有一本储备丰厚的“人脉存折”，才有之后辉煌的“成就存折”。

管理一点通

谁都不可能再成为鲁滨逊那样的孤胆英雄。不管你是商界的领军人物，还是普通的职员，都必须接受人脉的影响，只有经营好人脉才能赢得属于自己的成功。我们不但要看到显而易见的人脉关系，更要发掘潜在的人脉关系。站在他人的肩膀上，让自己的影响力无限扩大，才能在自己的天空里自由驰骋。

交际是事业成功的关键

不管你是英国女王的公子，还是看破红尘的隐士，都不能逃脱关系的影响力。关系的重要性，怎样强调都不过分。假如我们把人际关系比作大脑的神经网络，那么其中的每个人就是一个神经元，突起越多，与周边的联系就越多，也就比别人更加灵敏，从而更易于走向成功。

10 分的工作里面，有 9 分是做人，1 分是做事情。认为在专业领域不需要关系的观点是错误的。拿唱片业为例，最专业的要数制作人和词曲创作。除非你很知名，否则不可能会有人自动求上门。不善交际的你，难道真的相信酒香不怕巷子深吗?

越是专业的人往往越内向，所以他们需要找专门人士帮忙推销自己，比如说经纪人，否则即使关门在家写了 100 首好歌，也不会有人听到，只能是白费工夫而已。

曾经担任美国总统的罗斯福说:“成功的第一要素是懂得如何搞好人际关系。”很多成功的商人都深深地意识到了关系资源对事业成功的重要性。曾任美国某大铁路公司总裁的 A·H·史密斯说:“铁路的 95%是人，5%是铁。”

无论你从事何种职业，处理好了人际关系就等于在成功的路上走了 70%的路程，在个人幸福的路上走了 99%的路程。

美国石油大王约翰·D·洛克菲勒这样说:“我愿意付出比得到任何其他本领更大的代价来获取与人相处的本领。”

即使你拥有很扎实的专业知识，而且是个彬彬有礼的君子，还具有雄辩的口才，但你却不一定能够成功地促成一次商谈。这个时候，如果有一位关键人物协助你，为你开开金口，相信你的出击一定会完美无缺而百发百中，这里，关系是一种无形的力量！

关系越丰富，门路就越多，这早已是个不争的事实！

举个例子来说，当你想要开创自己的事业时，必须具备哪些条件呢？首先是资金，资金在银行里。技术呢？也不用担心，因为有人以贩卖技术为生，即使买不到，和其他公司进行技术合作也是可行的。因此，事业开展最重要的因素便是“人”。

人、技术、资金这三大条件的核心就是“人”。如果你有足够丰富的关系资源，那么资金和技术问题也就迎刃而解。所以，“人”才是担负起你事业成功的关键所在。

关系资源越宽广，做起事来就越方便。工作中最大的收获不是你赚了多少钱，积累了多少经验，而是你结识了多少朋友，积累了多少关系资源。这种关系资源不仅对你在公司工作时有用，即使你以后离开了这个公司仍然会发生作用，成为你创业的重大资产。因此，搭建丰富有效的关系是我们到达成功彼岸的不二法门，它是一笔看不见的资产！

在这样的一个信息时代，拥有无限发达的信息，就拥有了无限发展的可能性。而信息主要来自于你的关系网，因此，关系有多广，信息就有多广，这是你事业无限发展的平台。一个生意人怎样获得工作上必需的信息呢？最有效的方法是：经常看报；与人建立良好关系；养成读书的习惯。

生意人最重要的信息来源就是“人”。越是一流的经营人才就越重视“人”。个人思考的时代已经过去，能否建立良好的关系网成了决定事业成败的关键。

管理一点通

成功不是一个人的事，一个人的成功离不开周围的人。因此，成功的人都有自己广阔的人际关系网，并能在他们的人际关系网中如鱼得水，游刃有余。拥有一个强大的人际关系网是成功的关键，因为朋友的帮助是成功的基础。

成功的人有着善于经营好这张网的能力。当然，关系网这个词含义很广。许多人对它的存在有困惑或是认识有误区。有人认为交际就是求人帮忙，有人则认为交际行为发生在你需要某种东西的时候，而且还有一些人把交际视作寻找新工作时的手段。错！谈到交际，必须谨记：生意是和人谈成的。总的来讲，一个人的一生都是与人共同度过的。我们不是在隔离状态下独自生活工作。我们彼此需要。交际就是享受与他人相处的时光，建立友谊，互相帮助。

学会借助别人的力量

唐朝诗人王维为后人留下“每逢佳节倍思亲”的佳句，已被后人传颂了千余年。他曾在科举考试中春风得意，一举成名。但谁也不知道，这却是他借助别人的力量换来的。

王维早在青少年时期，便以诗歌闻名，他在音乐方面造诣也很高，因此经常出入一些权贵人家，尤为皇族成员岐王所看重。王维准备参加科举考试，就请岐王向当时权势极大的太平公主求情，事先给主考官打个招呼，不料王维却晚了别人一步，公主已推荐了别人。

岐王为他出主意，让他把自己的好诗抄录十来篇，再编写一曲哀怨动人的琵琶曲，然后装扮成一名乐师，携一把琵琶，和岐王一同来到公主的府第。王维为公主献诗作赋，公主为其才华所倾倒，最后召来主考官，改荐了王维，王维当年果然一举登第，从此踏入仕途。

人要学会充分利用周围的一切条件和资源，尽早占据和利用这些资源。谁先占据了有利条件和资源，谁就会在竞争中胜出。

我们常常羡慕能干的人，因为这些人手段高强，交游广阔。其实，这全赖于他们的人脉四通八达，在各行各业都有朋友，都有“关系”。所以，他们办起事来往往呼风唤雨、得心应手，能够得到各方的援助。

做人，就是要学会为人处世，学会与各种各样的人建立起良好的人际关系。我们都知道一个常识：腿并拢的时候左右摇晃自己的身体，你会感觉到很容易失去平衡；双腿分开一定的距离再摇晃自己的身体，你会感觉保持平衡其实很容易。这个游戏告诉我们，你的延展度决定了你的安全感。

苏格拉底说，真正高明的人，善于借助于别人的智慧。很多人对人脉的重要性认知不够，平常也不太愿意在人脉上花时间，甚至认为是浪费时间。可是到了关键时刻，感到事情很棘手时，才发觉自己的人脉资源太少。所以，我们要随时注意人际网络的建设，多进行人际交往，以免陷入“人到用时方恨少”的窘态。

人际关系不仅是日常生活的润滑剂，更是事业成功的催化酶。能否成功在很大程度上取决于拥有多大的影响力，而与恰当的人建立稳固的人脉关系对此至关重要。人脉关系牢固了，在你需要帮助的时候，你才有可能求助于那些可以帮助你的人。如此看来，一个人要想出人头地，干出一番轰轰烈烈的事业来，就必须做好人脉文章，懂得如何跟人打交道，这样才能强化自身的核心竞争力。

成功固然是要靠自己，但你自己有什么呢？高学历，过硬的专业技能，雄厚的资金……这些也许你都没有。不过你别忘了，你还有一样重要的东西——人脉资源。专业技能属于智商范畴，而人脉资源应算作情商，二者相辅相成，可以说它们是相乘的关系。如果光有专业技能，没有什么人脉资源，一个人获得成功就是“一分耕耘，一分收获”；但如果还有人脉资源在后面推动，那你必将是“一分耕耘，十分收获”。

红顶商人胡雪岩曾说过，一个人的力量到底是有限的，就算有三头六臂，又办得了多少事？要成大事，全靠和衷共济，说起来他一无所有，有的只是朋友。

一个能成大事的人，关键不在于他自身的能力有多强，而在于他能借助别人强大的力量。

★★★★★★★★★★★★★★★★★★★★★★★★★★★★

管理一点通

人是最大的资源，不管做什么事情，都要有人的因素。一位成功人士说:“失去财产，仍有从头再做生意的机会；失去朋友，就没有第二次机会了。”很多人都认为，成功靠自己，事实上，靠一个人的力量能做多少事情呢？如今早已不是靠一个人单枪匹马闯天下的时代了，一个人再有能耐，其力量也是渺小的，如同一滴水之于大海。所以，只有善于借助别人的力量，才能最快到达目的地。

和比自己优秀的人在一起

有一个人对大家说，人的收入水平往往由朋友决定。他让大家写下和自己相处时间最多的 5 个人，也就是与自己关系最亲密的 5 个朋友，记下他们每个人的月收入，从他们的收入就可以知道你的收入。大家都觉得这是一个玩笑，自己的月收入怎么会由朋友决定呢？但是，当他们写下最亲密朋友的财务状况时，发现自己的收入真的和他们差不多。月收入 2000 多块钱的人，他的朋友们月收入也大多是 2000 多块钱；资产 100 万的人，他的朋友们资产也是 100 万左右；而使用信用卡循环利息的人，他的朋友们也几乎都处于负债的边缘状态。

其实，这并不是什么奇怪的巧合，物以类聚，人以群分；近朱者赤，近墨者黑。医生的朋友，通常也是医生；出租车司机的朋友，通常也都是出租车司机；当老板的人，朋友通常也都是老板；亿万富翁的朋友通常也都是亿万富翁。

我们永远无法否认朋友对我们的影响力。有句话说，你想成为什么样的人就和什么样的人在一起。想成为健康的人，那你就和健康的人在一起，因为他会告诉你如何保养身体；想成为快乐的人，就和快乐积极的人在一起，因为他会告诉你如何拥有快乐积极的心态。

可以说，是你身边的朋友决定着你的人生。

一个生活在穷人堆中的人，要想成为富人，很多时候必须和自己这个阶层说拜拜。这绝不是背叛，而是一种自我发展和改造。

大多数穷人都喜欢走穷亲戚，排斥与富人交往，久而久之，心态成了穷人的心态，思维成了穷人的思维，做出来的事也就是穷人的模式。同样，如果一个穷人，生活在富人堆里，他耳濡目染了富人的思维方式和处世方式，慢慢地就会脱离贫穷这个阶层。

保罗·艾伦是一位亿万富翁。艾伦年轻时就与盖茨在一起，他们志趣相投，一起干事业。当初他们在波士顿注册了一家名为微软的计算机软件开发公司，总经理是比尔·盖茨，副总经理就是保罗·艾伦。现在总经理已成为人所共知的世界首富。副总经理在总经理的巨大光环下，虽然有些暗淡，但在福布斯富豪榜上也名列前五位，个人资产达 210 亿美元。

犹太经典《塔木德》中有一句话：和狼生活在一起，你只能学会嗥叫，和那些优秀的人接触，你就会受到良好的影响，耳濡目染，潜移默化，成为一名优秀的人。

因此，你想成为什么样的人，就和什么样的人在一起吧。如果你想成为一个有钱人，那么无论你多穷，都要坚持站在富人堆里。

★★★★★★★★★★★★★★★★★★★★★★★★★★★★

管理一点通

一个人身份的高低，是由他周围的朋友决定的。朋友越多，意味着你的价值越高，对你的事业帮助越大。朋友是你一生不可或缺的宝贵财富。因为朋友的相助和激励，你才会战无不胜，一往无前。

人生就是这样。想和聪明的人在一起，你就得聪明。想和优秀的人在一起，你就得优秀。善于发现别人的优点，并把它转化为自己的长处，你就会成为聪明人；善于把握人生的机遇，并把它转化成自己的机遇，你就会成为优秀者。对他人的成功像对待自己的成功一样充满热情。学最好的别人，做最好的自己。借人之智，成就自己，此乃成功之道。

和不一样的人在一起，就会有不一样的人生。

人际关系要尽早建立

张爱玲曾经说:“出名要趁早，来得太晚的话，快乐也不那么痛快。”我们就此可以说，成功也要趁早。但我们凭什么收获成功？尽早建立人际关系是成功的一条捷径。

有一句话说:“人在 30 岁以前是靠能力做事，30 岁以后则是靠人际关系做事。”在 30 岁之后，人们应该善于运用人际关系，这样事业才能做得轻松。但我们必须看到，罗马城不是一天建造的，良好的人际关系也不是一日之间可以建立起来的。如果到了 30 岁，你才认识到人际关系的重要，不免就有些晚了。

“20 岁时积累下的人际关系网是人一生中的珍贵财富”这句话一点儿也不为过。为什么人际管理要从 20 岁开始？20 岁时建立起来的人际关系网与 30、40 岁时建立起来的人际关系网有着明显的差异，那就是交往的真实性。

一般来说，20 多岁的年轻人都处于即将或刚刚步入社会的阶段。所以在这个年龄段的人一般不会太计较名利和利害所得。而30、40岁的人们，在这个冷峻的毫不留情的社会里摸爬打滚10多年后，不知不觉地便被磨平了棱角，开始学会向社会妥协，与此同时，这个时期的人们在人际交往中开始变得斤斤计较，在乎名利，交往圈子也呈逐渐变窄的趋势。

如上所说，人际管理应该从20岁开始是因为这时的人际交往排除了利害关系，形成的人际关系真实可信。不仅如此，这时形成的人际关系结实牢固，可以维持很长时间，因为它能够勾起你记忆深处最纯情也最不愿被破坏的那段记忆，让你的心也变得真实温存起来。

近来“理财”在20岁时期的年轻一代中已成为热门话题。谈及如何投资这个问题，大家都会不约而同地把注意力集中在股市投资以及其他各种具体的方法上。在年轻时学会理财，为30、40岁时甚至是老年时代打下基础固然是一件好事。但是在20岁时学会理财之前真正要做的一件事便是人际管理：20岁时广交朋友，巩固人际关系，并凭此来获得帮助和激励。

20岁时的人生目标不是金钱上的富有，而是“人缘”上的富有。20岁时人脉管理的焦点应该是广结朋友、扩大人际圈儿、互享人生经历。结交很多朋友不仅可以获得必要的信息，更重要的是，可以帮助20岁时期的年轻人形成正确的人生观、世界观。这样的人际关系网才是对20岁时最有价值的。

“与他人交往的方式可以决定一个人的未来”，这句话一点儿也不假。在与对方接触的过程中，需要有“取其精华”的精神，不断地以“原来还有这样的方法”，“这点儿应该改正一下”这样的方式反问自己，以便扬长避短，更快地提高自己。

我们必须建立一种经得起考验的人际关系，而不是速成的人际关系。而要有好的、经得起考验的人际关系，就要有一种“播种”的观念，就像农民在田里播种那样！

你的用心是人际关系的必要条件，虽然不一定会有好的回应，但没有用心，你就无法与别人建立并发展一种良好的人际关系。即使有人主动来和你建立关系，你也要“用心”地回应，这种关系才会持续下去，你若冷淡以对，所有的人都会远离你。

播的种子越多，发的芽也越多，一段时间之后，你会获得一片森林，那时收获的果实将令你感到欣慰。回头看看到现在为止有没有被自己忽视的朋友，若有，给他们打个电话或发封邮件吧。不要推到明天，现在就实施！先播下种子！20多岁时将人脉的种子埋得越深，以后结出的果实便越丰硕！

★ ★

管理一点通

人脉不是金钱，但它却是一种无形的资产，是一笔潜在的财富。没有丰富的人脉关系，你将寸步难行。马克思说得太对了，人的本质就是社会关系的总和。

你的人脉关系越丰富，你的能量也就越大。别人办不了的事情，你可能一个电话就非常漂亮地解决了。反之，你费了九牛二虎之力都解决不了的问题，别人一声招呼就轻轻松松地搞定了。正如一位成功的商人曾经说过的一样："人际关系就像播种一样，播种越早，收获越早；撒下的种子越多，你收获得也越多。"当然，众所周知，一种人际关系能否给自己带来利益回报，完全取决于自己是否能够精心播种与培育。那些培养人脉的技巧，就变成了我们不得不去面对的重要课题。

维持稳定的人际关系网

"书到用时方恨少"，人际网也一样。对每个人来说，人际网的建立都要花时间和精力的。而且，建立人际网之初，未必能发现它对自己有多大帮助，可一旦建立起来，你就会懂得，人际网的力量是无穷的。

建立人际网需要出色的人际交流能力。有些人在人际交流中的影响力是与生俱来的，他们在参加酒会或庆典的时候，只要很短的时间就能和所有人交上朋友。但也有些人并不具备这样的天赋，他们在社交活动中比较内向，宁愿一个人躲在角落里也不愿主动与人交谈。但无论每个人的天性如何，只要勤于思考和联系，都能建立起满足自己需要的人际网。

稳定的人际关系的核心必须由 10 个左右你所信赖的人组成。这首选的 10 人可以是你的朋友、家庭成员以及那些在事业上与你联系紧密的人。这些人构成你的影响力内圈，因为他们能为你创造一个发挥特长的空间，而且彼此都是朝一个方向努力。这里不存在钩心斗角，他们不会在背后说东道西，并且会从心底希望对方成功。你与他们的合作会很愉快。

当双方建立了稳固的关系后，彼此会形成一种强大的凝聚力。他们会激发对方的创造力，并不断从对方身上得到灵感。为什么要将影响力内圈人数限定为 10 人呢？因为这种牢不可破的关系需要你一个月至少维护一次，所以 10 人就足以用尽你所有的时间。

另外，你必须与至少 15 个人组成的后备力量保持一定的联系以作为你 10 人内圈的补充。假如内圈中有一位退休或移民国外，那 15 人组成的后备军就派上用场了。其实，只要你每月定期和他们取得联系，可以通过电话、传真、聚会、电子邮件或信件，这个团体的人数都会超过 15 人。

对方在试图与你建立关系时，总会打听你是做什么的。如果你的回答很一般，比如只是一句“我是某公司的一名经理”，你就失去了与对方继续交流的机会。你可以这样回答对方:“我在某公司负责一个小组的管理工作，主要为我们的网络开发软件。我喜欢骑马，爱好打网球，并且喜爱文学。”这种简单而不失个性的介绍不仅为你的回答增添了色彩，也为对方提供了不少可以继续的话题，说不定其中就有对方感兴趣的。当他这样表示，“哦，你打网球？我也喜欢”时，你们就建立起了一种最初的关系。

建造关系网络的前提，不是“别人能为我做什么”，而是“我能为别人做什么”。在回答对方的问题时，不妨补上一句，“我能为你做些什么？”

★★★★★★★★★★★★★★★★★★★★★★★★★★★★

管理一点通

人际关系网对一个人的事业、工作的好坏具有极大的影响。或者说，一个人能否成功，在很大程度上取决于你拥有多少稳固良好的人际关系。

成功建立良好的人际关系网，关键是选择合适的人建立稳固的关系。所以，我们要珍惜每一次和他人相遇、交往、沟通的机会，在交往的过程中找到自己可信赖的朋友，把他加入自己的人脉圈，使自己的人脉变得更加丰富、更具有竞争力。

大千世界，茫茫人海，既然相逢，缘分不浅。虽相处时间不长，但这中间的关系值得珍惜，值得持续下去。当与对方分开后，仍然保持一种相互联系、历久弥坚的关系，那对你将来所要达到的目的与理想是很有好处的，这其中的有利方面，也许是你从未想到的。

贵人相助事半功倍

也许一些成功人士当中，不少人抱有传统的观点，认为只要自己的作品好，无需他人的帮助，照样能脱颖而出。其实，这种观点是荒谬的，他们夸大了自己的成就，忽视了别人给予他们的帮助，忘记了人脉对于他们个人成功的作用。殊不知，在现实中，你的才能再高，作品再好，也得找伯乐点拨，否则独自在黑暗中探索，虽然也有成名的机会，但是十分渺茫。

法国小说家莫泊桑是 19 世纪著名的批判现实主义作家。他的《羊脂球》、《俊友》和《项链》等许多优秀作品，至今广为流传。小时候的莫泊桑是个调皮捣蛋的学生，曾因盗窃被学校开除。后来，文学巨匠福楼拜发现了莫泊桑的文学天赋，并将他引向文学的正道，莫泊桑因此得以留名千古。

莫泊桑十多岁时考上了易北特神学院，母亲希望他成为一名牧师，可是莫泊桑却没有当牧师的愿望，他在学院上学时因为偷了一个神父的酒喝而被学校开除了。

普法战争结束后，莫泊桑服兵役来到巴黎，先后担任海军部和文化部的公职。在此期间，他去拜访了母亲的朋友——著名作家福楼拜，并成为福楼拜的正式弟子。

福楼拜以一部《包法利夫人》奠定了自己在文坛的地位，他一直想找一个有培养前途的高足。莫泊桑则一直想找一个德高才高的恩师。两人在彼此的渴望中相遇，结为师徒也就很自然了。此后在福楼拜的指导下，莫泊桑勤奋写作。在那漫长的 7 年过程中，每逢星期日莫泊桑就带了诗稿、剧本和小说来找福楼拜求教，当面看着恩师怎样用蓝铅笔修改他的稿子。

在亲密的交往中，福楼拜教给莫泊桑一个达到文学成就的三重定理："观察，再观察，再观察。"1880 年，30 岁的莫泊桑发表短篇小说《羊脂球》，这部作品受到福楼拜极大的赞赏，从此莫泊桑在法国文坛站稳了脚跟。又过了三年，莫泊桑的《一生》发表，得到俄国大作家托尔斯泰的肯定，成为世界性的当红作家。

虽然莫泊桑因病早逝，只活了 43 岁，但他创作了 6 部长篇小说、3 部游记和 270 篇短篇小说，在世界文坛有很高的地位。莫泊桑的成功受益于恩师的点拨与提携。如果没有福楼拜的引导和悉心指教，莫泊桑恐怕仍是一名普通的文学爱好者，很难取得如此成就。

一名天才式的伯乐具有一双慧眼，他能在芸芸众生中迅速判别出谁是英才，谁又是庸才，他能使才能超绝的你脱颖而出，一夜成名。

世界重量级拳王泰森就是被一名伯乐发现的。

泰森出生在纽约布鲁克林贫民窟的一个黑人家庭里。1968 年，在泰森刚两岁时，父亲吉米抛下泰森母亲和孩子们离家而去，泰森很小便成了一个无人管教的野孩子。如果不是遇到伯乐·斯图尔特和达马托，泰森可能永远也只会是个流氓。

在一次打架中，管教所的拳击教练斯图尔特发现了泰森打拳又准又狠，便把他带到了管教所的拳击房。从此，泰森开始了拳击生涯，这是泰森人生历程上的重大转变。斯图尔特作为启蒙教练，真正称得上是泰森的“伯乐”。泰森经过一段时间的训练，拳技突飞猛进。拳击房里那些练拳击的孩子，个个都成为他的手下败将。

后来，斯图尔特又把泰森推荐给达马托。达马托是美国拳击界乃至世界拳坛的一位不同寻常的人物，他不仅是一位大名鼎鼎的拳击教练，曾发现和培养了世界上最年轻的重量级拳王帕特森和世界次重量级拳王托里斯，而且还是个拳击理论家，拥有一套独特的理论和训练方法。

斯图尔特向达马托举荐泰森。达马托非常兴奋，因为他正为找不到好苗子而苦恼。在达马托面前，斯图尔特亲自与泰森“过招”，为的是让泰森有充分表现自己的机会。果然，泰森左右躲闪的灵巧动作以及进攻时的勇猛出拳，令达马托大喜过望。

达马托收下了泰森，并为他办理了担保。达马托为了培养泰森，为他请来了一流的拳击教练，为他提供了最好的训练设施。泰森 15 岁时夺得全美少年奥林匹克冠军，18 岁进入职业拳赛，1987 年他成为继阿里之后又一个获得世界三大拳击组织金腰带的“三冠王”。在泰森的辉煌时代，他仅用 91 秒就击倒对手，创下每打一拳价值 1000 万美元的纪录。

泰森是一位世界罕见的拳击天才，但是如果没有斯图尔特和达马托这两位天才的伯乐，泰森也只能是一个流落街头、频繁出入牢狱的“问题少年”，世界也将会少了一位拳王。

并非所有的天才都有天才般的成就，只有被伯乐发现，天才才能有脱颖而出的机会。广植人脉，就会增加你找到伯乐的几率，缩短你的成功历程。

★★★★★★★★★★★★★★★★★★★★★★★★★★★★★

管理一点通

很多人经常有这样的感慨：成就一番事业为什么就这么难呢？这

是实话，成功之路充满荆棘和坎坷，要想顺利到达成功的彼岸，单凭一个人的财力和智力，着实不是一件容易的事。但是，如果能够找到几个可以帮助我们实现梦想的贵人，那么成功就可以变得不那么困难，甚至会变得轻而易举。

放眼天下的成功人士，在他们奋斗的过程中，都曾得到过贵人的支持。许多人正因为得到了贵人的支持，才度过了人生中最艰难的时期，缩短了创业时间，走向了辉煌。同时，我们也看到许多事业初成的人因没有贵人相助，受窘于一时，辛辛苦苦建立起来的事业大厦毁于一旦。可见，一个人要想在事业上有所成就，除了有足够的金钱，还要有足够的能力。但是，如果有一个人能够在你前进的道路上帮你一把，那么你就会产生飞跃。

人脉资源是潜在的财富

美国第26任总统西奥多·罗斯福曾说："成功的第一要素是懂得如何搞好人脉关系。"做投资人更是如此。

从飞机设计到社会学，再到国际政治经济学，软银亚洲投资基金首席合伙人阎焱所投资的项目，很多人觉得是冷门，譬如盛大、橡果国际，等到其上市获得巨额的收益之后，人们才会恍然惊叹风险投资者的独到眼光。比如，2003年4月在盛大最困难的时候，该基金为其投入4000万美元。一年半后，它们顺利退出，成功套现5.5亿美元。此举使软银亚洲摘取了"2004年中国最佳创业投资机构"的桂冠。

有人说，建人脉是做乘法。人脉资源是一种潜在的无形资产，是一种潜在的财富。的确，当我们对一个人有了更深的理解之后，我们才会发现他背后所隐藏的潜在价值。很多成功的商界人士都深深意识到了人脉资源对自己事业成功的重要性。

投行界有一句名言："投人，投人，还是投人。"因为人是投资者最看重的因素。"真正在直接投资领域做得好的，大多并非金融科班出身，而是有着不同专业背景的人。投资更多的是在投人。"阎焱强调道。

阎焱认为，聊天、喝茶、打球等看似不经意的交流，却最能反映一个人性格的本质东西。他每年把所投公司的老总们组织起来，出去玩 3 天。每天的日程基本都是固定的，上午开会，下午打高尔夫，晚上聊天。在这种非正式的场合下，人与人更加贴近，给了彼此进一步了解的机会。

对此，美国国际数据集团中国区总裁熊晓鸽也深表认同："其实，投资最重要的是投人，看一个项目，最关键的是评价管理这个项目的团队。除了要判断管理团队的能力，也要看和投资方是否在理念上合得来，甚至是不是气味相投。"熊总笑言道：世界上有三类人不会嫉妒你的成功，一是你的父母，二是中小学老师，三是风险投资家，因为他们都会以你的成就而自豪。

投资家，这些与金钱紧密联系在一起的人，和他们交上朋友，很可能会给你带来动辄数十亿美元的投资及巨额回报。人脉圈是商人拓展生意的必经途径，而黄金人脉正是与金钱紧密联系在一起的人脉圈。

说起"蒙牛"和牛根生，业界无不竖起大拇指。可是，十多年前几乎无人知晓的地方小厂，如今却成为中国乳业的排头兵，"蒙牛"快速崛起的秘密是什么？为什么昨天的丑小鸭一下子变成了今天的白天鹅呢？

"蒙牛"的飞速崛起，主要应归功于其掌门人牛根生，这是业内人士的一致共识。坊间说，在牛根生求学的时候，常到北大经济管理学院去旁听课程，这样一来二去，学院里的老师和同学大都认识了他。再加上他人品好，有人格魅力，做人又厚道，很多人都愿意同他深交。在那段时间里，他播下了后来事业腾飞的人脉种子。

创业前期，牛根生在"伊利"。由于他为人实在，严守信用，很快就赢得了供货商和销售商的认同。在这个时期，他结识了行业内外的很多朋友，催生了事业大发展的人脉种子。从“伊利”出来后，他来到当时名不见经传的“蒙牛”。当时的“蒙牛”，发展资金很缺乏，于是圈内朋友便主动借钱给他，而不要求他提供担保。

牛根生在北大期间认识的师生中，一些人同摩根斯坦利这样的大型国际投资银行有各种各样的往来，比如，有的人毕业后去了那里工作，有的人跟那里的高管很熟悉。“蒙牛”大发展需要资金，于是牛根生想到了投资银行。通过以前的老关系，他找到摩根斯坦利等投资银行，寻求资金上的帮助。由于有他早年播下的人脉种子，又有好朋友牵线搭桥，“蒙牛”成功地获得了数亿美元的贷款。

解决了资金困境后，“蒙牛”获得了前所未有的高速发展，几年之后，它一跃而成为一个家喻户晓的乳品大企业，“蒙牛”成了真正的“猛牛”。

曾任美国某大铁路公司总裁的史密斯说：“铁路的95%是人，5%是铁。”看来，人脉资源越丰富，赚钱的门路也就越多；你的人脉档次越高，钱就来得越快越多。

★★★★★★★★★★★★★★★★★★★★★★★★★★★★

管理一点通

人脉是一种富贵的无形资产，一笔巨大的人生财富。不断扩大自己的人脉网络已经成为提高自身竞争力、开拓事业版图的一种重要手段，一个人的成功，15%可以归功于他个人的专业知识，85%却要归功于人脉关系。人脉是你一生中最大的财富，有人脉就有力量，有人脉就有竞争力。人脉就是你的财脉，关系就是能力，智慧的人时时处处经营人脉，成功的事桩桩件件靠人脉。

人情就像银行存款一样，存入越多，时间越长，兑现出来的利息就越多。人脉关系是一个人进入财富和成功大门的入场券。成功的人生就赢在人脉关系中！

不断提升自己的价值

经常有这样的事情发生，两个关系很好的朋友，一个朋友找另一个朋友借了一笔钱之后就消失了，久久不还，结果这两个朋友的关系渐渐疏远了，甚至彼此成为敌人。有时候所谓的“好朋友”是经不起考验的。

人一切人际关系的建立与维持，都是人们根据一定的价值观进行选择的结果。那些对于自己来说是值得的人际关系，人们就倾向于建立和保持；而那些对自己来说不值得的，或是失大于得的人际关系，人们就倾向于逃避、疏远或者终止。

小 A 是个活泼的小伙子，也很喜欢交友。大学毕业后他找了一份机关单位的工作，尚处于试用期。在工作中，他很佩服那些有能力的同事，而且也希望自己能融入对方的圈子，但当小 A 靠近他们的时候，有些人对他似乎并不太热情，有的甚至对他爱答不理。

起初，他感到困惑。同事之间不是应该相互帮助吗？有一次，偶然间他听到有同事在背后议论他。“小 A 对我那么好，估计是想从我这里学到一些东西，关键是他什么都不会啊。对我没任何帮助！帮他还不如帮老刘处长的外甥呢！”“就是！”另一个同事随声附和道。

同事所说的“老刘处长的外甥”是小 A 的同学，毕业后一起进入这家单位。单位只需要一个名额，而这两个年轻人都还处于试用期，试用期过后决定留下哪一个。

小 A 听到这些对话后，非常生气。他气愤那些同事们都是些势利的小人。他也明白了，同事并不欠你的，没有理由“应该帮助你”，有些人之所以对自己不感兴趣，是因为自己还不具备让人感兴趣的能力与条件。

于是，小A在工作中非常努力，还利用假期参加职业进修班提高自己的职业技能。在接下来的工作中，他不断创造业绩，很快他受到了领导的器重。以前对他不感兴趣的同事们，也渐渐地开始对他表示好感，甚至还有一些老同事要给他做媒呢！

理所当然，试用期结束，他被留了下来，而那个老刘处长的外甥被淘汰了。

时刻增加自己可被利用的价值。听起来很别扭，但是这个道理不仅真实，而且还很实用。

现在请再想一想，你的朋友为什么喜欢跟你在一起，也就是说你给你的朋友提供了什么帮助，你用什么来交换朋友给你带来的“好处”？

在他困难的时候，我帮过他！我也愿意帮助他人！他有钱投资，我有才智创作，所以我们合作成功了，而且非常愉快！

我关心他的生活，在他需要我的时候，我能站在他的一边。他孤独失落的时候，我不会离开他，不让他感到孤单！……

处理人际关系的时候，首先想到这一点，而且懂得如何维持交换中的平衡，那么你就不愁没人愿意与你交往。所以，先不要问别人能为我做什么，要先问自己能为别人做什么。

★★★★★★★★★★★★★★★★★★★★★★★★★★★★

管理一点通

影响力在一定程度上就是人脉，而要扩大影响力就是要发展人脉，扩大自己的交际圈。要实现这一目标，就要提升自己的价值，让自己拥有可以与他人结交的能力和条件，也就是说让自己对他人更有用。这是我们拓展人脉的资本，也是扩大影响力的有效途径。因为没有人会在毫无用处、毫无价值的人的身上花费时间和精力。

设法多与成功者交往

我们常说，遇到贵人就是“走运”。所谓的“走运”，其实也就是有良好的人际关系网。一个人，不管他本身有无实力，在他的人生道路上，有了周围人的帮助才会更容易取得更大的成功。

我们应该设法与那些成功者交往，倾听他们的诉说。精明的人非常注重人际关系对自己的影响，他们会营造有利于自身发展的人际关系，利用有利的人际关系提高自己，升华自己，从而有利于自己的生存和成长。

如果你想展翅高飞，那么请你多和雄鹰为伍，并成为其中的一员；如果你仅仅和小鸡成天混在一起，那么你就不可能想到你有展翅高飞的本能，只会满足于双爪刨食了。

拥有成功的朋友，对于我们的成功起着非常关键的作用。一位励志成功学大师认为，想成功的人就要和成功的人在一起；想快乐的人，需要跟快乐的人在一起；想拥有健康的人，需要跟健康的人在一起。

你的目标应该是能够“与鹰共翱翔”，和那些被人们公认为最好的人为伍。

你和什么人在一起，五年以后就会成为什么样的人。其实这不变的定律早已存在，只是不为大多人所重视而已。

不管在你的现实生活还是想象中，你习惯相处的那些人，会对你想成为的理想人物的目标有极大的影响力。

你要和胜利者在一起，同时要远离那些自暴自弃、没有出息的人。由于诸多无法掌控的因素，在我们的身边大约有 80%的人都是不甚积极、没野心、没目标、不太成功的人群。

他们在生活中并没有很大的成就。他们每天都在浪费时间，牢骚不断，并且一逮到机会就抱怨个没完。假如你和这种人在一起，你就会变得像他们一样。

你必须遵循伟大的“二八定律”。在人际关系领域，二八定律告诉我们，那些最能给你帮助的人是很少的，与其平均地发展人际关系，不如把时间精力集中到少数最有价值的人身上。你需要找出给你最大帮助的人。

这里还有一个形象的交友风筝理论：大意是处在空中的风筝，应该努力去搭扯上比自己飞得高飞得快的风筝，同时，要剪断拉扯着自己的比自己慢、比自己低的风筝之线。这个理论听上去似乎很冷漠无情，仔细想想，倒也情理俱在。因为一个人的能力是有限的，生命是短暂的。如果你不能在有限的时间内脱颖而出，不能像荷花一样出污泥而不染，就很容易被平庸所淹没，使自己处于挣扎与痛苦之中。

马克·吐温说：尽量远离那些轻视你雄心壮志的人。挫他人的志气是小人一贯的伎俩；相反地，真正伟大的人则会令你感觉自己的不平凡。

多结交成功的朋友，对我们来说十分重要。然而成功的朋友，不是你想交就可以交的，他们比你更忙，比你更难接近。而且，在他们的前面，有着更成功的朋友等着他去结交。怎么办呢？

首先要有这方面的强烈的意识，在没有条件的情况下，通过书本、电子读物、演讲、培训班等形式来认识成功的朋友，这些都是可靠而值得珍惜的机会。多结交成功的朋友，可以把注意力放在比自己先成功一步的朋友身上。这样，你既有结交的机会，也容易领略到对方的内涵。

结交成功的朋友，不要因为结交不上而怨天尤人，生活中的角色永远都在互相转换之中。更不能以一种“旁观者清”的姿态，轻率浅薄地认为成功者也没什么了不起。只要是成功者，就一定有他成功的道理和诀窍，有他成功的理由和作为人的核心竞争力。你没发现肯定是因为没具备发现的眼光，没调整好自己的心态。或许他成功的方式你无法学习，但他成功的结果永远值得你揣摩。

相信在很多时候，成功的朋友都乐于和他人分享他们的成功经验。只是，同样是成功的经验，我们还应根据自身的行业特点、行为特征、兴趣爱好去融会贯通地学习和模仿。成功的朋友肯定是我们的目标，但目标只是我们走向成功的方向。在我们自己通向成功的方向上，我们还必须建立自己的成功目标。然后，把自己量化的目标通过时间划分，一点一点、一步一步有耐心地去实现它。这样，相信我们的人生，肯定会在一条通往成功的路径上前进。

近朱者赤，近墨者黑，环境对于一个人各方面的影响，是不容忽视的。

如果你想多结交一些成功朋友，你就需要主动地了解对方的兴趣爱好。你可以通过多种方式去得到这些方面的信息，你要注意与其相处时积累一些有关的情况，你可以通过他的朋友了解他的为人处世，你也可以通过他的一些个人资料了解他。

一旦和别人取得联系，建立初步关系之后，你还不能放松，最好抓住机会深入一下。交际中往往会有两种目的：直接的和间接的。直接的无非就是想达到某项交易或事情的解决，或想得到别人某方面的指导。如果并不是为了解决某个问题，或者为了某种利益关系，只是为了和对方加深关系，增进了解，以使你们的关系长期保持下来，可视为间接的目的。

★★★★★★★★★★★★★★★★★★★★★★★★★★★★

管理一点通

如果一个人总是与一些道德素质低下的人交往，久而久之他的品性也会变得恶劣。可见，多结交道德高尚的、成功的朋友，将对你的一生有益。

助人者多助

孟子说:“得道多助,失道寡助。”对得道的人,帮助他的人就多;对失道的人,帮助他的人就少。帮助的人少到极点时,就连亲戚都会反对他;帮助的人多到极点时,全天下的人都会顺从他。

在生活中,也许你的举手之劳,就能成就他人。得道者多助,他日你需要帮助的时候,过去那些你曾援助过的人,绝大多数都会反过来成为援助你的人,至少那一刻,伸出援助之手的人,就是改变你恶劣情况的贵人。

一个风雨交加的夜晚,一对老年夫妇走进一家旅馆,想要住宿。夜班服务生很无奈地对他们说:“真的很抱歉,今天所有的客房都被早上来开会的团体订满了。”

看到两位老人失望的样子,服务生不忍他们再走进风雨之夜寻找住处。于是他很诚恳地对两位老人说:“今天我值班,可以在办公室休息。你们两位要是不嫌弃的话,可以在我的房间休息一晚。我的房间虽比不上豪华的套房,但还是比较干净整洁的。”两位老人欣然接受,对年轻人的热心表示衷心的感谢,并对给年轻人造成的不便表示歉意。

第二天,两位老人去服务台结账,这个服务生却拒绝了。他说:“昨天您住的房间并不是饭店的客房,所以我们不会收您的钱,只希望您与夫人昨晚睡得安稳!”老先生对年轻人的宽厚点头称赞:“你是每个旅馆老板梦寐以求的员工,或许改天我可以帮你盖栋旅馆。”

年轻人并未把老先生的话当真,只当平常人客气的感谢。没想到几年后,有人给这位服务生寄来封挂号信,信中说了那个风雨夜晚所发生的事,还附有一张邀请函和一张来回机票，邀请他到纽约一游。

年轻人在曼哈顿见到了那个风雨之夜来住店的老先生。老先生指着闹市一栋华丽的新大楼对年轻人说："这是我为你盖的旅馆，希望你来为我经营，可以吗?"年轻人诚惶诚恐："您有没有条件要求？为什么会选中我呢?"老先生说："我没有任何条件要求，我看中的是你的人品。那个夜晚你完全可以打发我们去别的旅馆。也许是你不忍心客人再遭受雨淋，所以委屈自己让我们大妇住进你的房间，这令我十分感激。你正是我梦寐以求的员工，我渴望得到你的帮忙。"

一个多世纪过去了，老先生为年轻服务生盖的旅馆依然存在，这就是尊贵和地位的象征、各国政要造访纽约下榻的首选饭店——著名的华尔道夫饭店！这个年轻服务生就是乔治·波特，一个奠定华尔道夫饭店世界地位的重要人物。

有句古话："种瓜得瓜，种豆得豆。"假如当初乔治·波特没有牺牲自己的休息挽留老人一晚，假如当初值班的不是乔治·波特这样乐于助人的服务生，还会有后来的事吗?

我们并不是说我们所有的付出都是要获得回报的，因为"善有善报"并不是一一对应的，也许帮助过你的人不是你帮助过的人，或者你曾帮助过的人没有帮助你，但多帮助别人总是有好处的。

有一句古话叫做"助人为乐"，你做了一件好事，内心充满快乐和满足，这种快乐会感染其他人，良好的情绪有助于结交朋友。我们平常说某某看起来很和善、平易近人，说的就是这个意思。反之，一个不快乐、内心不平静的人，总会造成令人不舒服的气氛，令人敬而远之，退而避之。相较于朋友多的人，一个朋友极少的人总是得到较少的支持和帮助。

也许你一句不经意的话，一次举手之劳，就能令别人感激涕零，牢记几年甚至一辈子。他日有可能，他将对你涌泉相报，成为你生命中重要的贵人。不要忽视帮助别人的机会，更不能冷漠地对待他人，付出越多，收获也就越多，帮助别人才能得到更多的帮助。

★★★★★★★★★★★★★★★★★★★★★★★★★★★

管理一点通

每个人都不是独立地存在这个世界上的，每个人都会遇到困难，遇到自己解决不了的问题。这个时候，我们就需要向别人求助，如果我们能得到别人帮助，那么我们就会心存感激，希望他日自己也可以为别人做些事情。同样的，当我们帮助别人时，别人也希望他日伸出援助之手，帮助我们。

很多时候，人们会抱怨人际关系复杂，知心朋友难寻。造成这种局面的原因很多，但其中最重要的原因很可能是我们平日考虑自己过多，帮助别人太少。一个平时不注重人际关系维护的人，很难有好人缘，“临时抱佛脚”只会给别人以“利用”之感。这样的人，又怎么能得到别人的信任和欢迎呢？别人又怎会慷慨相待呢？只有平时对他人真心帮助，别人才会拿出真心对我们。

充分盘活你的人脉资源

我们常常可以听到身边的人这样感慨:“现在都是有钱的人才能赚钱，我们这些没钱的人总是过得那么艰苦和无奈！想干一番自己的事业，却总也找不到合适的方向，缺少最基本的启动资金，也没有人愿意帮助我们……”其实他们忽视了可以利用的人际关系。

人脉的资源其实在我们每个人的身边，只要懂得打理与把握，懂得培育自己的人脉，就能聚集庞大的人气，进而就有资金、技术、渠道等，到那时，一定能够办成我们想办成的事情。

许总，普尼科投资顾问有限公司总经理，目前已是千万富翁，其财富的积累就是靠着广大的人脉关系网。他有众多的媒体朋友，有诸如联合利华、三菱电机等一大批跨国公司大客户。从他的个人经历来看，他的每一步发展都得益于“人脉”的帮忙！

多年前，许总怀揣着梦想来到北京，从一家公司的小职员做起，后来做上了《经济观察报》培训部的负责人，再到后来自己“下海”，创办了金融传媒教育公司。几乎每一次他的成功飞跃都让人难以置信，却又真实存在。

那时，许总不过20来岁，黝黑的皮肤，留着寸头，看起来像个大男生，但他已穿梭于银行家与企业家之间，游走于经济体系的顶端，同时又掌控着高端金融和管理培训项目。许总说:“自己一路走来，必须感谢几位给予他巨大帮助的人，没有他们的带领和提携，我的人生就不会如此多姿多彩。”

花旗集团中国区副总裁董总，也许是给许总最直接帮助的人。在许总筹划创业的时候，正是董总为他筹措了一大笔创业资金，这使他的金融传媒教育公司一开始就拥有较高的起点。同时，董总还为许总提供了大量的有价值的建议，令他受益无穷。而许董二人之所以能认识，仅仅是因为许总所租的房子是董总的，而董总的太太又正好是许总的老乡，大家一来二去，也就熟识了。

许董二人都很健谈，一坐下来就话题不断，从时事到人生再到事业，常常一聊就是三五个小时。偶尔间，许总也会诉说自己对未来事业的期许和打算，这使董总认定他是个很有想法的年轻人，这也许就是后来董总愿意帮助他的一个原因吧。

或许有人会说许总太幸运了，事实上，即便你没有如此幸运，但只要懂得如何盘活自己的人脉关系网，那也是非常了不得的事情！将来的某一天，这些人脉也会盘活你的财脉！

★ ★

管理一点通

在当前十倍速知识经济时代，人脉已成为专业的支持体系。开发和经营人脉资源，不仅能为你雪中送炭，在“贵人”多助之下更能为事业发展锦上添花。

积极地结识成功人士

在生活中，我们常常有这样的迷惑：我知道人际关系可能决定一个人的成败，也知道结交成功人士的重要性。但是，我怎么可能和成功人士搭上联系呢？人家出则是宝马、奔驰，入则是酒店、别墅，坐飞机都要坐头等舱，像我等坐经济舱都嫌贵的平头百姓，想和人家平起平坐，简直就是痴人说梦！

的确，现在的你，也许根本没有经济实力坐上头等舱，但是你要记住：你只是暂时没有实力坐上头等舱，并不代表你永远坐不上头等舱；如果你连坐头等舱的梦都不敢做，那才会永远失去坐头等舱的机会。

小赵当初就面临着这样的尴尬。几年前，小赵在深圳的一家分公司工作一段时间后，他特别想和总部的总经理洪总结识并成为朋友，这个想法在当时听起来有些天方夜谭。很多工作了有些年头的人连总经理长什么样都没见过，一个分公司的年轻主管，竟想去结交他。且不说没资历，即便有资历，也缺少机会，一个领导着几十个分公司的人一年在一个分公司能呆上几天？

小赵开始分析自己的可交往价值，他觉得唯一能为总经理效劳的就是，把他推荐给在华南举办的各种大型论坛会议，这既是对公司和洪总的宣传，又可以让他多来分公司几次。

小赵的推荐很快奏效，洪总作为演讲嘉宾出现在在深圳举办的中国企业家论坛及随后广州和珠海的几次大型国际论坛上。几次成功的推荐，洪总开始对这个20多岁的小伙子刮目相看，并着意点名要他作为参会随同。

几次接触后，洪总让小赵改称谓，“别洪总洪总的，就喊洪老头吧”。很显然，小赵的人脉搭建成功了。

今天的小赵已离开原来的分公司，在国内一家著名的管理机构独创了一个新部门，主要服务标杆企业考察项目。很显然，这是一个充分依赖人脉资源的业务，基于之前人脉经营的强项管理，小赵在这个新开创的业务部门里做得顺风顺水。

人际交往的关键是，把自我价值提供给需要的人，而不是单方面请求别人帮助，求人久了，对方就会疏远你。

如果彼此的供需吻合那是最好不过了，而供需平衡会加速彼此的互动，让人脉关系更稳固。秉承这种交际理念，小赵的人脉图得到迅速勾勒。

一次，小赵在网络上看到了武汉大学的朱先春教授，与之结识后，了解到其在中小企业管理方面颇有心得，又了解到阿里巴巴定期在广州举办中小企业论坛，于是迅速将朱先春和阿里巴巴做了关系嫁接。由此，小赵率领的标杆企业考察团成为阿里巴巴针对国内首家培训机构开放的第一家，而朱先春老师则成为小赵的铁杆朋友。

就这样，越来越多的企业和人士被小赵纳入了他的人脉图中随时进行资源排列、组合，并让他们彼此发生着美妙的化学作用。

★ ★

管理一点通

一个人的失败有时并不是因为没有才能，而是因为没有抓住机遇，没有获得贵人的提拔。成功者最容易成为我们的贵人，要想得到命运的垂青，你首先要结识一些成功人士。不要觉得不好意思，主动和成功者联系。懂得了这一点，就等于发现了一条通往成功的捷径。

结识成功人士的几个有效渠道：

1. 工作平台

别看自己职位小，所在平台却无限广阔，利用平台结交人脉的关键还于你如何进行嫁接，转化为自己的有效人脉。

2. 参加各种讲座

据过来人说，这是一个成功率非常高的方法。另外，据透露，很多公司的老板就是通过请人在公司办讲座来扩大自己的人脉。

3. 多参加志愿者活动

别小看你义务服务的意义，尽职尽责做好，给人留下深刻印象，说不好你下一个的服务对象就是盖茨或李嘉诚。

4. 大型论坛会议

建议先去打听谁会参加，有策略地锁定人选，而不是盲目地派发名片，准备好短暂沟通的话题，吸引对方记住你。

和有能量的人在一起

和有能量的人在一起，你会变得更有能量，但是和有能量的人交朋友谈何容易？他们在交际对象的选择上，有着更为严格的标准。

现在每天在写字楼里上演的都是猜猜和谁吃午餐的戏。人际关系学中，和谁吃午饭确实很重要。人际达人凯斯·弗拉基甚至还写了一本《决不单独进餐》，来谈关键和谁吃的交际。再宽泛一些，其实就是在谈和谁交际的问题。

说到交际，大多都在告诉你重要的交际要和重要人物谈，与非重要人物谈得再多，都是浪费时间。但和重要人物交朋友谈何容易？因为想跟重要人物成为好友的人，多半是他们不想理会的人，重要人物对于这些主动送上门的人通常都感受不到任何魅力。

一次新闻宴会，席间有位小记者见缝插针跑过来插位，和企业家攀交际。举杯敬酒，交换名片等一番礼节之后，开始对企业家进行自我行销。这位企业家真是好涵养，整场下来，除了几次露出明显不悦的神色外，基本上都在保持礼节性的应付。

这位小记者最后一定觉得，他花了 1 小时的时间与重要人物进餐和交谈，应该和对方搭上了线，通了人脉，但实情决非如此。

确定和对方建立交际关系的前提，一定是博得对方的欢喜，更准确地说，是让对方喜欢上你。而这位小记者最多称得上搭了个一厢情愿的短线，离席后一定联络不通。因为，他的交际手段明显是强迫式的，没有给这位企业家带来交谈的快感，反而让人家感到如坐针毡。连对方情绪都照顾不到的人，如何让对方“接受你，喜欢你”。所以说，如何让你想接触的重要人物喜欢你、接受你是门大学问。

如果我们想攀交的人是个成功人士，那就应该知道，成功人士大都精力有限、时间宝贵，在对交往人的选择上，也有他的严格标准。他不会把时间花费在一个对他来说毫无交往价值的人身上。所以说，与成功人士攀上交际的必要条件是，你有可交往价值。

★ ★

管理一点通

人脉的建立首先要寻找并建立自己的价值，然后把自己的价值传递给身边的朋友，以此促成更多信息和价值的交流，这样才能建立强有力的人脉关系。